薛法根教育文丛

现在开始上语文课

——薛法根课堂教学实录

薛法根◎著

教育科学出版社
·北 京·

序·说自己的话

一

开口说话是一件挺容易的事。但要会说话，会说自己的话，会说让人信服的话，却不是一件简单的事。或许有的人学了一辈子，也没能学会说话。

小时候，见了陌生人，我就羞涩得不敢说话。过年时，去舅舅家做客，我总是跟在妈妈身后，见了舅舅、舅妈，也是面红耳赤，张不开嘴。直到进了师范学校，我才知道说话居然是老师的看家本事。想想也是，我的老师不就是靠一张嘴巴、一支粉笔讲课吗？在讲台上说的当然不能是自己的家乡话。我对平舌音、翘舌音一向分不清，"四是四，十是十……"这样的绕口令，绕得我恨不得把舌头拉出来揉一顿。好在师范学校里那位姓程的女老师常常会突然出现在我们身后，督促我们："同学，请说普通话！"于是，我终于学会了普通话。

时过境迁，如今的孩子刚进小学的大门，普通话已经说得有模有样了，甚至能指出我咬字不清的毛病。那是我浓重的家乡话留下的痕迹，不管怎么努力，都很难改掉。其实，我压根不想去改。无论走得多远，无论走得多累，那种熟悉的乡音，总会让我感到温暖，感到亲近，以至牵住了奔向城市的脚步，将我的教育梦想留在了这片稻花香里、机杼声中。

会说自己的家乡话，你就有了自己的"根"，也便藏起了那枚叫作"乡愁"的邮票。

二

普通话也好，家乡话也罢，重要的是你说的都是真心话。有的人一说假话，就心虚脸红；也有的人常常把假话当成真话说，说久了，连自己都分不清真假。其实，可怜的不是那些被骗的人，而是那些说谎者。常言道，一个谎言需要一百个谎言去遮掩。说谎的人，不得不编造出更多的假话，活得真累！说真话，你就吃得下饭，睡得着觉，笑得出声，这才是最舒心的日子！这样的日子，会让你看上去比实际年龄至少年轻五岁。有位老师听完我的课，称我"薛老男孩"，这是迄今为止对我最好的褒奖。如果换成"薛老男人"，那就是我的教育悲剧了。

我给自己画了一条说话的底线——真话不全说，假话全不说。有人问，说真话还有错？为什么真话不全说呢？一次，我给一位青年教师评课，肯定了她的成功之处，又直言不讳地指出她所上的《石头书》的不足之处——她误将文中的科学常识当成教学内容，语文课几乎上成了科学课。起初她很淡定，后来慢慢地低下了头，再也没有抬起来。事后，我很自责，尽管我说的是真心话，但无意中让这位老师很受伤。说真话也要看场合，千万不能忽视别人的感受。

真话不全说，不等于不敢说真话。有些真话，尽管听的人觉着不舒服，但你还是要说，这是一种做人的责任和勇气。有一次听贾志敏老师上语文课，有几个孩子朗读时带着读书腔。贾老师评价说："读得不自然，很一般！"或者"读得不错，不错就是马马虎虎"。有时干脆说："不好！"乍一听，觉着有些刺耳，细一想，才明白这样真实的评价，才能让孩子真正认识自己，看到自己的不足。作为教师，我们不能在爱的名义下，忽略孩子的缺点和错误，以致让他们迷失自己。

把别人当成自己，你的真话就有了温度；把别人当成别人，你的真话就是衡量对与错、好与坏的刻度。说真话的人，往往是心地善良的人，自己快乐，也让别人快乐。一个好老师的心，一定是柔软的，也一定是善良的。

至于假话，你觉得难以说出口，又不想说真话时，最好的办法就是"莫言"，沉默是金！

三

说自己的话，就是不重复别人的话。别人的话也许很有道理，让你受益匪浅，但究竟是别人的思想。你说了一万遍，也只是重复了一万遍，不会变成你自己的话。做老师的，不能把书本上、教参上，或者从别人那里听来的话，简单地搬到你的课堂里，煞有介事地说给学生们听。要知道，在信息化时代，我们的学生或许比你更早看到过、听到过这些有道理的话，甚至比你知道的还要多。唯有你自己独到而深刻的思考和见解，才会让学生有一种新鲜感，才会唤醒那些倾听的耳朵。当学生在你的课堂上心不在焉、听而不闻的时候，你先要检讨的是自己。不读书，不思考，你就会变得平庸而无趣，到时候只能人云亦云，重复别人说过无数次的话。

难得和管建刚老师在一起交谈，每次都能从他的嘴里听到让我感觉新鲜的话。我既高兴又着急，因为你觉得别人的话新鲜了，说明自己已经落伍了。只有对教育现象做过深刻辨析，对教学实践进行过高度凝练，这样的人才会寻找到属于自己的句子，说出只有你才能说出来的话语。吴忠豪先生提倡语文本体性教学，很多老师不甚明了，我打了一个比方："所谓本体性的教学内容，就是你做的那盘菜的主料；那些非本体性的内容，就是炒那盘菜时添加的作料。"这就意味着只吃主料，有营养，但很难吃；添上作料一翻炒，就色香味俱全。如果只有作料，只是空欢喜一场，还是会饿肚子。把别人难以理解的道理，用自己的话通俗易懂地说出来，是一种理解得通透的表现。

我引用语用学的关联理论阐释组块教学的基本原理，彭钢先生听完了对我说："你说的不像你，不像你的课。"顿觉醍醐灌顶，用别人的理论框子来装自己鲜活的实践，有削足适履之嫌。理论如盐，只有化到了实践的水里，才会有滋有味。自己说的话要像自己做的事，更要像自己这个人。

四

对教育，对语文教学，我们每个人都有话说。有的人在报纸杂志上公开说，有的人在私底下悄悄说，还有的人在自己的书里对自己说，至于别人看不看，看了之后会怎么说，也不太在意。在自己的书里说的人，说自己的话，走自己的路，活得很自信，也很洒脱。我尚未脱俗，所以很在意自己说的每一句话，也很在意别人看了或听了之后的感受。尽管已经到了不惑之年，对教育、对语文教学总有说不完的困惑。有些话说完之后，我常常会后悔，生怕误导了教师或者学生。所以，我只敢在教育报刊上说些只言片语，以遮掩我的浅陋。

我向来觉得出书是一件很庄重、很伟大的事。一本好书字字珠玑，可以让人百看不厌、终身受益。如果那本书别人只看一眼封皮就束之高阁，大概就没有什么价值，还是不出为好，以免浪费了别人的金钱，也浪费了别人的时间。

此次承蒙吴法源先生厚爱，编辑老师帮我整理了理论、课例和随笔三本专集，我真的有些惶恐：所说的这些话，会不会浪费读者的金钱和时间呢？

说自己的话，特别是在一本书里自说自话，不仅需要思想，更需要一种说话的勇气。感谢给予我说话勇气的朋友们！

目 录｜contents

第一课 《"番茄太阳"》

[教材课文]

"番茄太阳"
卫宣利

那年，我来到了这座城市，临时租住在一栋灰色的旧楼房里，生活很艰难，心情灰暗无比。

附近有一个小型菜市场，一对年轻夫妻带着个女孩儿守着摊位。那女孩5岁左右，是个盲童。每次从菜场经过都能看到那家人：夫妻俩忙碌；女孩安静地坐着，说话声音细细柔柔，特别爱笑。

我去菜场差不多总是中午，这时摊上没什么人，那位年轻的父亲拉着小女孩的手，在面前各种蔬菜上来回抚摸，耐心地说："这是黄瓜，长长的，皮上有刺；豆角呢，扁扁的，光滑点；番茄很好看，圆圆的……"小女孩一面用手摸，一面咯咯地笑，妈妈也在旁边笑。

每次看到这一幕，我的心就觉得温暖起来。

时间久了，就和这家人熟了。小女孩叫明明，生下来眼睛就看不见。听亲戚说城里大医院可以换角膜，为了让孩子复明，父母就带着孩子到城里来了。

如果不是盲童，明明挺漂亮的：乌黑的头发，象牙色的皮肤，精致的眉毛，笑起来像个天使。看着她，让人隐隐心疼。

有一次，明明突然问我："阿姨，你是用双拐走路的吗?"我一愣，这聪明的孩子，她一定听出了我拐杖的声音。

接连下了几场雨，终于晴了。阳光很好，碧空如洗，树叶绿得发亮。明明的妈妈感叹道："天气真好哇!"

"是啊! 太阳总算出来了。"我说。

明明好奇地问："阿姨，太阳是什么样的？"

我想了想，说"太阳很温暖，很大很圆，早晨和傍晚是红色的……"我忽然想到明明根本不可能知道颜色，就住了口，不知道该怎么说下去。

明明的爸爸挑了一个大大的番茄放在明明手上，说："太阳就是这样的，你摸摸看。"

明明一面用手摸一面笑："真的吗？太阳像番茄吗？那我就叫它番茄太阳。"明明咯咯的笑声银铃样清脆，一串一串地追着人走。

日子过得很快。明明像小屋里的光线，带给了我许多快乐。她问我许多奇怪的问题，比如天上的云怎么飘的，雨什么形状……我耐心地回答着她，看着她的笑脸，觉得那就是最美的"番茄太阳"。

有一天我去买菜，明明的妈妈高兴地告诉我：他们要走了，有人为明明捐献了眼角膜，医生说复明的机会很大。

要走的时候，明明轻轻地拉住了我的袖子说："阿姨，你过来，我和你说句话。"我弯下腰，她附在我的耳边轻声说："阿姨，妈妈说我的眼睛是好心人给我的。等我好了，等我长大了，我把我的腿给你，好不好？"她的小嘴呼出的温热气息拂过我的面颊，我的泪哗地一下子流了下来。

那个正午我坐在窗口，看满街的车来车往，眼前总浮现出明明天使般的笑脸。红红的"番茄太阳"一直挂在我的心中，温暖着我的心。

★ 苏教版小学《语文》四年级（下册）

[教学实录]

幸福还会远吗

——执教《"番茄太阳"》

{板块一}

师：谁会读这些词语？（相继出示：蔬菜、亲戚、捐献）

生：我会读：蔬菜。

师：你养成了自学的好习惯，祝贺你！你最喜欢吃哪些蔬菜？

生：黄瓜、西红柿，还有藕。

生：土豆、扁豆、蚕豆、毛豆……（众笑）

师：你可真逗！（众大笑）净吃"豆子"，不吃其他的吗？

生：不是，还吃白菜、菠菜……（众大笑）

师：听出来了吗？这位同学按照蔬菜的名称归类着说，真了不起！（掌声）谁会读第二个词？

生：我会读：亲戚。

师：你有哪些亲戚？

生：爷爷、奶奶……（众议论纷纷）

生：（插话）爷爷奶奶是自己家里的人，不是亲戚。

师：对啊，你爷爷奶奶听说你把他们当成亲戚，会很伤心的！想一想，哪些人才是你家的亲戚？

生：叔叔、阿姨、舅舅、舅妈、表哥、姨妈……

师：对啦，你家亲戚真不少啊！我是你家亲戚吗？

生：老师不是亲戚，因为和我家没有关系。

师：准确地说是没有血缘关系。谁会读第三个词？

生：我会读：捐献。

师：你捐献过吗？

生：汶川大地震的时候，我为灾区捐过钱。

师：多善良的孩子！

生：我也为汶川灾区捐过钱，还，还捐过衣服，是旧的。（难为情地）

师：（抚摸孩子的头）尽管是旧的，但你的心一样是善良的，比金子还珍贵！（掌声）

师：这些生词会读了，那么，下面这几个同音字你会写吗？〔相继出示填空：máng（　　）童，máng（　　）碌；清 cuì（　　），青 cuì（　　）。请一个学生写在黑板上〕

师：请你读一读，同学们一起看他写对了吗？

生：（读）盲童，忙碌。（生齐答：对）

师：（指着"盲"字）失去眼睛，什么都看不见了，就成了"盲"人；（指着"忙"字）失去自己的心，一点空闲也没有了，就成了"忙"人。

生：清脆，青翠（"翠"字下面的"卒"字一竖顶到了上面一横）。（生齐答：对）

师：对吗？仔细看这个"翠"字，笔画不多不少，但是这一竖过了头。看老师写。（范写一个很大的"翠"字）看清楚了吗？仔细看一看自己写的"翠"字。

（生纷纷低头检查，有写错的立即修改）

师：这两个词，同音不同字，特别容易混淆。一起读一读。

（生齐读）

师：一片＿＿＿＿的竹林里，传来一阵＿＿＿＿的鸟鸣声。分别选择哪个词？

生：青翠的竹林是第二个（青翠），表示绿的颜色；清脆的鸟鸣是第一个（清脆），表示声音的。

师：是形容声音悦耳、响亮！（生点头）你不但用对了，还能区分两个词语的含义，真不简单！知其然，还要知其所以然！

吴忠豪评：第一环节字词教学，教师将课文中的生字、词语分成两组：第一组是对蔬菜、亲戚、捐献三个词义的深入理解，第二组是通过填空认识两对同音词。教师让学生当场写一写，可以加深记忆，特别是可以及时发现学生书写时容易写错的生字，比如"翠"字最后一笔的正确书写。"青翠"和"清脆"容易用错，教师提供一个语境让学生当场用一用，"一片（青翠）的竹林里，传来一阵（清脆）的鸟鸣声，分别选择哪个词？"这样教学词语可以防患于未然，显得非常扎实。

〔板块二〕

师：这个课题有什么特别的吗？

生：加了一个引号。

师：是啊，为什么要加一个引号呢？

生：番茄是番茄，太阳是太阳，这两样东西怎么会联系在一起呢？

师：的确让人疑惑！

生：世界上有"番茄太阳"吗？

师：是啊，这是怎样的一个事物呢？

生：这个题目是红色的。（众笑）

师：你的意思是老师为什么用红粉笔写题目，是吧？

生：是的。

师：课文围绕"番茄太阳"，到底写了一个怎样的故事呢？请你认真阅读课文，读后给大家说说，故事写了什么内容？

（生投入地朗读，师巡视）

师：谁来简要地说说课文围绕"番茄太阳"写了怎样一个故事？

生："我"来到一座城市，心情很灰暗，后来在菜市场看到一个盲童，她叫明明。"我"和她发生了一些事情，心情就变好了，很温暖。

师：你注意到了作者心情的变化，开始是"灰暗"的，最后是"温暖"的，体会得很准确。（板书：灰暗　温暖）但是，"我"和明明之间发生了什么事情呢？

（生迟疑，不说话）

师：这个概括起来有点难。想一想："我"，明明，明明一家人，在一起……

生：（恍然大悟的样子）哦，"我"和明明一家人一起生活，一起说话，明明特别爱笑，让"我"感到很快乐，很温暖。

师：真不错！你看到了特别爱笑，不简单！还看到了"我"和明明一家人一起生活，一起说话，可以用"常常一起聊天、交谈"来概括。现在，你再来说一说，好吗？

生：（高兴地）好！"我"来到了一座新的城市，（师插话："新"字用得很准确！）心情灰暗无比。（师插话：用词恰当！）后来，"我"遇到了一个叫明明的盲童，她只有5岁，特别爱笑，（师插话：语言简练！）"我"和她一起聊天，一起交谈，感到很快乐。（师插话：还没完呢！）临别时，明明说等她长大后要把腿给"我"，"我"一下子哭了。（师插话：是伤心吗？）"我"一下子感动得哭了，心里非常温暖。

师：再完整地说一遍！

（生重述，很有条理）

吴忠豪评：这是一次概括主要内容的训练。学生第一次概括注意到了作者心情的变化，但是没有把"我"和明明之间发生的事情说清楚。在教师的指导下再次概括，学生用了"一起生活，一起说话"，语言不够简洁。在教师指导下第三次概括，教师通过随机插话，让学生明白了概括主要内容须用词准确、恰当，语言简练，把意思概括完整等要求。最后教师再让学生完整地重述一遍，再一次体会概括的要求，以使整个指导过程的效率最大化。教师追求的不仅是答案的正确，更着眼于方法的指导，以求对学生今后概括主要内容产生迁移。指导的虽然是一个学生，但是面对的是全班学生。

师：有什么体会？

生：读书要仔细，要动脑筋想。

师：（赞许地）还有吗？

生：要积极发言，要听老师的话。（众大笑）

师：没错！你积极发言，老师就积极帮助你！你就进步了！现在，谁想进步？

生：我想进步！

师：那就说吧？（生疑惑）说说你还知道课文写了些什么呀？

生："我"原来的心情灰暗无比，可自从认识了盲童明明以后，看到她始终微笑着生活，还说要把她的腿给"我"，心里深受感动，觉得非常温暖。

师："始终微笑着生活"概括得准确！

生：同样是残疾人，"我"的心情灰暗无比，可是盲童明明虽然只有5岁，但是一直露出天真的笑容，很乐观。"我"从明明身上受到启发，于是心情也变得温暖了。

师：你善于将两个人做比较，比较着看故事中的人物，就能看得比较深刻。（众笑）"我"从明明身上受到的不是启发，而是"感染"，对吧？

生：明明虽然只有 5 岁，虽然什么都看不见，但是她一点也不灰心丧气，对生活依然很乐观，而且她还要把腿送给"我"，很善良，很有爱心，这让"我"这个大人感到很惭愧，心里感到很温暖。

师：你从明明的角度来概括，也很不错！

（生自由地交流阅读心得。略）

师：看来，同学们对课文的内容和情感有了一定的了解，概括得真不错！特别是同学们能注意到课文中作者感情的变化，从一开始的"灰暗无比"到最后的"温暖"。读一读课文的开头和结尾，体会一下。

（生读第一自然段，读得很轻松）

师：读得不错，但你可以读得更好一些。老师告诉你，这篇文章的作者卫宣利阿姨在 17 岁那一年遭遇车祸，失去了双腿，如花的少女一下子跌进了痛苦绝望的深渊里。体会一下，再读——

（生读得缓慢、沉重）

师：老师再告诉你，她 24 岁那一年，因婚姻问题与父亲大吵一场，离家出走，来到这座陌生的城市，靠写作为生。可是，投出去的稿件，常常石沉大海，生活极其艰难。体会一下，再读——

（生读得非常投入，很有感情）

师：了解了作者特殊的生活经历，你才能体会到字里行间那一份特别的感情，才能做到有感情地朗读。明白吗？自己读一读最后一个自然段。

（生朗读。略）

吴忠豪评：这一环节有两个重点，一是让学生概括课文内容，二是指导朗读，关键是要正确把握文章内含的思想感情。简要地说说课文围绕"番茄太阳"写了怎样一个故事，这是概括课文主要内容的练习。这类练习既是简要概括的训练，也是语言表达训练。作为语文课的表达练习，不仅要追求理解的正确，更要追求语言表达的正确。

〔板块三〕

师："番茄太阳"这个名字是怎么来的？请你认真读读课文，画出关键的句段。

生：（默读课文后）"番茄太阳"这个名字是明明取的。

师：有不同的看法吗？

生：明明看不见太阳是什么样的，"我"又说不清太阳是什么样的，是明明的爸爸急中生智，为了不让明明难过，就拿了个番茄，对明明说太阳就像个番茄，明明就把太阳叫作"番茄太阳"了。

师：你说了"番茄太阳"这个名字的由来，很完整！

吴忠豪评："这个名字是怎么来的"，这是学生对"番茄太阳"的第一层理解。

生：明明是个盲童，只能靠摸来认识这个世界上的东西。她看不见真正的太阳，只能摸到像太阳的番茄，在她的心里太阳就像番茄一样，所以她就把太阳叫作"番茄太阳"。这是明明心目中的"太阳"。（掌声）

师：说得真透彻！你会把"太阳"说成是"番茄太阳"吗？

生：不会！因为我看得见太阳，太阳就是太阳，番茄就是番茄，虽然太阳和番茄有点像，但我不会搞错的。（众笑）

师：在常人看来，把"太阳"说成是"番茄太阳"，是很可笑的，"番茄太阳"这个名字或许是错的。但是，在一个盲童看来，这个名字具有特别的意义。我们来体验一下，假如你现在双目失明，再也看不见自己的父母，再也——

生：看不见自己的同学和老师。

师：再也——

生：看不见美丽的春天了。

师：再也——

生：看不见繁华的街道了。

师：再也——

生：看不见心爱的小狗了。

师：再也——

（生回答。略）

师：你会觉得生活变得怎么样？

生：黑暗无比，什么都看不见了。

生：失去了意义，活着好像已经死了。

生：生不如死，只能靠别人。（生回答。略）

师：然而，在明明的世界里，虽然看不见这个世界上那么多美好的东西，但是，她还可以用手摸。黄瓜看不见，一摸——

生："长长的，皮上有刺。"

师：豆角看不见，一摸——

生："扁扁的，光滑点。"

师：番茄看不见，一摸——

生：圆圆的，很好看。

师：好看？她看得见吗？什么样的？

生：圆圆的、滑滑的、软软的。

师：于是，手就成了——

生：她的眼睛！

师：于是，她小小的心——

生：变得明亮了。

生：变得快活了。

生：变得丰富了。（掌声）

师：阿姨怎么走路，她看不见，一听——

生：阿姨是用拐杖走路的，就知道阿姨是个腿有毛病的残疾人。

师：于是，耳朵就成了——

生：她的眼睛。

师：天上的云是怎么飘的，雨是什么形状，她看不见，但可以——

生：问。

师：于是，嘴就成了——

生：她的眼睛。

师：天上的太阳看不见，她可以——

生：用手摸。（众笑）

师：你摸得着吗？（众大笑）

生：只能摸番茄，一摸就把太阳想象成番茄那样了。（众笑）

生：她可以问，她可以用心想。（赞叹声）

师：于是，她的心里就有了——

生：一双眼睛！（赞叹声）

师：不仅仅是一双眼睛啊！她心里还有了——

生：一种快乐！

生：一种满足！

生：一种自信！

生：一种对生活的向往！

生：一种对生活的热爱！

生：一种发自内心的微笑！（赞叹声）

师：于是，盲童明明创造出了她心目中的"太阳"，创造出了这个世界上最美的名字——"番茄太阳"！（板书：最美的名字）读这段话！

（生齐读）

吴忠豪评：进一步引导学生感悟"番茄太阳"这个名字对一个盲童有着特别的意义。这是盲童明明创造出的心目中的"太阳"。这是对"番茄太阳"的第二层理解。

师：笑声有脚吗？怎么能追着人走呢？

生：明明的笑声很清脆，传得很远很远。（众笑）

师：像无线电一样传得远吗？（众大笑）

生：不是，是说明明的笑声留在了"我"心里，让"我"久久地回味。（赞叹声）

生：是明明笑声中的乐观精神感染了"我"，让"我"也快乐起来了，所以好像一直回荡在"我"耳边一样。

生：是明明的笑声很有感染力，让"我"郁闷的心情变得开朗起来了，所以说是追着人走。

师：明明天真无邪的笑声感染了沉浸在苦闷之中的"我"，于是，"我"不再觉得度日如年，而是——

生：（齐读）"日子过得很快。明明像小屋里的光线，带给我许多快乐。她问我许多奇怪的问题，比如天上的云怎么飘的，雨什么形状……我耐心地回答着她，看着她的笑脸，觉得那就是最美的'番茄太阳'。"

吴忠豪评：从名字联想到明明的笑容，引申出明明的笑脸就是最美的"番茄太阳"，这是对"番茄太阳"的第三层理解。

师：这里的"番茄太阳"不仅是指最美的名字，而且是指明明的笑容。谁都会笑，美丽的笑脸随处可见，为什么只有明明的笑脸，才是最美的"番茄太阳"？联系上下文读一读，想一想。

生：明明是个盲童，却仍然像正常的小孩子一样快乐，她的笑说明她是勇敢的。

生：如果我是个盲童，就只能哭，而明明却能一直这样微笑着，是一般人做不到的，所以是最美丽的。

生：明明长得很漂亮，一笑就更美丽了。（众笑）

师：何以见得？

生：（读课文）"如果不是盲童，明明挺漂亮的：乌黑的头发，象牙色的皮肤，精致的眉毛，笑起来像个天使。看着她，让人隐隐心疼。"

师：哦，你关注了这一段，很细心！如果你能从外在的笑容之美，能看到内在的微笑背后的美，就读到课文深处了。

生：明明不但自己微笑，而且还带给"我"快乐。课文中说"明明像小屋里的光线，带给我许多快乐"。能给别人带来快乐的人，她的笑容当然是最美的。

生：明明最后对"我"说："阿姨，妈妈说我的眼睛是好心人给我的。等我好了，等我长大了，我把我的腿给你，好不好？"明明有一颗纯洁善良的心，所以她的笑容是最纯洁最善良的，也是最美丽的。世界上没有什么比美丽的心灵更美丽的东西了！（掌声）

生：一个能把快乐和幸福带给别人的人，她就是长得再丑，笑容也是最美的！

师：你看到过天使吗？

生；看到过。（笑声）

生：在书上看到过。长着两个翅膀，可以飞的。

师：对，神话中的天使是善良和快乐的象征，能带给人间幸福的。而明明这样一个盲童，她用自己充满善意与爱心的微笑，感染了每一个人，温暖了每一个人！于是，她，就成了天使，拥有了这个世界上最美的微笑——天使般的笑容！（板书：最美的笑容）读最后一个自然段。

（生齐读）

师：这里的"番茄太阳"也不仅是指最美的笑容，还是挂在"我"心中的一轮太阳。太阳只能挂在天上，怎么能一直挂在"我"的心中呢？你能读出语言背后的那层含义吗？

生：这里的"番茄太阳"是指明明美好的心灵，那颗善良的爱心，她愿意把自己的腿献给"我"。

生：这里的"番茄太阳"是明明的乐观精神感动了"我"，激励着"我"，使"我"心中有了奋斗的勇气。（掌声）

生：我觉得是明明这个盲童让"我"变得快乐了，乐观了，不再觉得生活是灰暗无比的了。

师：注意："我变得快乐了，乐观了"，这个"番茄太阳"是谁的"太阳"？

生：是"我"自己心里升起来的"太阳"。（掌声）

师：这个"太阳"就是——

生：对生活的热爱。

生：顽强地生活下去的勇气……

师：这样一个"番茄太阳"，才是世界上最美的太阳！（板书：最美的太阳）因为它就在你的心里，照亮你的前程，温暖你的一生！

吴忠豪评：第四层进一步引申出"番茄太阳"不仅是指最美的笑容，还是挂在"我"心中的一轮太阳。这一板块围绕着对"番茄太阳"这一名字的感悟开展教学，由表及里，层层递进地揭示出课文中这一名字所包含的丰富含义。第一层理解"这个名字是怎么来的"；第二层进一步感悟"番茄太阳"

这个名字对一个盲童的特别意义;第三层从名字联想到明明的笑容,引申出明明的笑脸就是最美的"番茄太阳";第四层进一步引申出"番茄太阳"不仅是指最美的笑容,还是挂在"我"心中的一轮太阳。整个过程教师引导学生读读、悟悟、议议,从课文语句中解读出"番茄太阳"这一名字的不同意义,从而将学生的思考逐步引向文本深处。这样一个由具体到抽象的引导过程和感悟过程,充分体现了执教者深厚的文本解读功力和教材处理艺术。

{板块四}

师:其实,作者卫宣利阿姨经历了人生的变故之后,深深地领悟到了生活的艰辛,也真切地体验到了生活的意义。当她看到盲童明明天真无邪、灿烂如花的笑容的时候,心里便流出这样一句话:"心底有了快乐,光明还会远吗?"(板书)

(生齐读)

师:(擦去"光明")对明明来说,心底有了快乐,_____还会远吗?

(生纷纷举手,师笑而不答)

师:(继续擦去"快乐")对我们来说,心底有了_____,_____还会远吗?请你写两三个句子,表达你对生活、对人生新的认识。

(生写后交流)

生:心底有了快乐,幸福还会远吗?心底有了善良,微笑还会远吗?

生:心底有了勇气,信念还会远吗?心底有了信心,成功还会远吗?

生:心底有了光明,快乐还会远吗?心底有了快乐,幸福还会远吗?心底有了幸福,春天还会远吗?(掌声)

师:你发现三个句子有什么特别的吗?

生:第一句的最后一个词语是第二句的核心词。

师:这是一种很高明的句子写法,一般只有作家才写得出这样美妙的句子!

生:心底有了勇气,力量还会远吗?心底有了春天,冬天还会远吗?(众笑)

师:你到底要给人春天还是冬天啊?"冬天到了,春天还会远吗?"你想把雪莱的诗句改编一下，但是把意思弄颠倒了！

生：心底有了准备，信心还会远吗？心底有了信心，100 分还会远吗？（众笑）

师：（接话）心底有了 100 分，完美的追求还会远吗？心底有了追求，成功还会远吗？

生：心底有了"番茄太阳"，灿烂的笑容还会远吗？心底有了"番茄太阳"，美好的生活还会远吗？心底有了"番茄太阳"，幸福的人生还会远吗？（掌声）

师：这三个句子有什么特别的吗？

生：都是写心底都有了"番茄太阳"，就有了什么，是个排比句。

师：含义丰富，语句优美，再让我们欣赏一遍！

（生大声地朗读）

师：祝愿每个同学心底都有个"番茄太阳"，一切都离你不会太远！下课！

吴忠豪评：这一板块的目标是写几句话，教师规定了写话的句式：心底有了_____，_____还会远吗？要求"写两三个句子，表达你对生活、对人生新的认识"，以书面形式表达自己的阅读感悟。这既是对文本阅读的总结，也是一种动笔写话的练习。如果是口头交流，参与的学生会十分有限，但安排书面写话，那么参与的就是全体学生。最后的写话交流和教师评点，可以让全体同学分享同伴思想的火花。个别同学写出的含义丰富的优美语句，可以让伙伴得到更多的启示和收获。

[名家点评]

语文教学重在实践运用

吴忠豪（上海师范大学）

一直欣赏法根的课，简约朴实、清新自然。仅凭着一支笔，一本教材，然而却总能让人回味咀嚼，念念难忘。

　　阅读教学中师生面对的都是一篇篇课文，不少教师将课文内容当成课程内容，阅读课热衷于课文内容的理解和思想情感的感悟，着眼于"教课文"，那样的语文课一般效率都不会高。阅读课教学指向的不应该是课文内容，而是课程内容。"课文内容"和"课程内容"是两个概念，后者主要指语文知识、方法以及语文能力等课程必须达成的目标内容，而课文只是完成课程内容（目标）的教材。如果把课文内容视作教学的主要目标，就会把语文课上成思想品德课、社会课，甚至是常识课、历史课，等等，就会异化语文课的性质。因而从语文课程的视角选择好每篇课文的目标内容，是上好语文课的前提，也是提高阅读教学效率的关键。

　　薛法根在阅读教学中多采用组块教学的方式组合教学过程。用他自己的话说就是，教学活动力求整合，形成板块，每个板块对应一个目标，每一个目标都有相应的教学活动。本课例设计了四个板块，第一块的目标是字词教学，第二块讨论课文主要写了怎样一个故事，属于主要内容概括的训练；第三块是理解课文中"番茄太阳"的深刻含义，是感悟力的训练；第四块是写句子，属书面语言表达的练习。每个板块语文目标集中而明晰。组块教学最大优点是可以摆脱文本解读为主线的窠臼，按照组块目标设计教学活动，容易将课程目标落到实处。文本解读在阅读课中是不能绕开的，但它只是阅读课教学的一项工作，将文本解读放大成阅读课的全过程，就会窄化阅读课教学任务，严重挤压听说写训练的时间和空间。本课例设计将文本的解读感悟压缩成教学过程中的一个板块，所占时间大致为四分之一，其他四分之三时间用于字词教学、概括主要内容和写话训练，这样设计教学自然就能提高阅读课的教学效率。

　　字词教学应该成为各年级阅读教学的重要任务，始终不能放松。中、高年级学生有了一定的自学字词的能力，字词理解可以通过自学完成，因而不少教师阅读教学往往忽略字词教学，省下时间用于解读文本，这其实是不对的。中、高年级字词教学当然与低年级有所区别，不必逐字逐词，面面俱到，但是对于容易理解错的字词，容易读错写错用错的字词，任何年级都不应该忽略，即使是中学，也要进行强化性识读。

本课字词教学教师采用分类教学的办法，一类是联系学生的生活经验，着重在意义方面的深入理解，另一类是将课文中的同音词配对教学，并且通过填空，让每个学生都能强化记忆，取得很好的效果。字词教学的目标大致可以分为三个层次，第一是着眼于准确读写，第二是着眼于正确理解，第三是着眼于正确运用。许多教师教学词语的目标往往定位在正确读写和理解意思，认为词语读准了，写对了，意思理解了，词语教学任务就完成了。其实运用词语才是词语教学最高境界，也是词语教学最终目标。课例中对"亲戚"、"捐献"、"清脆"、"青翠"等词语的教学，都着眼于运用词语的指导，体现出执教者对字词教学目标的深刻认识。

按照课程标准的指示，中、高年段阅读教学应该重视学习方法的指导。从某种意义上来说，掌握学习方法甚至比掌握学习的内容更为重要。学习方法是一种程序性知识，关键不在对方法、概念和步骤的理解，而在于对方法的实际运用。本课例第二板块就是一次精心设计的概括课文主要内容方法的指导。通常的做法是指名几位学生把主要内容说清楚，达到教师预设的标准答案，就算完成了。本课例教师的目标指向不在追求答案的正确，而是将学生正确理解概括主要内容的方法要求作为最终诉求，并根据这一目标精心设计、细心指导，让学生通过实践明白概括主要内容须用词准确、恰当，语言简练，把意思概括完整等要求。明白了这些要求后，又让其他学生从不同的角度来概括课文主要内容，通过反复实践掌握概括方法，并且进一步理解概括主要内容可以是多元的，可以从各个角度去概括，其标准答案也不是唯一的。

需要指出的是，阅读教学除了提高学生阅读理解能力，掌握阅读方法外，还承担着学生语言发展的任务。整个小学阶段学生处于语言发展的关键期，通过课文阅读扩大学生的语言积累，进行口头和书面语言表达训练，应该是贯穿于小学阅读教学的重要任务。我研究过法根不少课例，每堂课都有扎实的表达运用训练的设计和指导。这堂课的第四板块"写几句话"，让学生以书面形式表达自己的阅读感悟，既是阅读文本的总结，也是一种表达练习。因为是书面写话，所以受益的是全体学生。阅读教学中教师必须要有发展学生语言的强烈意识，要想方设法创造课文语言输入和输出的机会，让学生在实践中提高语言表达能力，获得语言表达的策略，提高语言表达的质量。

最后再谈谈阅读教学如何体现语文课程人文性的问题。工具性和人文性的统一是语文课程的基本特点。所谓统一，就不是两种特性的物理性结合，而是化学性整合，是融为一体的。课例中教师教学"亲戚"这个词语，"爷爷奶奶听说你把他们当成亲戚，会很伤心的"，既是对"亲戚"一词的理解，又蕴含着道德伦理教育。教学"捐献"这个词语，老师问："你捐献过吗?"学生回答"汶川大地震的时候，我为灾区捐过钱"；一个学生难为情地说自己"捐过衣服，是旧的"，老师抚摸孩子的头说："尽管是旧的，但你的心一样是善良的，比金子还珍贵!"词义教学和爱心教育有机融合。

许多教师对人文教育理解往往局限于思想道德、伦理价值观教育等领域，其实语文课程人文教育内涵非常广泛。比如教学"盲、忙"两个汉字，"失去眼睛，什么都看不见了，就成了'盲'人；失去自己的心，一点空闲也没有了，就成了'忙'人"。从表面上看是一种指导学生记住生字字形的工具性教学，其实内中包含汉字文化教育。再看教师怎么教学"翠"字，先让学生"仔细看这个'翠'字，笔画不多不少，但是这一竖过了头。看老师写"，然后再让学生纠错。这是纠正错字的写字指导，但其实也是一种学习态度和习惯养成教育：观察要认真仔细，写字要一丝不苟。

其实说到底，语文知识教学，语文技能训练，都不可能脱离人文性而进行，语文课程就是人文课程，语文教学就是人文教育的一部分，语言文字教学其实质是一种民族文化、民族精神、民族思想方法认同的教育，让学生牢固地掌握祖国的语言文字，是语文课程最基本的也是最重要的人文教育任务。现在有一种倾向，一些教师离开语文知识、语文方法教学和语文能力训练去深挖课文中的人文教育元素，然后千方百计地引导学生去感悟教师挖出来的人文精神，我们当然不能否认这是一种人文教育，但这不是语文课程的人文教育。这样做看似很人文，其实掏空了语文，是一种自毁长城的愚蠢行为。

第二课 《二泉映月》

[教材课文]

二泉映月

无锡的惠山，树木葱茏，藤萝摇曳。山脚下有一泓清泉，人称"天下第二泉"。

有一年中秋之夜，小阿炳跟着师父来到泉边赏月。水面月光如银，师父静静地倾听着泉声。突然，他问小阿炳："你听到了什么声音？"小阿炳摇了摇头，因为除了淙淙的流水，他什么声音也没有听见。师父说："你年纪还小，等你长大了，就会从二泉的流水中听到许多奇妙的声音。"小阿炳望着师父饱经风霜的脸，懂事地点了点头。

十多年过去了，师父早已离开人世，阿炳也因患眼疾而双目失明。他整天戴着墨镜，操着胡琴，卖艺度日。但是生活的穷困和疾病的折磨，泯灭不了阿炳对音乐的热爱和对光明的向往。他多么希望有一天能过上安定幸福的生活呀！

又是一个中秋夜，阿炳在邻家少年的搀扶下，来到了二泉。月光似水，静影沉璧，但阿炳再也看不见了。只有那淙淙的流水声萦绕在他的耳畔。他想起了师父说过的话，想到了自己坎坷的经历。渐渐地，渐渐地，他似乎听到了深沉的叹息，伤心的哭泣，激愤的倾诉，倔强的呐喊……

听着，听着，阿炳的心颤抖起来。他禁不住拿起二胡，他要通过琴声把积淀已久的情怀，倾吐给这茫茫月夜。他的手指在琴弦上不停地滑动着，流水、月光都变成了一个个动人的音符，从琴弦上流泻出来。起初，琴声委婉连绵，有如山泉从幽谷中蜿蜒而来，缓缓流淌。这似乎是阿炳在赞叹惠山二泉的优美景色，在怀念对他恩重如山的师父，在思索自己走过的人生道路。随着旋律的升腾跌宕，步步高昂，乐曲进入了高潮。它以势不可当的力量，表达出对命运的抗争，抒发了对美好未来的无限向往。月光照水，水波映月，乐曲久久地在二泉池畔回响，舒缓而又起伏，恬静而又激荡。阿炳用这动人心弦的琴声告诉人们，他爱那支撑他度过苦难一生的音乐，他爱那美丽富饶的家乡，他爱那惠山的清泉，他爱那照耀清泉的月光……

就这样，一首不朽的乐曲诞生了——这就是经后人整理并定名为《二泉映月》的二胡曲。几十年来，这首曲子深受我国人民的喜爱，在国际乐坛上也享有盛誉。

★ 苏教版小学《语文》五年级（下册）

[教学实录]

琴声有旋律，语言有韵律
——执教《二泉映月》

{板块一}

师：今天我们学习的课文叫——

生：二泉映月。

师：无锡的惠山，树木葱茏，藤萝摇曳，山脚下一泓清泉，人称——

生：天下第二泉。

师：每到中秋之夜，二泉池水倒映着天上的一轮明月，这样的美景用一个词就叫——

生：二泉映月。

师：文中有三处写到月的美景，黑板上有五个描写月光的四字词语，我请同学来读一下。（板书：环境 月光如银 月光似水 静影沉璧 月光照水 水波映月）

生：月光如银。

师：月光如银，月光美在哪里？

生：美在颜色。

师：什么颜色？

生：银白色。

师：还有其他的词语吗？

生：洁白的，皎洁的。

师：谁来读读这个词？

生：月光如银。（读得一般）

师：读得美一点。

生：月光如银。（读得很有感情）

生：月光似水。

师：女同学到了五年级读书就变得细声细气了，你读得很好，大声点，再来。（生读）

师：好！月光似水，月光美在哪里？

生：美在清。

师：美在月光的清辉、清澈，再读读这个词。

生：月光似水。

师：真好！谁来读这个词？

生：静影沉璧。

师：谁的影？

生：月亮的影子。

师：这个"璧"什么意思？（生摇头）这个"璧"字下面是个玉字，猜猜看是什么意思？

生：璧玉。

师："璧"是圆形的、中间有孔的玉。这个词理解起来很简单，中间加个"如"字或者"似"字就可以。知道"静影如沉璧"是什么意思吗？

生：月影倒映在水里就像一块璧玉。

师：静影沉璧，美在哪里？

生：影子。

师：下面两个词谁来读读？

生：月光照水，水波映月。

师：地上有二泉，天上有月亮，相互辉映。这样的美景用两个词来赞美——

生：月光照水，水波映月。

师：同学们，我们一起来朗读这串词。

（生齐读：月光如银　月光似水　静影沉璧　月光照水　水波映月）

师：这样的美景就是——

生：二泉映月。

师：哪位同学来读读这组词语，把我们带到二泉美丽的景色中？（指名学生读词串）

师：很好！在词语之间可以有一些停顿，谁再来？（一生读词串）

师：月光照水是很柔美的，不是像你读得那样生硬，再试试。

生：月光照水，水波映月。（读得还是有点生硬）

师：你那月光一照让人感到可怕，月光照水，要柔情似水。（众笑，生再读）

师：不错，要求一个男生读出柔情还是比较难的。（笑声）

师：二泉映月的美景，用五个词语来描绘，就是——（生齐读写景的词串）

师：这样的美景就是——

生：二泉映月。

师：二泉映月是一处非常著名的风景，在这样的美景赏月真是——

生：心旷神怡。

师：小阿炳在小时候和师父经常到二泉去赏月。师父也就是他的父亲，因为家里穷，做了道士，阿炳也和小道士一样把父亲叫作师父。他们赏到的是——

生：二泉映月。

{板块二}

师：十多年过去了，阿炳的处境又如何呢？我们自由朗读课文第三自然段。（生读）

师：你们喜欢齐读，老师喜欢听大家自己读，谁来给我们读一读第三自然段？

生：（读）十多年过去了，师父早已离开人世——

师：（插话）师父离世——老师强调的词，你们把它画下来。

生：（读）阿炳也因患眼疾而双目失明——

师：（插话）双目失明。

生：（读）他整天戴着墨镜，操着胡琴，买艺度日。

师：（插话）卖艺度日。

生：（读）但是生活的穷困和疾病的折磨，泯灭不了阿炳对音乐的热爱和对光明的向往。

师：（插话）生活穷困，疾病折磨。

生：（读）他多么希望有一天能过上安定幸福的生活呀！

师：读得真好！十多年后阿炳的处境是这样的。（老师在第二组词串顶端板书：处境）

生：（齐读词串）师父离世、双目失明、卖艺度日、生活贫困、疾病折磨。

师：这样的处境你可以用什么词来形容呢？

生：处境悲惨。

师：悲惨，说得好。

生：处境恶劣。

师：这样的处境用课文中的哪个词来概括？

生：饱经风霜。

师：真好，这样的经历还可以用哪个词形容？

生：坎坷。

师：我们一起再读一读这组词。

（生齐读词串）

{板块三}

师：阿炳的处境是艰难的，是坎坷的，是饱经风霜的。在这样的处境下，他又一次来到二泉，请读读课文第四自然段。

（生朗读课文第四自然段）

师："倔"字不念"juè"，念"jué"，请注上音，"月光似水"也不念"shì"，念"sì"，这些多音字要注上音。请你把最后一句再读一下。

生："他想起了师父说过的话，想到了自己坎坷的经历，渐渐地，渐渐地，他似乎听到了深沉的叹息，伤心的哭泣，激愤的倾诉，倔强的呐喊……"

师：此时的阿炳双目失明，他再次来到二泉边，月光依然如银，月光依旧似水，可阿炳——

生：再也看不到了！

师：二泉边依然静影沉璧，可阿炳——

生：再也看不到了！

师：二泉边依然月光照水，水波映月，可阿炳——

生：再也看不到了！

师：阿炳再也看不到了，再也看不到二泉映月的美景，留给他的是什么？

生：疾病折磨。

师：只有疾病折磨的痛苦。

师：留给他的只有——

生：双目失明。

师：只有双目失明的黑暗。

师：留给他的只有——

生：师父离世。

师：留给他的只有师父离世的哀痛。

师：留给他的还有——

生：卖艺度日。

师：只有卖艺度日的艰辛。

师：此时他听到那淙淙的流水，想起师父说过的话，想到自己坎坷的经历，渐渐地，渐渐地，他似乎听到了什么？

生：（齐读）深沉的叹息，伤心的哭泣，激愤的倾诉，倔强的呐喊……

师：渐渐地，渐渐地，他听到了——

生：（感情投入地齐读）深沉的叹息，伤心的哭泣，激愤的倾诉，倔强的呐喊……

师：渐渐地，渐渐地，他听到了——

（生很有感染力地齐读）

师：他真的听到了吗？他真的从淙淙的流水中听到这些声音吗？

生：没有。

师：那他听到的是？

生：是自己内心的活动。

师：这是他发自内心的——

生：声音。

生：心声。

师：有了这样的处境，他才能从心底发出这样的声音，这就叫心境。（板书：心境）为什么阿炳的心里会有这样的声音呢？

生：因为他已经经历过。

生：因为他有饱经风霜的经历。

师：如果我们同学去泉水边，能听到这样的声音吗？

生：不能。

师：只有饱经风霜的人，只有经历坎坷的人，只有这样心境的人，才能听到这些声音，听着，听着，渐渐地，渐渐地，他听到了——

生：（齐读）深沉的叹息，伤心的哭泣，激愤的倾诉，倔强的呐喊……

{板块四}

师：听着，听着——

生：阿炳的心颤抖起来。

师：听着，听着，——

（一生深情地朗读课文第五自然段）

师：我们来听一听，流水、月光变成了怎样的音符？（播放二胡曲《二

泉映月》）

师：这样的音乐你想用什么词来形容呢？

生：痛苦。

生：动听。

师：动人心弦。

生：悲伤。

生：委婉连绵。

生：舒缓。

师：作者是怎样把琴声用文字描绘出来的呢？请同学们自由读第五自然段，把描写琴声旋律的词语画出来。

（生边读边画）

师：作者用了哪些词语来描绘二泉映月琴声的旋律？

生：委婉连绵。

生：升腾跌宕。

生：步步高昂。

生：舒缓起伏。

师：中间两个字不能省略。

生：舒缓而又起伏。

生：恬静而又激荡。

生：动人心弦。

师：动人心弦不是描述旋律，而是描述对曲子的感受。

师：作者用了这些词语来描绘音乐的旋律——

（生自由朗读词串：委婉连绵　升腾跌宕　步步高昂　舒缓而又起伏
恬静而又激荡）

师：我们要把旋律的变化读出来。读哪两个词读的时候声调要高些？

生：升腾跌宕，步步高昂。

（生再读描写旋律的词串，读得有板有眼）

师：注意朗读时"声音的延续"，如"舒缓而又起伏"，读完"舒缓"声音要停延一下，接着读"而又起伏"，音延气连。

生：舒缓而又起伏，恬静而又激荡。（读出了起伏变化）

师：读词就如品琴声，再读。

（生再读描写旋律的词串，读得很有韵味）

师：起初——

生："琴声委婉连绵。"

师：前面讲"琴声委婉连绵"，后面讲什么呢？

生："有如山泉从幽谷中蜿蜒而来，缓缓流淌。"

师：琴声听得见，但看不见；山泉听得见，又看得见。这个比喻使委婉连绵的琴声既听得见，又看得见。

（生齐读）

师：随着旋律的升腾跌宕，步步高昂，乐曲进入了高潮，后来——

生：（齐读）"月光照水，水波映月，乐曲久久地在二泉池畔回响，舒缓而又起伏，恬静而又激荡。"

师：作者写二泉映月的琴声写了几句话？

生：三句。

师：我们把描写琴声的三句话连起来读。

（生齐读）

师：这三句话写的是——

生：琴声。

师：但是在每一句描写琴声的句子后面还写了三句话。自己读一读，看看这三句话写的是什么？

（生自由读琴声后面的句子）

生：是作者的感受。

师：还有其他的意见吗？

生：阿炳的心声。

师：我们一起来读。女生读描写琴声的句子，男生读描写心声的句子，老师读引子。（师生合作读）

师：琴声、心声，声声相融，融入这茫茫的月夜。作者写心声和琴声是不一样的，写琴声的是几个字？

生：要么四个字，要么六个字。

师：写心声的句子能不能也简练点儿，"阿炳用这动人心弦的琴声告诉人们"，能不能用四个字来说？

生：他爱音乐。

生：他爱家乡。

生：他爱月光。

生：他爱清泉。

师：连起来说完整——

生：他爱音乐，他爱家乡，他爱清泉，他爱月光。

师：如果这个句子用这四个词来说："阿炳用这动人心弦的琴声告诉人们，他爱音乐，他爱家乡，他爱清泉，他爱月光。"有什么感觉呢？

生：很平淡。

生：一潭死水。

师：他爱音乐，他爱家乡，他爱清泉，他爱月光，有没有连绵？

生：没有。

师：有没有起伏？

生：没有。

师：但我们看看这个句子："他爱那支撑他度过苦难一生的音乐。"这里有起伏吗？

生：有。

师：这叫——

生：委婉连绵。

师：这叫——

生：旋律。

师：琴声有旋律，而句子有——

生：韵律。

师：谁来把这段话读给大家听一听？

（生读）

师："他爱支撑他度过苦难一生的音乐。"这是高潮，再读读这句话。

（生读）

师：这句话我们要读出委婉连绵，你还不够连绵，"苦难一生"要放慢点，（示范）"苦难"是一生的，不是一阵子的。（众笑）你先读读这个词。

生：苦难一生。（读出了起伏）

师：你连起来再读。

生：他爱那支撑他度过苦难一生的音乐。（掌声）

师：人长得帅，读得也很不错。

师：谁再来读读这组排比句？

（一生读得很有感情）

师：感情很真！读这段话我们要像刚才那位同学那样，从旋律中读出韵律，从琴声中读出心声，我们自己再读读这段话。

（生齐声朗读）

师：这段话适合独奏，适合一个人读，想不想听老师来读？

生：想！

师：老师不一定读得好，需要配上点音乐。（配乐读课文第五自然段，全场掌声）

师：我请一位同学读一下描写琴声的三句话，其他的同学读阿炳的心声，我们全班一起来合读这段话。（学生合作配乐朗读，很动人）

师：同学们，刚刚我们读到的是——

生：二泉映月。

师：我们感受到的是——

生：旋律、韵律。

师：琴声、心声，声声相融，旋律、韵律，律律相和。这样的意境（板书：意境）是要表达阿炳独特的——

生：心境。

师：他要表达的是这样的心境——

生：（齐读）深沉的叹息，伤心的哭泣，激愤的倾诉，倔强的呐喊……

师：有这样的心境，是因为他有这样的处境——

生：（齐读）师父离世、双目失明、卖艺度日、生活贫困、疾病折磨。

师：这样的琴声和这样的二泉映月的环境和谐吗？这么美的环境应该拉出什么样的曲子来？

生：优美的。

生：轻快的。

生：轻柔的。

师："二泉映月"这个风雅的、充满诗意的名字，和这个旋律没有关系。老师告诉你们，这首曲子开始并无标题，阿炳常在走街串巷中信手拉奏，卖艺时并未演奏此曲，阿炳曾把它称作《自来腔》，他的邻居们都叫它《依心曲》。后来杨荫浏、曹安和录音时联想到无锡著名景点二泉，便命名为《二泉映月》。这个故事说这首曲子是阿炳在二泉有感而发创作出来的，这是真的吗？

生：不是。

师：我们今天读到这个故事，有真实的一面，比如，阿炳的处境、阿炳的心境，但这个故事也有虚构的一面。人的一生有不同的阶段：童年、少年、青年、中年、老年。不同的阶段听《二泉映月》会有不同的感受，会听到不同的声音。我们现在是少年，等我们长大了，再来听《二泉映月》，会听到跟今天比听不到的声音。

附：板书

环境	处境	心境	意境
月光如银	师父离世	深沉的叹息	委婉连绵
月光似水	双目失明	伤心的哭泣	升腾跌宕
静影沉璧	卖艺度日	激愤的倾诉	步步高昂
月光照水	生活贫困	倔强的呐喊	舒缓而又起伏
水波映月	疾病折磨		恬静而又激荡
		琴声　心声	旋律　韵律

[名家点评]

意境中理性的清醒

林志芳（山东省济南幼儿师范高等专科学校）

薛法根老师的课是清晰、简约的。他的课大多思路明晰，结构上绝不旁逸斜出，《二泉映月》一课也正是如此，中通外直，不蔓不枝。

配合着板书，薛老师将课文梳理为四个板块："环境"—"处境"—"心境"—"意境"。依着顺序，让我们一一赏析。

一、"环境"——月恋水，水怀月

师：无锡的惠山，树木葱茏，藤萝摇曳，山脚下一泓清泉，人称——

生：天下第二泉。

师：每到中秋之夜，二泉池水倒映着天上的一轮明月，这样的美景用一个词就叫——

生：二泉映月。

干净简明的释题之后，薛老师就引导学生朗读五个描写二泉映月美景的词语：月光如银、月光似水、静影沉璧、月光照水、水波映月。这几个词读准并不难，难的是读出词的韵味，读出月境的静谧与柔美。巧在教师的引导："月光如银"美在哪里？美在颜色；"月光似水"美在哪里？美在清澈；"静影沉璧"美在哪里？美在形态；而"月光照水、水波映月"则是月恋水，水怀月，水与月交相辉映的佳景了。五个词恰是从不同的角度写出了二泉映月的美。有了对词语的深入理解，读好就不难了。

在这一板块中，师生的对话非常简单，即便是生词的学习，也是轻巧的。如"静影沉璧"显然是学习的难点，教师只微微点拨："这个词理解起来很简单，中间加个'如'字或者'似'字就可以。"

仿佛就是师生简单地读着，聊着，那二泉与月就如在眼前了。

二、"处境"——景依旧，人非昨

师：十多年过去了，阿炳的处境又如何呢？我们自由朗读课文第三自然段。（生读）

薛老师在学生的朗读时及时抽出关键词，形成词串并引导学生体会朗读：师父离世、双目失明、卖艺度日、生活贫困、疾病折磨。

十年间，阿炳受尽人生的苦难！教师完全可以借此带着学生进行感性的想象，进而理解、同情阿炳，但是，没有。

师：这样的处境你可以用什么词来形容呢？

生：处境悲惨。

师：悲惨，说得好。

生：处境恶劣。

师：这样的处境用课文中的哪个词来概括？

生：饱经风霜。

师：真好，这样的经历还可以用哪个词形容？

生：坎坷。

此处的教学过程近乎冷静。薛老师有三次提问，第一问"这样的处境你可以用什么词来形容呢？"，指向的是学生已有的言语积累，后两问"这样的处境用课文中的哪个词来概括？"、"这样的经历还可以用哪个词形容？"均指向了本课词语的理解与运用。

薛老师倡导"为发展学生的言语智能而教"，在这个环节体现得非常鲜明。薛老师曾说，语文教学的目的是要发展学生的"言语智能"而非"言语情感"。当然，当学生在选择语言、运用语言的同时也一定更好地体会与理解了阿炳的处境，可以说"运用"是更高层次的"理解"，且"运用"一定是以"理解"为前提的，因此，在这里"言语智能"与"言语情感"绝不是非此即彼，而是和谐统一的。

三、"心境"——却更向，何人说

景依旧，人非昨。十年之后，当阿炳再一次来到二泉的边上，泉月依旧，而他再也不是那个少年人了！

师：阿炳的处境是艰难的，是坎坷的，是饱经风霜的。在这样的处境下，他又一次来到二泉，请读读课文第四自然段……

师：此时的阿炳双目失明，他再次来到二泉边，月光依然如银，月光依旧似水，可阿炳——

生：再也看不到了！

师：二泉边依然静影沉璧，可阿炳——

生：再也看不到了！

师：二泉边依然月光照水，水波映月，可阿炳——

生：再也看不到了！

在薛老师的引导下，第一板块中的五个词语——再现，而这样的美景阿炳却"再也看不到了"。五个词语，三声"再也看不到了"，回环复沓，课堂正形成一个沉沉的场，让人开始往下陷。

薛老师再问，阿炳"再也看不到二泉映月的美景，留给他的是什么？"——只有疾病折磨的痛苦，只有双目失明的黑暗，只有师父离世的哀痛，只有卖艺度日的艰辛。此处的声声提问，不是为了质疑，追寻的也绝不是答案。这里的问是为了理解而问、是为了体验而问。于是，师生的问答对话是如此诗意、如此默契，当第二板块中的词串在这里重复出现，我们的情感也随着课的节奏升腾跌宕、逶迤婉转。

师：此时他听到那淙淙的流水，想起师父说过的话，想到自己坎坷的经历，渐渐地，渐渐地，他似乎听到了什么？

生：（齐读）深沉的叹息，伤心的哭泣，激愤的倾诉，倔强的呐喊……

师：渐渐地，渐渐地，他听到了——

生：（感情投入地齐读）深沉的叹息，伤心的哭泣，激愤的倾诉，倔强的呐喊……

师：渐渐地，渐渐地，他听到了——

（生很有感染力地齐读）

又是引读。当学生的朗读一次比一次动情，一次比一次激烈，我们相信，那一刻，他们是真切地感受到了阿炳的处境，真切地感受到了阿炳的心境。

此时《二泉映月》的旋律在二泉响起，也在孩子们的心中响起，一切水到渠成。

四、"意境"——依心曲，唯心知

《二泉映月》的旋律如泣如诉，于凄婉中见悲愤，于优美中见风骨。不历人间苦，不懂慈悲。当阿炳一生的苦难，终成天籁，诉说的就是一种超越苦难的力量。

在品读文字的过程中体会音乐的意境，薛老师用的依然是朗读词串的方式。并不费力，学生就找出了描写琴声的词语：委婉连绵、升腾跌宕、步步高昂、舒缓而又起伏、恬静而又激荡。但是，透过文字，读出曲意，对学生而言绝非易事。因此，教师在此处的指导是细致入微的：

师：我们要把旋律的变化读出来。哪两个词读的时候声调要高些？

师：注意朗读时"声音的延续"，如"舒缓而又起伏"，读完"舒缓"声音要停延一下，接着读"而又起伏"，音延气连。

师：读词就如品琴声，再读。

……

从声音的高低变化，到朗读时气韵的融通及想象体验，读好了词语（或短语），就为下面读好句子做了铺垫。

读句子，教师首先引导学生体会比喻句的妙处，接着引导学生发现这段话琴声与心声交替呈现的"言语秘密"。在反反复复的合作朗读里，学生终于品味到了琴声、心声，声声相融的美妙意境。但是，显然，执教者的目标不肯就此止步，他以冷静的清醒将教学再一次推向言语表达的理性——

师：写心声的句子能不能也简练点……如果这个句子用这四个词来说："阿炳用这动人心弦的琴声告诉人们，他爱音乐，他爱家乡，他爱清泉，他爱月光。"有什么感觉呢？

生：很平淡。

生：一潭死水。

师：他爱音乐，他爱家乡，他爱清泉，他爱月光，有没有连绵？

生：没有。

师：有没有起伏？

生：没有。

师：但我们看看这个句子："他爱那支撑他度过苦难一生的音乐。"这里有起伏吗？

生：有。

师：这叫——

生：委婉连绵。

师：这叫——

生：旋律。

师：琴声有旋律，而句子有——

生：韵律。

琴声有旋律，句子有韵律。薛老师引导学生发现的正是作家言语表达的节奏，长短相间，整散结合才使文字有了音乐一样起伏变化的美。

这大概就是薛老师的教学追求——要使学生理解语言文字中蕴含的思想感情，更要准确地理解语言文字的表达形式及其内在规律。

就这样，在这一课的教学中，四个板块层层推进，各板块之间既意义独立又相互勾连。由此，我们可以窥见薛老师"组块教学"的实践策略，读、悟、习兼顾，由块及面、以简驭繁。一方面，课的情境由浅入深，令人沉醉；

另一方面，执教者又始终保持着理性的清醒，使我们不完全沦陷。

抛开细节与理念，再看整堂课，简洁干净，意味隽永。这正是薛老师一贯的风格。若说课有百味，这一味，就是清淡。淡不是无味，这其中的睿智细腻也非"寻常"二字可说！

我始终相信，课堂不是独立的存在，而是执教者语文观、教育观乃至哲学观、世界观的缩影。课品即人品，风格即人格。每一堂用心的课，都传递着执教者独特的生命气息，透露着执教者生命的秘密。

由此，我相信薛老师课堂的背后就是他清简、平和、安宁的生活理想与生命境界。

语文，不过是他过日子的方式，他是在这寻常的语文的日子里寻找意义。

第三课 《爱如茉莉》

[教材课文]

爱如茉莉

映 子

那是一个飘浮着橘黄色光影的美丽黄昏,我忽然对在一旁修剪茉莉花枝的母亲问道:"妈妈,你爱爸爸吗?"

妈妈先是一愣,继而微红了脸,嗔怪道:"死丫头,问些什么莫名其妙的问题呀!"

我见从妈妈口中掏不出什么秘密,便改变了问话的方式:"妈,那你说真爱像什么?"

妈妈寻思了一会儿,随手指着那株平淡无奇的茉莉花,说:"就像茉莉吧。"

我差点笑出声来,但一看到妈妈一本正经的样子,赶忙把"这也叫爱"这句话咽了回去。

此后不久,在爸爸出差归来的前一个晚上,妈妈得急病住进了医院。第二天早晨,妈妈用虚弱的声音对我说:

"映儿,本来我答应今天包饺子给你爸爸吃,现在看来不行了。你呆会儿就买点现成的饺子煮给你爸吃。记住,要等他吃完了再告诉他我进了医院,不然他会吃不下去的。"

然而,爸爸没有吃我买的饺子,也没听我花尽心思编的谎话,便直奔医院。此后,他每天都去医院。

一天清晨,我按照爸爸的叮嘱,剪了一大把茉莉花带到医院去。当我推开病房的门,不禁怔住了:妈妈睡在床上,嘴角挂着恬静的微笑;爸爸坐在床前的椅子上,一只手紧握着妈妈的手,头伏在床沿边睡着了。初升的阳光从窗外悄悄地探了进来,轻轻柔柔地笼罩着他们。一切都是那么静谧美好,一切都浸润在生命的芬芳与光泽里。

似乎是我惊醒了爸爸。他睡眼蒙胧地抬起头，轻轻放下妈妈的手，然后蹑手蹑脚地走到门边，把我拉了出去。

望着爸爸布满血丝的眼睛，我心疼地说："爸，你怎么不在陪床上睡？"

爸爸边打哈欠边说："我夜里睡得沉，你妈妈有事又不肯叫醒我。这样睡，她一动我就惊醒了。"

爸爸去洗漱，我悄悄溜进病房，把一大束茉莉花插进瓶里，一股清香顿时弥漫开来。我开心地想：妈妈在这花香中欣欣然睁开双眼，该多有诗意啊！我笑着回头，却触到妈妈一双清醒含笑的眸子。

"映儿，来帮我揉揉胳膊和腿。"

"妈，你怎么啦？"我好生奇怪。

"你爸爸伏在床边睡着了。我怕惊动他不敢动。不知不觉，手脚都麻木了。"

病房里，那簇茉莉显得更加洁白纯净。它送来的缕缕幽香，袅袅地钻到我们的心中。

哦，爱如茉莉，爱如茉莉。

★ 苏教版小学《语文》五年级（下册）

[教学实录]

树里闻歌，枝中见舞
——执教《爱如茉莉》

{板块一}

（课前板书：茉莉　平淡无奇　洁白纯净　缕缕幽香　袅袅清香　弥漫　诗意）

师：谁来读一读这些生词？

（生纷纷举手。一男生读，读得比较平淡）

师：如果你能想一想这些词语的意思，用心体会一下，读的时候感觉就不一样了。比如"缕缕幽香"，丝丝香气飘入你的鼻子，飘入你的心房，应该这样读——（范读），你试试。

（生酝酿情绪后朗读。读得很有韵味）

师：有什么感觉？

生：想着词语的意思读，这些词语就好像变得生动起来了。

师：把词语读生动了，课文就自然能读得更生动。感情朗读需要理解和体会。我们一起像他那样体会着读一读。

（生齐读词语）

师：（指板书"茉莉"）你心目中的茉莉是什么样的？可以借用这些词语来描述一下。

生：我心目中的茉莉是洁白无瑕的。

生：我心目中的茉莉的花瓣是柔滑的，像婴儿的皮肤。

师：柔滑得有质感！

生：我心目中的茉莉花五彩缤纷，芳香四溢。（众笑）

师：笑什么？

生：茉莉花是白色的，不是五彩缤纷的。

师：哦，那是他心中的茉莉花，未来科技进步，说不定茉莉花也会五彩缤纷啊！（众笑）当然，目前它还是白色的。（众笑）

生：我心目中的茉莉清香幽远，令我心旷神怡。

生：茉莉花在我心目中是纯净无比的花，我感觉到一股清香扑鼻而来。

生：茉莉花虽然没有玫瑰那么艳丽，也没有牡丹那么高贵，茉莉平淡无奇，洁白纯净，但是它散发的缕缕幽香，让生活充满了诗意。（掌声）

师：这位同学和其他同学的描述有什么不同吗？

生：她用了比较的方法。

生：将课文中的词语用得很恰当。

师：茉莉的特别之处通过与玫瑰和牡丹的比较就更突出了，课文中的词语通过运用就成为你自己的了。真好！

生：我在生活中没有见过洁白的茉莉花，更没有闻过茉莉花清香的味道，但是"茉莉"这个名字却让我感觉很秀气，很温馨，也很清香。（掌声）

师：一个名字就让你的视觉、嗅觉、感觉都活跃起来了，你很敏感（众笑），不，很敏锐！（掌声）

师：生活中，有一种爱，就像茉莉一样平淡无奇、洁白纯净，却又时时让你感觉到它的淡淡清香，温暖着你，感动着你，那就是如茉莉一样的爱——（齐读）爱如茉莉。

〔板块二〕

师：如茉莉一样的真爱弥漫在寻常的生活中，存留在不经意的细节里。因此，我们阅读这篇文章要注意两点：一是要"关注细节"。（板书：关注细节）用心到课文中去发现那一个个爱的细节，一句话、一个动作、一个眼神，或许都流露着那茉莉花香般的真爱。二是要"感受语言"。（板书：感受语言）我们还要用自己的心灵到课文中去感受那一个个温馨的画面，到字里行间去体会那人间的真情。一个词语、一个句子、一个段落，或许都蕴含着那茉莉花般的真情。要记住：（板书）语言有温度，字词知冷暖。现在请你轻声阅读课文，用眼去发现，用心去感受，建议你把这些发现和感受简要地写在课文旁边。

（生自读课文，圈画批注。师巡视。12 分钟）

师：下面我们来交流一下。交流的时候，你可以先读一读让你印象深刻的语句，然后谈一谈你的感受。如果就同一处有不同的感受，其他同学可以进行补充。

生：我画出的句子是："此后不久，在爸爸出差归来的前一个晚上，妈妈得急病住进了医院。第二天早晨，妈妈用虚弱的声音对我说：'映儿，本来我答应今天包饺子给你爸爸吃，现在看来不行了。你呆会儿就买点现成的饺子煮给你爸吃。记住，要等他吃完了再告诉他我进了医院，不然他会吃不下去的。'"我从妈妈的话语中感受到妈妈是那样爱爸爸，自己生病住院了却还不忘爸爸的晚饭，心里只有爸爸，（师插话：不是爸爸，是她的——）丈夫，这样的爱真的很感人。

师：很多同学都画了这个句子，有不同的感受吗？

生：我感受到在妈妈的心里，爸爸比自己还要重要。照理说，一个女人生病了，总希望自己的亲人，特别是自己的丈夫来照顾。可是妈妈却只想着辛劳的爸爸，还要女儿用善意的谎言骗爸爸。这份感情真的很纯洁！

师："话"是假的，"情"是真的！谎言中藏着真爱！

生：我从这里能看出来妈妈很爱爸爸，也能看出来爸爸很爱妈妈。爸爸一知道妈妈生病住院，就连饭都吃不下，说明爸爸也很爱妈妈。他们两个人都很了解对方，都很爱对方。

师：你能从一句话中看出爱的真谛来！爱，是需要相互了解和付出的。爸爸妈妈这对夫妻，相濡以沫过了这么多年，彼此已经心心相印了。要感受文中表达出的"爱"，我们一定要将爸爸妈妈两个人的话语、行动联系起来看。你看下文，爸爸是怎么做的？

生："然而，爸爸没有吃我买的饺子，也没听我花尽心思编的谎话，便直奔医院。"这里的"直奔医院"可以看出爸爸一看就知道妈妈住院了，这就是心灵相通了。这个"直奔"说明爸爸当时很着急，表现出心急如焚的样子。

师：这个"奔"字有两个读音，你念"bēn"，还有一个读音念"bèn"。这里到底念哪个读音？

生："bèn"，是向着一个目标走去吧。

师：对了，"bèn"是向目的地走去。这里奔（bèn）的是医院，还有像嫦娥奔（bèn）月。从这个奔字你还能体会到什么？

生：妈妈善意的谎言、爸爸直奔医院的行为，说明两个人心中都牵挂着对方。我的爸爸妈妈也是这样的，都为对方着想。我想恩爱的夫妻都会是这样的吧！（掌声）

师："恩爱"，说得多好啊！夫妻之间的爱，就是柴米油盐的生活中的爱，就是在吃饭睡觉这样的生活琐事中流露出来的爱，真正的爱就是这样自然的，叫"真水无香，大爱无痕"！

生：我画了两个地方，可以联系起来看。一个是："爸爸边打哈欠边说：

'我夜里睡得沉，你妈妈有事又不肯叫醒我。这样睡，她一动我就惊醒了。'"另一个是："你爸爸伏在床边睡着了。我怕惊动他不敢动。不知不觉，手脚都麻木了。"爸爸不敢睡，妈妈不敢动。他们两个都想让对方休息好，结果都没有睡好。

生：这样的爱好像很沉重。

师：哦，为什么这么说呢？

生：他们完全可以彼此说明白啊，这样两个人都没有休息好啊！

生：我不同意这样的看法。如果爸爸说："你有事叫我，我先睡了。"妈妈说："你睡吧，我有事叫你！"这样的话就一点意思都没有了。（众笑）感情就淡了，就没有这样浓了。

生：我觉得这样的情景是很正常的，在生活当中是经常能看得到的。我上次发烧，妈妈就一夜没合眼。其实，爱就是这样的。

师：怎么样的啊？

生：（为难地）就是这样的，可以为了照顾对方一夜不睡觉的。我也说不清。（众笑）

师：爱，并不需要说出口！爸爸妈妈之间从头至尾都没有说"我爱你！"真爱无声！但是我们从他们的言行中，却时时刻刻感受到一种温暖、一种感动，这，就是爱！这种爱，如同这位同学说的，很常见，在夫妻之间和亲人之间都存在，都是很自然的，遇到谁都会这么做。这样的爱就像茉莉一样了，普通、平凡，但是却又让人温暖！

生：老师，我发现文中的爸爸妈妈很有意思：一个让他吃饭，一个偏不吃；一个要让她睡觉，他偏不好好睡；一个让有事叫他，她偏手脚麻了也不叫。这个好像和生活中的不太一样，很特别。这样的爱是不是就是像茉莉一样的爱呢？（赞叹声）

师：你看得很独特！就是这些和生活中不一样的细节，这些看似矛盾的、不可理解的细节，才让"我"这个女儿有了不一样的体验。这种体验就是父母之间平淡如水的爱！如果是轰轰烈烈的爱，反而没有这样的温馨和动人了！还有其他细节，我们再来看看。

（生交流其他细节。略）

生：老师，我有一个问题，课文中写道："初升的阳光从窗外悄悄地探了进来。轻轻柔柔地笼罩着他们。一切都是那么静谧美好，一切都浸润在生命的芬芳与光泽里。"这两句并没有写妈妈对爸爸的爱，或者爸爸对妈妈的爱，为什么还要加进去呢？

师：对啊，这句话写的是一个景物，写的是阳光，并没有写父母之间的爱，没有写如茉莉一样的爱。为什么要写这段？先读一读这段话，体会一下。

（生自由朗读课文第九自然段）

师：你们有没有发现，这句话中有一个字很有趣味？

生："探"字。

师：你是怎么理解的？

生："探"是说阳光从窗外伸进脑袋来看爸爸妈妈，看到他们很温馨的样子。

生："探"字是说悄悄地伸进头来看，阳光不想打扰爸爸妈妈休息。

师：啊，这里的阳光就像什么？

生：一个顽皮的孩子。

生：这是一种拟人的写法。

师：是啊，这里的阳光和生活中真实的阳光还一样吗？

生：不一样了。我能体会到阳光是有生命、有感情的。

师：这里的阳光是有感情的，和人一样有感情了。是阳光有了感情吗？是作者的感情藏在阳光里了！这时候的景物描写就蕴藏着作者的感情。（板书：景、情）景中蕴含着情，这样景物的语言就是感情的语言。（分别在"景"和"情"字后板书"语"字）如果你从景语当中读到了情语，那么你就真正读懂这篇课文了。记住这样一句话：一切景语皆情语。（板书：一切、皆）

（生齐读）

师：我们要从景中体会到情。你写文章的时候呢，可以借一个景物来表达自己的感情，这叫"借景抒情"。我们现在请一个同学读一读第9自然段。这静谧美好的一幕，看看谁能有感情地读出来？

（一生朗读）

师：喜欢这一段吗？就是像他那样，轻轻柔柔地读出静谧美好的画面。

（生再次朗读）

师：把这一段文字和感情留驻在自己的心里。拿起课本一起读一读这段优美的句子。

（生齐读）

{板块三}

师：如茉莉一样的爱充满了每一个角落，文中还有很多的细节中也流露出这样的爱来。现在，我们一起看看课文的结尾，一起读一读吧！

生：（齐读）"哦，爱如茉莉，爱如茉莉。"

师：这个结尾和一般课文的结尾有什么不同？

生：用了一个"哦"字。

师：人们一般表达感情的时候都用"啊"，这里为什么不用"啊"呢？

生：因为作者这个时候明白了"爱如茉莉"是什么意思。"哦"，表示明白了的意思，所以用了一个"哦"字。

师：为什么"这个时候明白了"？你能将"明白"的前因后果说清楚些吗？

生：课文开头说"我"问妈妈"真爱像什么"，妈妈寻思了一会儿说"就像茉莉吧"。"我"以为妈妈是随口说说的，并不当真，还觉得爱怎么会像茉莉一样平凡呢？没想通。后来，看到爸爸和妈妈在病房里的那一幕，才明白原来爱真的像茉莉一样平淡无奇、洁白纯净。所以，作者就"哦"了一声。（众笑）

师：哦，我们现在明白了吗？（众笑）

生：明白了。

生："哦"是表示恍然大悟的意思。

生：我觉得"哦"是表示心里明白，而"啊"是把心里的感情表达出来。

师：（惊喜地）对啊，"啊"一般是抒发内心的情感，而"哦"往往是隐含着内心的情感，是心里默默地念叨着，回味着这句话的意思。那么，为什么后面要用两个"爱如茉莉"呢？

生：这两个"爱如茉莉"呢，一个是妈妈的爱如茉莉，一个是爸爸的爱如茉莉。（众笑）

师：是双方的"爱如茉莉"所以要用两个。如果我爱爸爸妈妈，那应该还有第三个。就得这样写了："哦，爱如茉莉，爱如茉莉，爱如茉莉。"（众大笑）这样的理解很有意思。

生：因为作者把这个词在心里细细品味。

师：在心里品味，品味，久久地回荡，非常好，这又是一种理解。

生：我觉得小作者非常高兴明白了"爱如茉莉"是什么意思。

师：高兴？小孩子高兴的时候，一般这样喊："我太高兴了，太高兴了！"发现什么啦？

生：要喊两次！

师：孩子的喜悦之情表现在语言的重复使用当中，所以要用两次是不是啊？这是语言的一种运用惯例，这样理解很有新意。

生：我觉得第一个"爱如茉莉"是令人感叹，第二个"爱如茉莉"是让人回味的。

师：说得好啊，你从一个词语中读出了两层含义。

生：我觉得第一个"爱如茉莉"说明了爸爸妈妈的爱是平淡的，第二个"爱如茉莉"能让我们久久体会那种平淡的爱。

师：应该说是平淡之中有真情，大爱无痕！

生：我觉得作者是反复指出"爱如茉莉"才说两遍。

师：强调，通过反复来强调"爱如茉莉"。你说得很专业！

生：我觉得第一个"爱如茉莉"是说"我"开始不懂得，第二个"爱如茉莉"是说经过这件事后"我"明白了其中的道理。

师：作者经过这件事之后懂得了"爱如茉莉"，是不是啊？这里，我觉得它是一种回味，一种赞美，一种赞叹。人世间像茉莉一样的爱是珍贵的。

生：第一个"爱如茉莉"是强调爸爸妈妈的爱，第二个"爱如茉莉"是想告诉我们，虽然平时爸爸妈妈说的话是那么平平淡淡，但是他们的爱也像茉莉一样散发着芳香，沁人心脾。

师：说得真好，这才叫作真爱无声。（板书：真爱无声）真正的爱不需要说："我爱你！我爱你！我爱你！"（众大笑）真正的爱是无私的，是化在生活细节里面的。我们感叹轰轰烈烈的爱，但更要珍惜归于平淡的爱！因为这样的爱是真爱，是平平淡淡的，真真切切的。（板书：平平淡淡 真真切切）

师：那么，这个结尾该怎么读呢？

（生大声地，充满激情地朗读）（笑声）

师：如茉莉一样的爱，是留在心底的，不需要宣扬，不需要炫耀。想一想，该怎么读？

（生轻声地，饱含深情地朗读）（掌声）

师：你现在读懂了"爱如茉莉"！好，我们一起读——

（生齐读）

生：（举手）老师，我觉得结尾的句号改成省略号更好。

师：（惊喜地）给个理由？

生：省略号更能给人回味无穷的感觉，好像声音一直在心里回荡一样。（赞叹声）

师：好，那就让这如茉莉一样的爱回荡在我们每一个人的心底吧！

〔板块四〕

师：其实，在人生的不同阶段，我们对爱的理解可能是不一样的。这篇课文写的是子女眼里看到的父母之间的爱情。这种爱情经过岁月的磨砺之后，已经变成了一种亲情，归于平静和永恒。那么，在你们眼里，爱是什么呢？如果老师要你来打一个比方，爱如什么？这是什么样的爱？请你模仿这样的句式（板书：爱如茉莉 平平淡淡 真真切切），写几个句子。

（生投入写话。师巡视，并提示：你不一定用"花"来做比喻，可以用生活中你认为最恰当的一样事物来打比方。要注意：这样的爱和这个事物在哪一点上是一样的，具有什么样的特点，写具体些会更好）

师：现在我们来交流一下。不要简单地打个比方，后面再加一句解释，这样的爱是什么样的呢?

生:爱如棉袄,穿起来很暖,脱下来很冷。爱就是这样的。(众大笑)

师:爱如棉袄,可以保暖。很实用,就是缺少点诗意。(众大笑)

生:爱如空气,看不见,摸不着,但是我们在生活细节中却能时时刻刻接触着它。

师:稍微改一改:"看不见,摸不着",后面简单一点。

生:但是我们的生活离不了它。

师:就是"离不了"。把这句话再读一读。

生:爱如空气,看不见,摸不着,却又离不了。(掌声)

生:改成"少不了"更好。

师:多好啊!人人都要像空气一样的爱。

生:爱如巧克力,不需要华丽的装饰,吃下去却回味无穷。

师:如棉袄,是穿的;如空气,是呼吸的;如巧克力,是吃的。(众大笑)

生:爱如春雨,丝丝柔柔,用自己来滋润万物,让别人过得更好。

师:滋润你,滋润我,滋润他。

生:爱如一本书,书里面的内容是丰富多彩的,爱也是一样丰富多彩的。

师:爱是一本读不完的书。

生:爱如钞票。(众大笑)

师:爱如钞票?爱如钞票?爱怎么如钞票了呢?

生:有时付出,有时收获,有时浪费。(众大笑)

师:我听过这样一句话:"钞票不是万能的,可是没有钞票却是万万不能的。"(众大笑)这是爱的"钞票观"。(众大笑)

生:爱如蜡烛,平平淡淡,照亮别人,也照亮自己。

生:爱如蜜蜂,采百花,酿成蜜,甜甜蜜蜜。(众大笑)

师:爱情是甜蜜的。

生:爱如阳光,普普通通,但能给予别人温暖。

生:爱如调料,让平平淡淡的生活变得很有趣味。

师:哈哈,酸甜苦辣,有意思。

生:爱如汤圆,外面没有味道,里面甜滋滋的。(众笑)

生：爱如荷花，是那样的出淤泥而不染，把自己的一切都献给对方。

师：纯洁的爱情。

生：爱如潮水，有时涨潮，有时退潮。（众大笑）

师：什么意思？这样的爱不是折腾人吗？（众大笑不止）

生：爱如昙花，虽然只有一夜的灿烂，但却是那么的深刻。真是短短一夜，辉辉煌煌。

师：辉煌听过，但"辉辉煌煌"没听说过。（众大笑）

生：我觉得爱如风铃，充实美好，充满生机。

师：风铃声用"充实美好"不太恰当，改成——

生：悦耳动听。

生：悦耳动人。

师：爱光"动听"不够，关键要"动人"！（众笑）

生：我觉得爱如蜜蜂，情愿把所有的苦留给自己，把所有的甜送给别人。

师：不管是轰轰烈烈的爱，还是昙花一现的爱，请不要忘记，随着岁月的流逝，我们会逐渐沉静下来，会平平淡淡却又真真切切地爱，这样的爱就如同茉莉。（生齐读课题）就让这样一种爱和这样一篇文章留存在我们的生活里，伴随我们成长的岁月！

[名家点评]

"我看到的"和"我听到的"

张华（杭州师范大学）

感谢活动的主办者邀请我来参加这么好的一个活动，也感谢薛老师给我们上了这么好的一堂课。既然让我讲，我想先简单地讲两点体会。

第一点，我在薛老师的课中，看到了什么，听到了什么。

第二点，我对薛老师的课有哪些自己的想法。

一、我看到了什么

我相信，我看到的东西和你们看到的是不一样的。原因不在于我们坐的位置不同，而在于我们所处的角度不一样。因为，每一个人都有自己对所看到的同一件东西不同的理解。即使同一个人，在不同的情境中看同一件东西感受也是不一样的。所以，我特别注重每一个人在课堂上看到了什么，而先不去谈"提什么建议"、"做什么评价"。

在这堂课中，要消化薛老师和他这个班的学生所展开的一个小时的、会话般的课堂，需要很多时间。我只是把我所看到的、所听到的东西来和老师们做个分享，想到哪儿说哪儿，老师们也可以不同意我的看法。

第一，我看到了"等待"。

我在薛老师的课上，看到了很多等待的场景。比如，一开始，薛老师在黑板上写出六个词汇，用了比较长的时间。他静静地、慢慢地写，下面的学生就在那里静静地坐着看。我由此想到我们国内许许多多的课堂，无论是语文还是其他学科，特别是在小学阶段，好像让孩子等待一点时间就是浪费。于是，背唐诗吧，背宋词吧，唱歌吧，弄成语吧，有时还弄一些很无聊的东西。比如：一九怎么样，二九怎么样，三九怎么样……（众笑）那些东西，在我看来，意义不大。薛老师这么做是让孩子们在等待中享受期待。

在整个教学过程当中同样也有许多这样的"等待"情节。比如，让学生默默地读整篇课文的时候，用了比较长的时间，这样，每一个同学都能读完，而且还能回过头来再读。再比如，他让学生写出对爱的理解或打个比方。这时依然是等待。他在教学中许多"等待"的情节，让我觉得"此时无声胜有声"。

当前，我们在教学过程中常喊的一句口号是——"追求效率"。所谓"追求效率"，就是在单位时间里，完成内容越多，达到的目标越多就越好。但我觉得，这种"效率观"有时却适得其反。有的老师在课堂上要求学生："小组讨论，一分钟！""前后桌讨论，三分钟！"但在薛老师的课上，我们看到，他没有一次是这样给出时间限定的。

在阿尔卑斯山的一条山路上，经常出车祸，交通管理部门立了很多警示牌都没用。后来，立了个标语牌，上面写着："前方景色很美，请慢慢欣赏。"于是，长途驾车的人们在旅行的过程中，慢慢欣赏，感受无限风光，事故率也锐减。

所以说，等待的品质，在当前这样一个浮躁的社会氛围中，是尤为可贵的。

第二，我听到了"声音"。

在薛老师的课上，很少有那种声嘶力竭的声音。（众笑，继而热烈鼓掌）

在我们的语文课堂上，经常可以听到声嘶力竭的声音。（众笑）比如，有感情地朗读，那声音把话筒都震得发出嘶嘶的响声。（众笑）特别是那种："怎么样，给他点鼓励！""哈！哈！你真棒！"（众笑）"老师听不见，你再大声一点！""让我们一起来朗读！"于是学生便整齐划一地读……这样的声音掩盖了思想，也掩盖了情感。

在薛老师的课堂上，我们没有听到那种声嘶力竭的声音，无论是老师还是学生，都给你一种很静的感觉。我觉得这种感觉是非常好的。只要在课堂上，师生能用心地相互倾听，用很自然的声音说出来，同样是有力量的。老师们是否同意这个观点呢？（长时间掌声）

第三，我看到了"日常会话"。

我们的课堂有这样一种现象：老师们在40分钟里与学生的会话，往往跟课下的时间里与学生的会话不一样。老师们只要一进入课堂就立刻变了一个人，变了一种声音，变了一种情感。我对这种现象是很不满意的。为什么我们在课堂里就不能和学生有日常的会话呢？我觉得课堂上师生间有日常会话，有日常交谈，是非常宝贵的，这正是薛老师的课堂之所以平静、自然的一个原因。

你们记得一个细节吗？有个戴眼镜的男生，讲了自己的想法后，忽然问薛老师："对吧?"薛老师笑了，听课的老师也笑了。这个孩子在跟薛老师商量。像这样的细节在你们的课堂上是不是也经常出现呢？这样的情景是我们在日常生活中和朋友坐在沙发上闲聊时才会有的。这些细节，充分体现了薛老师的课堂上，有那种本味、本色的东西，我非常喜欢。（掌声）

第四，我看到了"语言与思想、情感的交融"。

我们的语言是为了表达思想、表达情感、创造意境而讲的。在这节课中，薛老师很好地处理了语言与思想、语言与情感的关系。他不是过多地拘泥于语言的某一个特定的确切的理解，而是用语言来表达思想，表达感情。

第五，我看到了"从整体到部分，再从部分到整体"的景致。

假如我们让这些孩子上完这课以后去考试，一定不会考低分。这也是薛老师的课给我印象非常深的一点。他先让学生进入到课文的整体当中，然后在学生理解课文过程中他不失时机地把一些关键的语汇、词汇抓出来，分析和理解，较好地处理了部分和整体的关系。比如，对"直奔"的"奔"字的分析，对阳光"探了进来"的"探"字的分析，对"平淡无奇"、"洁白纯净"等词汇的分析。他在学生回答问题的过程中，既让学生理解了这个词汇，同时又不会因为熟记某一词汇的含义，而使这个词汇和课文的整体割裂开来。这样一来，一个个词汇也就有了意义，有了意境，与课文情境也就联系起来了。

我相信，这样的课，学生能够体验到语文的境界，考试成绩也不会落下。一个学生在课堂上理解得很好，考试时也一样可以考高分的。老师们在课程改革当中，最担心的一点就是，如果我放开学生讨论，考试成绩降下来怎么办？老师们，参加课改学生成绩降下来的原因非常复杂，其中，一个重要的原因就是考试的内容和课改的精神不一致，这是可以改变的。但即使我们考试的内容和课改的精神一致了，是不是学生就一定都能得高分呢？那是不一定的。我们有些老师把课改理解成过多地追求形式的东西、追求表面热闹的东西，课上得不够扎实，不能把课堂上学生的创造和对语文知识的学习结合起来。当我们将这二者很好地结合起来的时候，孩子们的理解能力真的会让你吃惊。

在讲"直奔"这个词的时候，从学生的表现看，他们没有去查字典，不是将字典上"奔"字的两种含义"背"下来的，而是根据课文的情境提出了自己的理解，而这种理解恰恰就是对这个词本义的理解，这不是一种很高的境界吗？这是我们语文的东西。所谓语文的东西，就是学生对一个词准确无误的理解，不一定非得由你直接告诉他，他有时可以悟出来，悟出来以后，经过教师的点拨，正好接近了、符合了那词语的准确无误的解释。但是，这种准确无误的解释又是学生自己悟出来的、自己发现的，有自己的创造性的。

在这种从整体到部分，又从部分到整体来回的穿梭和巡回当中，课文具有了整体感。

第六，我看到了"适当地重复"。

薛老师在课上有时会让学生适当地重复，这种"重复"不是为了熟练而整齐划一的那种重复，而是让学生把语速降下来："讲得不错，请你再说一遍。"——为了让学生更好地体会和理解。薛老师的这种"重复"的品质和"等待"的品质是结合在一起的，给我留下了深刻的印象。

二、换一种思路该怎么做

薛老师的课我们都觉得不错，他哪里不错，特点在哪里呢？评论，总要针对好的方面和"换一种思路该怎么做"来谈。我认为好的方面有三点。

第一点，一堂课要上好，选择课文很关键。《爱如茉莉》这篇课文写得非常好，里面有各种会话，中间的独白又那么亲切自然，没有一句"口号"。这篇课文非常朴实、自然地讴歌了爸爸妈妈之间平淡的爱，具有普遍性，人人读了都会受感动。

所以，选择一篇好的课文，或者，老师为我们的学生主动地去开发课程，这是一个教师专业素养中非常核心的内容。也许你会说，课文都是定好的，我说了不算怎么办？尽管如此，教材有规定的内容，但老师们可以根据你的教学实际来做调节。比如，这篇课文你认为不必花规定的那么多时间，你少花些时间总可以吧？假如你认为还有一篇文章比这篇课文更好，你把它找来作为阅读教材好不好？总之，老师在课程内容上要有发言权。薛老师选择《爱如茉莉》这篇课文是他成功的一个关键。这是我谈的第一点，我希望老师们理解薛老师的这种课程开发意识。你们注意到了吗？薛老师在教学中说他在网上搜索关于《爱如茉莉》的资料，找到了一篇和它差不多的文章《爱如百合》，那么还有没有比《爱如茉莉》更好的课文呢？在网上找一找，这都是课程开发意识的一种体现。

第二点，薛老师的课之所以上得如此好，是因为他的语文教学适合且体现了语文本身的特点。语文回归生活，并不意味着用生活替代语文。语文在日常生活中的应用，绝不意味着语文的庸俗化。在这篇课文当中，既强调语文和生活相联系，回归生活，同时也没有迷失语文。它尊重了我们祖国语言和文学的最宝贵的特点之一，即直见性命。什么叫"直见性命"呢？就是中间不隔东西，直接与性命相见。

我总感到，我们祖国的语言对日常生活的点点滴滴的关注，被世界上许多国家的人所欣赏。比如，泰戈尔在 20 世纪初来中国访问，回去后就写了一篇东西，题目就叫《中华文化的美丽精神》，他感叹这个民族的文化为什么这么好？不需要宗教，但在日常生活中能够体验到真情，并且能用恰当的方式把日常生活当中的真情给表现出来，不论是语言文字还是艺术创作。一束花，一棵草，一枚石子，就可以把人世间最宝贵的超越的东西给表现出来，把陌生的东西，一下子变得让你熟悉起来，而中间不需要隔一个逻辑的推论。这是很了不起的，是我们祖国文化中的一种美。讲到这里，我想到庾信的一首赋，我说给你们听听：

树里闻歌，枝中见舞。

恰对妆台，诸窗并开。

遥看已识，试唤便来。

这首诗就表现了中华文化那种直见性命的特性。

"爱如茉莉"的这个"如"字，也表现了我们祖国文化"直见性命"的特点。我们的"爱如茉莉"和英文中的"I love you"是两种境界。"爱如茉莉"既表达了爱，又保护了爱。而"I love you"直接把爱说出来，就肤浅了，反而会伤害了爱。这种"直见性命"的特征既在《爱如茉莉》这篇课文中体现出来，也在薛老师与学生的对话中充分地展现了出来。所以我说，他的语文教学体现了我们祖国文学中的那种"直见性命"的特性。

第三点，薛老师在教学过程中，时时刻刻把学生自己的思想摆在这堂课的核心，但并不放弃指导。教师"倾听学生思想的表达"与"指导学生"是融为一体的。这样的例子很多，我就不一一举例了。

可以换一种思路再来处理的地方也有三点。

第一，薛老师在指导学生阅读方面讲了很多话，比如"语言有温度"、"关注细节"、"字词知冷暖"等，这些都非常好，但这里用了比较多的时间。我认为可以稍加指点，让学生在阅读中去体会。

第二，在开始上课时，薛老师让学生谈"心目中的茉莉"，给了学生六个词汇，让学生用上这些词汇来表达自己的观点，用得越多越好。我想，假如我们一开始不呈现这些词汇，就让学生来谈他心目中的茉莉，在谈的过程当中，再把这六个词汇缓缓放出来，是不是更好？因为一开始就用上这些词汇，而且用得越多越好，会掩盖了学生自己经验中的东西。

第三，教学中有一个很关键的地方，如能展开的话，可能会进入一个新的高潮。在课的结尾部分，有一个学生提出这样的问题，他说："爱不一定像茉莉，爱可以像玫瑰般热烈，还可以像海棠般纯洁，'爱如茉莉'的关键不是'茉莉'，而是'爱'。"我们的薛老师当时是很赞同这一点的。我认为，这里是学生讨论的一个契机。假如说他认为这里的关键是爱，而不在茉莉花上，其他的同学还有没有不同的观点？很有可能有同学认为关键在茉莉，因为茉莉花确实有它的特点。还有可能有同学认为这里的关键不在"茉莉"和"爱"上，而在"茉莉"和"爱"之间。那么为什么妈妈选择茉莉花而不选择其他花呢？这个地方如果能展开一些讨论的话，我想可能会把课文更加引向深入，而最后不仅仅只是引向"爱"字当中去。

总之，可以用一句话概括我今天听课的感受，那就是：薛老师的这节课，是当前我所见到的为数很少的我非常欣赏的好课，我衷心地向薛老师表示感谢。

第四课 《我和祖父的园子》

[教材课文]

我和祖父的园子

萧 红

呼兰河这小城里住着我的祖父。我出生的时候，祖父已经六十多岁了。

我家有一个大园子，这园子里蜂子、蝴蝶、蜻蜓、蚂蚱，样样都有。蝴蝶有白蝴蝶、黄蝴蝶。这些蝴蝶极小，不太好看。好看的是大红蝴蝶，满身带着金粉。蜻蜓是金的，蚂蚱是绿的，蜂子则嗡嗡地飞着，满身绒毛，落到一朵花上，胖圆圆的就跟一个小毛球似的不动了。

祖父一天都在园子里边，我也跟着祖父在园子里边。祖父戴一顶大草帽，我戴一顶小草帽。祖父栽花，我就栽花；祖父拔草，我就拔草。当祖父下种，种小白菜的时候，我就跟在后边，把那下了种的土窝，用脚一个个地溜平。哪里会溜得准，东一脚西一脚地瞎闹。有时不单菜种没被土盖上，反而被我踢飞了。

祖父铲地，我也铲地。因为我太小，拿不动那锄头杆，祖父就把锄头杆拔下来，让我单拿着那个锄头的"头"来铲。其实哪里是铲，也不过爬在地上，用锄头乱勾一阵就是了。也认不得哪个是苗，哪个是草，往往把韭菜当作野草一起割掉，把狗尾草当作谷穗留着。

当祖父发现我铲的那块满留着一片狗尾草时，他问我："这是什么?"

我说："谷子。"

祖父大笑起来，笑得够了，把草摘下来问我："你每天吃的就是这个吗?"

我说："是的。"

我看着祖父还在笑，我就说："你不信，我到屋里拿来你看。"我跑到屋里拿了鸟笼上的一头谷穗，远远地就抛给祖父，说："这不是一样的吗?"

祖父慢慢地把我叫过去，讲给我听，说谷子是有芒针的，狗尾草则没有，只是毛嘟嘟的，真像狗尾巴。

祖父虽然教我，可我并不细看。一抬头看见一个黄瓜长大了，跑过去摘下来，我又去吃黄瓜了。黄瓜还没有吃完，又看见了一个大蜻蜓从旁飞过，于是丢了黄瓜又去追蜻蜓了。跑了几步就又去做别的了。

玩腻了，又跑到祖父那里去乱闹一阵。祖父浇菜，我也抢过来浇。不过我并不往菜上浇，而是拿着水瓢，拼尽了力气，把水往天空里一扬，大喊着："下雨了！下雨了！"

太阳在园子里是显得特别大。花开了，就像花睡醒了似的。鸟飞了，就像鸟上天了似的。虫子叫了，就像虫子在说话似的。一切都活了，要做什么，就做什么，要怎么样，就怎么样，都是自由的。倭瓜愿意爬上架就爬上架，愿意爬上房就爬上房。黄瓜愿意开一谎花，就开一谎花，愿意结一个黄瓜，就结一个黄瓜。玉米愿意长多高就长多高，它若愿意长上天去，也没有人管。蝴蝶随意地飞，一会从墙头上飞来一对黄蝴蝶，一会又从墙头上飞走了一只白蝴蝶。它们是从谁家来的，又飞到谁家去，太阳也不知道这个。只是天空蓝悠悠的，又高又远。

我玩累了，就在房子底下找个阴凉的地方睡着了。不用枕头，不用席子，把草帽遮在脸上就睡着了。

★ 苏教版小学《语文》五年级（下册）

[教学实录]

自由的童年，诗意的小说

——执教《我和祖父的园子》

{板块一}

师：我们一起来听写三组词语。谁愿意上来写在黑板上？（生纷纷举手。

师指名三位学生上来听写）你们每人听写一组词语，其他同学三组词语都要默写（众笑）。每组词语老师只念一遍，所以要仔细听，用心记，认真写。

师：第一组：蜜蜂、蝴蝶、蜻蜓、蚂蚱。再写一个和刚才四个词是同一类的词语，想一想，应该写哪一类事物呢？

第二组：玉米、黄瓜、倭瓜、韭菜、谷穗。（指其中一位学生）这位同学很聪明，他先写每个词的第一个字，这叫"抓住要点"，然后再把词语写下来，这叫"听记诀窍"。（其他学生纷纷仿效）

第三组：栽花、拔草、下种、铲地、浇菜。要注意这五个词语之间有哪些内在的联系？抓住联系有助于你把它们记住。

（有学生忘了，东张西望）没记住吧？只能画个"大鸭蛋"（众笑），等会儿再填进去。

还有一个词，你看应该写在哪一组词语后面？想一想这个词语属于哪一类？想好了再写。草帽。

（学生思考并选择写在哪一组词语后面）

师：都听写好了吗？我们一起来批改一下。（让第一个学生读词语。他扩充写的是"飞蛾"）

师：你为什么不写"草帽"？

生：因为我默写的词语都属于昆虫类，而"草帽"是一件物品，不是昆虫。

师：呵呵，你不默就对了。你字写得工工整整，人也长得漂漂亮亮。同学们，"字"可是你们的第二张脸啊！

师：来看第二组。（让第二个学生读词语。第一个词语"倭瓜"写错了）写错了就要改过来。看书，"老师"就在书本上。

（生立即对照书本改写）

师：倭瓜，见过吗？吃过吗？

生：就是"莴苣"。（众笑）

师："倭瓜"就是南瓜。

生：（继续读）黄瓜、玉米、韭菜。

师：你发现这组词语都是哪一类的？

生：都是吃的东西。

生：都是杂粮。

生：农作物。

师：对啦，那叫"农作物"，有些是粮食，有些是蔬菜。"草帽"是"农作物"吗？

生：不是，所以我不用写。（众大笑）

师：再看第三组。

（第三个学生读词语）

师：注意，"拔"不能写成"拨"。这组词语有什么特点啊？

生：都是动词。

师：对的！（期待的样子）

生：好像都是种庄稼时的动作。

师：对的！（继续期待的样子）

生：都是在跟祖父做事情。

师：（夸奖）对啦，这叫"干农活"。

师：那"草帽"写在哪里？可以单独写在边上啊！"草帽"的"帽"怎么写？看老师写。（范写"帽"字。生发现右上部不是"曰"）为什么不是"曰"呢？古代的帽子是这样的。（作画，生恍然大悟）

师：这些词语全写对的请举手。（对举手的学生）你们真了不起！今后我们预习课文时要把生字词画出来，读读、写写。还可以把词语进行归类，这样可以帮我们记得更牢。

〔板块二〕

师：同学们，我和祖父的园子里，有这么多的昆虫、这么多的庄稼。在童年的"我"眼里，这些昆虫、这些庄稼又是怎样的呢？读读描写昆虫和庄稼的两个段落。大声地、用心地读，要让老师听得到你读书的声音。

（生投入地读书。师巡视，做个别指导）

师：谁来读其中一个段落。其他同学用心去听，他是怎么读的？更要用心去感受，这个园子是个怎样的园子？能不能用个词语来概括？

（一男生朗读第二段）

师：读得很流利！听了他的朗读，你们有感觉吗？

生：（齐）有点感觉。

师：大家听了都有感觉，说明他读得不错。（对那男生）现在请你推荐一位同学读这一段。（该男生推荐一女生）

师：你推荐她总是有道理的，就让我们一起听听看。

（女生朗读）

师：（夸奖地）为什么读得这么好？

生：我把自己的感情融进去了，我好像就在这个园子里了。

师：（高兴地）啊，她有两点经验：一是要投入自己的感情；二要想象，仿佛自己看到园子里的景物。同学们要像她一样，一要投入，二要想象，再自己练习读读。

（生非常投入地朗读）

师：愿意读这段的请举手？大家都愿意读啊，那就——不读这段了（众笑）。谁来读另外一段？

（一女生读。读得很有感情）

师：你读得有声有色，不但有感情，而且有表情。请你们再读一读，我要看得出你的表情变化。

（生自由朗读）

师：这次我发现80%的同学都有表情变化。刚才你读得很好，奖励你推荐一个，这个人是最需要鼓励的，需要锻炼的。（该女生推荐一男生）

师：站起来就脸红，可能胆子比较小。今天行吗？

（生点头）

师：读得慢一点，声音响亮一点。

（生读第13自然段）

师：这里有两个字要提醒你。什么什么"似的"，"似"念翘舌音。请重新读一遍。（生再读）注意："团结"的"结"念 jié，这里念 jiē。请接着读。

（生接着读）

师：好的，他读完了，你们觉得他这次读和平时有哪些不同？

生：声音更响亮一些了。

生：比平时说话更流利了一些。

师：（赞同地）读得更流利了。

生：错误比平时少。

师：他读得更认真、更细致了。每一个人在课堂上只要认真读都能读好。请你们再读这段，认真读，细致读。

（生自由朗读第 13 段）

师：在孩童的眼里，这个园子是个怎样的园子？你可以用个什么词语来形容呢？请你写一两个认为恰当的词语，有的词语可能就藏在这两段话的字里行间哦！

生：这是一个应有尽有的园子。

师：请你把这个词写在黑板上。

生：无拘无束的园子。

生：课文里就说"样样都有"。

师：这个词好，和课文中的一个词是一样的。

生：自由自在。

师：好，写下来。

生：多姿多彩。

师：这个"彩"是彩色的"彩"，请你写下来。

生：鸟语花香。

生：生意盎然。

师：生机盎然。

生：充满温馨。

师：这个词好，生活充满温馨。

（生纷纷用词语形容）

师：（指黑板上学生列举的词语）看看我们同学读了作者的文字后，心里有些怎样的感受：这是一个怎样的园子呢？

生：（齐声回答）应有尽有的园子、无拘无束的园子。

师：还是一个——

生：自由自在的园子，多姿多彩、鸟语花香的园子。

师：我们还感受到这是一个——

生：温馨的园子、生机盎然的园子……

师：同学们读得非常认真，我们从不同的角度和侧面概括了这个园子的特点。

{板块三}

师：我们再从另一个角度来看，这个园子丰富多彩，作者是怎样把园子的丰富多彩描述出来的？这个园子充满温馨，作者是从哪些地方感受到的，又是通过哪些词语、句子流露出来的？……看看哪些词语、句子写得特别？轻声读一读，用心去发现。

（生轻声读课文，边读边画词句）

师：有发现的同学请举手。作者在写这个园子的时候，哪些句子、哪些写法很特别？她是怎么把园子的生机勃勃、丰富多彩写得那样生动的？

生：（读第13段）"太阳在园子里是显得特别大。花开了，就像花睡醒了似的。鸟飞了，就像鸟上天了似的。虫子叫了，就像虫子在说话似的。"这几句把园子的生机勃勃写了出来，用了拟人的手法，让人感觉很自然。

师：一切都是活的，活的才有生命，才能让人感受到生机勃勃。你再读读。

（生很有感情地朗读）

师：活了吗？

生：（齐）活了。

师：就像人一样活了。我们把这三句话读一读。

（生齐读）

师：这里三个短句结构相同，这叫什么？

生：排比句。

师：她是用排比句来写一切都活了，花开、鸟飞、虫鸣。这三个事物代表一切都充满生机、处处充满活力。还有写得更特别的吗？

生：（朗读）"倭瓜愿意爬上架就爬上架……也没人管。"这几个句子结构相同，写出了园子的无拘无束。

师：怎么个相同法？

生：农作物愿意怎么样就怎么样。

师：如果我在课堂上，想唱歌，（生：就唱歌。）想说话，（生：就说话。）想打瞌睡，（生：就打瞌睡。）想不听，（生：就不听。）想走出去，（生：就走出去。）自由吗？（生：自由。）可能吗？（生：不可能。）（众大笑）

师：倭瓜、黄瓜它们可能吗？（生：可能。）这，就叫"自由"！这个自由是通过"愿意……就……"的句式表达出来的，一起读一读吧。

（生饶有趣味地朗读）

师："谎花"你见过吗？

生：是黄颜色的花吧？

师：你看是哪个"谎"？"说谎"的"谎"啊，这个花只开花，不结果，向你撒了个"谎"，简称"谎花"。（众大笑）

师：写玉米的那句更有意思："它若愿意长上天去，也没有人管。"如果写它"愿意长上天就长上天"，哪个更好？

生：课文中的好，好像显得更自由。

生："愿意长多高就长多高，它若愿意长上天去，也没有人管。"我觉得很夸张，夸张得让人很向往这样自由自在的生活。（掌声）

生：（读）"蜻蜓是金的，蚂蚱是绿的，蜂子则嗡嗡地飞着，满身绒毛，落到一朵花上，胖圆圆的就跟一个小毛球似的不动了。"这几句写得很温馨，把各种各样的漂亮的昆虫写出来了。

师：怎么写出昆虫的漂亮的？

生：它们的颜色很漂亮，五颜六色的，很鲜艳。

生：我觉得蜜蜂很可爱，叫的声音也很好听。

师：是啊，蜻蜓啊、蚂蚱啊、蜜蜂啊都是那么可爱，都聚集在我的园子里，这叫——生机，这叫——美丽，这叫——动人。

生：（读）"我家有一个大园子……不太好看。"有许多昆虫，丰富多彩。

生：老师，我有个问题：那些蝴蝶不太好看，为什么要写出来呢？

生：就是为了和大红蝴蝶做比较。

生：更衬托大红蝴蝶的美丽。（掌声）

生：园子里有好看的蝴蝶，也有不好看的蝴蝶，就很自然，不是光赞美园子里好看的。（掌声）

师：就剩下大红蝴蝶好看吗？因为有了大的小的，好看的不好看的，那才叫——丰富多彩。这样的园子喜欢吗？

生：（齐）喜欢！

师：你看她的喜爱就藏在字里行间。体会到了这些，你再来朗读，感觉就完全不同了。

（生有感情地朗读）

〔板块四〕

师：我们感受到了园子的生机勃勃、无拘无束、温馨自然。课文中说"祖父一天都在园子里边，我也跟着祖父在园子里边"，"我"在祖父的园子里做什么呢？课文中是这样写的："祖父戴一顶大草帽"；（生："我戴一顶小草帽"。）"祖父栽花"；（生："我就栽花"。）"祖父下种"；（生：我就下种。）"祖父铲地"；（生："我也铲地"。）"祖父浇菜"；（生：我也浇菜。）祖父坐下来休息一会儿；（生：我也坐下来休息一会儿。）祖父喝口水；（生：我也喝口水。）祖父抽袋烟。（生：我也……）（众大笑）

师：这个不能抽！作者这样写，让你有什么感觉？

生：小孩子非常天真。

生：小孩子充满了童趣。

生：小孩子挺淘气。

生：她和她的祖父关系非常好。

师：不用"好"。

生：友好。

师：同学之间用"友好"。

生：亲热。

师：这个词比刚才那个词好多了。今后我们用词不要总是用"好"，好不好？（众大笑）

生：就像一个跟屁虫。

生：祖父非常疼她。

生：感情很深。

师：现在不只用"好"了，那就好了。（众大笑）

师：如果说祖父在园子里做这些事是干农活，那"我"呢？读一读，看看"我"在园子里是怎么做的，用心体会一下。觉得非常重要的词语，可以圈出来。

（生读）

师：现在我们来看看"下种"这个部分。谁来读读"我"是怎么下种的？再来看看"我"是在干什么？

（生读）

师：读完了，你说说看，"我"真是在跟着祖父下种吗？

生：我是在瞎闹。"哪里会溜得准"，意思是根本是在瞎闹。（师板书：哪里）

生："反而被我踢飞了"，更加说明不是真的在下种。

师：对啊，作者就是通过这样的描述，来告诉你，这是玩闹，不是干农活啊。再来读读"铲地"这部分，你肯定会有新的发现。

（一女生朗读）

师：读得真好，这次读得太好了！

生：从"乱勾一阵"可以看出"我"是把铲地当成了游戏，在玩耍。

师：还有哪个词隐藏着这样的意思？

生："哪里"，"其实哪里是铲"这句，那就是乱勾、瞎闹。

师：还有"浇菜"的时候呢？

生：我觉得可以从"玩腻"和"乱闹"这两个词可以看出不是在干农活。

生：我发现作者写祖父做什么"我"做什么的中间，都用了一个意思相反的词语。像"其实"、"哪里"、"不过"。

师：这叫"转折"。你看："不过我并不往菜上浇"，而是往——天上浇。意思和前文发生了转折。"我"只做了一件事，就是——闹。闹要有人才闹得起来，你一个人闹得起来吗？跟谁闹？祖父。所以她要像跟屁虫似的，跟在祖父身后闹。那祖父不在的时候，她就是——玩。她怎么玩？

（生读"追蜻蜓、吃黄瓜……"的语段）

师：她玩腻了去闹，闹够了去玩。"我"在这个园子里为什么能够这样任意地玩和闹呢？自己读一读，想一想。

（生自读课文，思考）

师：你有什么发现？

生：作者做错了事，祖父非但不骂作者，反而耐心地告诉作者。作者在园子里能这么玩，这么闹，都是因为有这样一位祖父，一位疼爱她的祖父。

师：你觉得作者在这样一个园子里的童年生活是怎样的？

生：自由的。

生：快乐的。

生：开心的。

生：有趣的。

生：无忧无虑的。

生：幸福的。

……

（师让生把这些恰当的词语写在黑板上。生齐声朗读这些词语）

〔板块五〕

师：作者写她祖父的园子，其实是写她的童年，写她童年的快乐、自由、幸福。那么，为什么还要写园子里的这些昆虫和农作物呢？

生：在这个丰富多彩的园子里才能快乐幸福地生活。

生：不能在园子里闹，就没有快乐了。

生：还有这么多东西陪伴着"我"，所以"我"快乐。

生：没有这么生机勃勃的园子，就没有她幸福的生活。

师：（提示）看看园子的特点，"我"童年生活的特点，发现什么了？作者为什么这样写？

生：正是因为有这样的园子，她的童年才会这么快乐幸福。

生：先写园子生机勃勃、无拘无束，更能衬托作者的自由和快乐。

师：对啊！作者写自己在园子里的生活，还借园子里的景物，来抒发自己对童年生活的感受，这就叫——借物抒情。特别是课文倒数第二段，一切都活了，想怎么样就怎么样，实际是写她自己也是自由的，只是她没有直接写，而是借了倭瓜、黄瓜等来表达自己也是自由的，无拘无束的。

师：老师想出个题目：请你借用课文中写倭瓜、黄瓜、玉米、蝴蝶自由自在的写法来直接写一写"我"在园子里也是自由的，无拘无束的。参照课文倒数第二段，自己学着写一写。要会借，借用课文中特别的写法，句式要有点变化更好。

（生在本子上练写）

师：请几个同学来读一读，自己写的东西要珍惜，把它当作课文来读，用心读。

生：我的童年生活是自由的、快乐的，没人管，没人骂，冬天到水里游泳捉鱼。（生笑。师插话：搞错季节了。众大笑。生立即改正）夏天到河里游泳捉鱼。栽花时把种子踢飞也没事，铲地时把谷穗铲掉，留下狗尾草也没事，浇菜时把水浪费了也没事，拔草时把可以吃的连根拔了也没事。

师：没事，没事，什么都没事，真的没事。（众大笑）他用了生活化的语言——没事，排比的句式写出了那种心头的自由和快乐。（掌声）

生：我的童年生活是自由快乐的。我想捉蝴蝶就捉蝴蝶，我想吃黄瓜就吃黄瓜，想摔跤就摔跤，想睡觉就睡觉。我想捅蜂窝就捅蜂窝，倘若被蜜蜂蜇了一个包，也没有人管。

师：当然没有人管，也不喊疼。你写得很生动，很有生活情趣。

生：我的童年是幽默的。我和祖父一起栽花下种，祖父干什么我就干什么，甚至有的时候祖父抽烟，我也要拿根黄瓜当烟抽（生大笑），吃饭的时候讲笑话，甚至连饭也要喷出来了。

师：（赞叹）写得多形象啊，很有想象力。

生：（接着读）我想睡觉就睡觉，即使睡到中午才起床，祖父也不会骂我；我想下种就下种，即使把菜种踢飞了祖父也不会怪我；我想摘花就摘花，即使把花都摘光了也没事。

师："即使怎样也怎样"，你会借用这种句式来表达了。

生：我的童年是自由的，要做什么就做什么。在园子里花儿想开多大，就开多大，南瓜想结多少果实，就结多少果实，哪怕只长一个，也没人去管。而我呢，想去栽花，就跟祖父去要两颗种子；想去浇菜，就从祖父家的水缸里拿出水瓢，就算把水泼在生蛋的鸽子身上，把它吓跑，祖父也不骂我，只是静静地等鸽子回来；祖父去卖鸡蛋，我也去；祖父让我用小旗赶苍蝇，我也不拒绝，拿起小旗，一阵乱挥，还经常打破了蛋，祖父也不会怪我，只是静静地把鸡蛋拿走，然后悄悄地从我手上夺下小旗，自己一个人卖鸡蛋去了。（众大笑）

师：卖鸡蛋去了，不在园子里了，写得够乱的。（众笑）但童年生活就是这么乱，写几点到几点干什么，几点到几点干什么，就不好玩了。就是卖鸡蛋那个事需要再斟酌一下。

生：我的童年是快乐的。我想吃黄瓜就吃黄瓜，哪怕吃了一半就扔了也没事；我想摘花就摘花，摘了三四朵戴在头上；我想拔草就拔草，把狗尾巴草当作谷穗留着，把韭菜当作野草割了也没有人责骂；我想浇菜就浇菜，我想下种就下种，我想栽花就栽花，我想捉会儿蝴蝶就捉会儿蝴蝶……就让我尽情地去吧，累了就躺在地上，天空蓝悠悠的，又高又远；我的心也蓝悠悠的，又高又远。（掌声）

师：好在哪儿？发现了吗？

生：最后用了总结，把整个心情也写出来了。

师：借天空蓝悠悠的，又高又远，说我的心也蓝悠悠的，又高又远，这叫借物抒情。自己写的东西，课后再改一改，读一读。

〔板块六〕

师：今天我们学的是——

生：（齐）《我和祖父的园子》。

师：课文的第一段是这么写的："呼兰河这小城里住着我的祖父。我出生的时候，祖父已经六十多岁了。"作者写这句话作为文章的开头有什么含义吗？

生：老人一般很穷嘴（唠叨）。

生：为下文打下了根基，说明祖父很慈祥，很疼爱她。她祖父已经很老了，但是对她还是很慈爱的。

师：请你读第一句话"呼兰河这小城里住着我的祖父"。呼兰河这小城只住着我的祖父吗？

生：说明她很爱她的祖父。

师：我的眼里只有你。

生：只有祖父疼爱她。

师：对呀，作者很小的时候，她的妈妈就去世了。爸爸因为她是个女孩，不喜欢她，只有她六十多岁的祖父疼爱她，所以，长大以后她回忆自己童年生活的时候，她就想到了祖父。正因为有这样一个祖父，才有这样一个园子；正因为有这样一个祖父、这样一个园子，才有"我"这样一个童年生活。每个人的童年生活都是不一样的，祝愿我们每一个同学都有一个快乐自由幸福的童年。

师：好文章是需要你用一辈子来读的，《我和祖父的园子》就选自萧红的小说《呼兰河传》。相信将来的某一天，你读完这本小说，再来读这篇课文的时候，你会有不同的理解和感受。

[名家点评]

通向歌唱的欢乐

彭钢（江苏省教育科学研究院）

评点薛法根的课与概括薛法根的教学特点，是一件令人头疼的事。主要是因为已经有了太多的评点和概括（其中包括他自己的），会令人彻底"眩晕"和"沉沦"。于是我只能求助于一种简单和真实的方式,即彻底放弃对所有评点和概括的参照,相当于用斧头开辟出一块"林间空地",将薛法根的课(《我和祖父的园子》)放在这片空地上观看和欣赏,以此希望他的教学作品能够自然"闪现"和"绽放"。在这样的"闪现"和"绽放"中,才有可能让我们"接近"和"通达"薛法根小学语文教学的特质。

一、默词

按照时间顺序,我们首先"观看"的是这节课的第一板块,我把它简称为"默词"。

默词是最为普通也最正常的语文教学环节。放在第一板块,其主要功能是为学生阅读课文、理解课文、学习课文扫清障碍。这一切似乎都很平常和正常。然而,我们观看薛法根的默词这一板块,却发现了平常中的"不平常",正常中的"不正常",整个教学过程别有情趣和内涵。

一是根据课文内容的要求,设计了三组词让学生默写。第一组词是昆虫(4个词),第二组词是农作物(5个词),第三组词是干农活(5个词)。这三类以分类的方式进行"归类性"的默词,体现了他所追求的语文教学的"清晰性":即在语文教学的第一板块就使学生能够清晰地把"词"还原于句、篇、文的语境,认识到个别词在文本中的归属和联系。"分类"本身就是一种方法,分类的过程就包含着分类方法的指导,自然地使学生的"默词"从单纯的"识记"层面进入了"理解"的层面,因而不同于一般的默词。

二是根据儿童"喜新"的特点,对默词进行了变式设计和处理。

变式一是昆虫一组默词,与其他两组一样也应默写5个词,但留下一词让学生自己选择并扩写,给学生留下了表现自我的空间,于是学生选择何词及如何解释,也成为悬念和看点。变式二是教师要求学生默写"草帽"一词,但草帽无法归入前三类,于是就留下一个更大的悬念,考验哪个学生归类不清、归类不准。当然教师是希望每一个学生都归类很清很准,事实也是如此,教师很开心地接受了这一事实,最终把"帽"这个不得不讲的字,写在了三类词组的边上。变式二主导着这一板块的教学，这一设计本身显得学生非常聪明，教师却很"愚钝"，师生"位置"的变化增强了学生学习的成功感和自信心，也明显提升了"默词"过程本身的趣味性，实在是高招。教学不可能脱离常态，如语文教学不可能离开听说读写，但如何听说读写，却体现着教师的眼光和水平。薛法根是常态教学下变式设计和变式处理的高手，我们在听他的每节课中都领教了他这种寓于常态却又能适度偏离常态的有趣和机敏。

三是根据教学中儿童的"即时表现"，发现并点明具有语文意义的"要点"。

如何默词，薛法根强调教师只念一遍，所以要用心和专心，发现一位学生的记忆方法并概括为"抓住要点"，称之为"听记诀窍"。默词结束后评价一位学生的字工工整整，人长得漂漂亮亮，得出字就是人的"第二张脸"的结论。他引导学生概括第三组词的特点：动词、做什么（种庄稼）、动作主体（祖父），还原到文本语境中的"干农活"。三个"要点"凸显出来：一是默词有方法（记要点），二是默词有标准（工整），三是默完要思考（词性）。当然，教师在布置默词之前本可以明确说出这三点，但那就完全不是薛法根式的小学语文教学了。从儿童在学习过程中的现场表现出发，发现和点明对语文学习具有重要意义的"要点"，这才是语文教师的语文教学功力。这种功力不是体现在教学情境之外，而是体现在教学情境和教学过程之中；这种功力不是与学生无关，而是与小学生的特质和现场表现紧密相关。在这一情境中，学生无意识或下意识的表现，经过教师有意识的发现和概括性的点拨，成为教学中自然闪耀的亮点。

运用分类的方式默词，运用变式进行默词，在默词的过程中总结和概括默词的要点，使教学过程一开始就引人入胜，充满了语言教学的情趣和智慧，于是学生就能够在常态的学习下学得开心、学得有智慧、学得有品位。更重要的是，默词让我们对薛法根教学作品留下两点印象：一是对文字的教学情有独钟，二是对文字教学下足了功夫。记住这两点，对我们顺利地进入他的语文教学世界会很有帮助。

二、独特的语文教学世界

按照这节课的自然顺序，板块三、板块四"位于"这节课六大板块的中部，"功用"就在于"启二开五"：即将板块二揭示的重点段落的主题具体"化"为文字的学习。薛法根有一个说法叫作"化结构"，即将结构具体化为语言文字的学习，同时为板块五"用结构"奠定基础。因此，板块三、板块四的教学和学习至关重要，它是还原进文本、在文本语境中进行语言文字学习的主体部分，同时也是学生和教师表现得最精彩的部分，需要我们投入更多的关注去品味和欣赏这两个部分的教学。

海德格尔在论述艺术作品的本源时说，作品建立世界。那么，薛法根通过板块三、板块四为我们建立了一个什么样的、不同于他人的语文教学世界呢？

一是保持在语言文字中的自持世界。

板块三、板块四的开始，都是以教师主导性的问题为起点的。板块三中教师说："作者是怎样把园子的丰富多彩描述出来的？"担心学生不理解，为保险起见，又加上一句："是通过哪些词语、句子流露出来的？"担心不够具有操作性，再明确要求："看看哪些词语、句子写得特别，轻声读一读，用心去发现。"在板块四中，教师说："'我'在祖父的园子里做什么呢？"担心学生跑偏，立即回到课文中的描写："祖父如何……我如何……"教师的主导性问题，将学生的视线和感知完全聚焦到文本的语言文字上，即词语和句子上。教学中学生的读书、体验和表达，教师的讲解、点拨和概括都"放置"在对词语和句子的感悟和理解上，都有力地保持在这一视线聚焦的轨道上，很少偏离。板块三最为典型，锁定了四个语言片段的学习：一是"花开、鸟飞、虫鸣"三个排比句，二是"愿意……就……"的句式，三是"谎花"这一词语，四是好看与不好看的蝴蝶"比较"的写法，最后概括出："她的喜爱就藏在字里行间。"

于是我们可以断言，薛法根的语文教学，就是语言文字的教学。《我和祖父的园子》这一教学作品，为我们建立了一个保持在、维系在语言文字中的世界，而这个世界的"基底"就是以词语和句子构筑起来的语言文字世界。这个世界是可以也能够自持、自足、自立的，对语文教学来说，既是起点也是终点，既是手段也是目的，既是最原始的也是最根本的，不多也不少，恰如其分。

二是"自由"发现和探索语言的对话世界。

板块三、板块四作为"化结构"的典范，为我们提供了观赏薛法根教学作品中教学对话的特质。这种特质表现在以下三个方面。首先是建立在"保持在语言文字的自持世界"的基础上，师生对话的主体是围绕着、紧扣着、展开着的文本语言文字的对话，并锁定在这一界限和范围内，很少在非语言文字上下功夫费时间。其次是建立在学生对语言文字进行发现、感悟和探索基础上的对话。如板块三中蝴蝶不好看也要写出来，学生发现是为了与大红蝴蝶做比较，教师立即概括说，有大有小，有好看和不好看，这才叫"丰富多彩"。板块四中，学生发现"我"在下种、铲地、浇水等行为方面跟着祖父学却又完全不同于祖父时，教师点出意思相反的词语所具有的转折性。再次是教师主导下以多样的语言表述世界、以美的语言表述美的对话。板块三中，学生感悟到昆虫的五颜六色，叫的声音好听，样子动人可爱时，教师概括说，这叫"生机"、"美丽"、"动人"，把抽象的书面语言融入语言教学的具象之中，使学生能够体悟这"生机"、"美丽"、"动人"的丰富多彩。板块四中，学习了"祖父怎样我也怎样"的句式后，学生概括出"我"与祖父的关系"好"和"友好"，教师说："今后我们用词不要总用'好'，好不好？"学生马上很开心地换词，教师又说："现在不只用'好'了，那就好了。"教师不仅教会学生多样化地、审美地运用语言，而且将一个"好"字，恰到好处地反复运用并使之"活"了。

如果我们广泛地把一切教学定位于一种师生对话的话，那么薛法根的语文教学就是一种定位于语言文字的对话，定位于学生自由发现和探索语言文字的对话，定位于引导学生用丰富的语言和美的语言表达世界的对话。无疑，这里展现给我们的"位置"十分清晰，一种具有语文特质和儿童特点的语文教学的对话世界。如何理解这里的"自由"？这是探索文本语言文字"可能性"的自由，即在语言文字所敞开的空间里发现的自由和探索的自由，而绝不是"外溢"到文本之外、语言之外，想怎么样就怎么样的教学和学习的自由。

三是自然质朴中发自内心深处的欢乐世界。

《我和祖父的园子》作为教学作品所提供的另一特征是，建构了一个欢乐的语文教学世界。说"欢乐"的而不说"快乐"的，是因为语言文字（就像音乐的音符一样）更为抽象，由此所形成的欢乐，显然更有精神性而更少感官性。但我并不否认，任何欢乐都是通过感官表现出来的，如笑是通过面部表情和肢体动作表现出来的，即使是微笑。我想听过这节课的孩子们所体验到的精神欢乐与感官快乐应该是一致的。统计结果表明，这节课"生笑"、"众笑"、"生大笑"、"众大笑"共计 16 次，自发掌声 5 次。其分布也挺有意思：第一板块笑声 4 次，第二板块笑声 1 次，第三板块笑声 2 次、掌声 3 次，第四板块笑声 3 次，第五板块笑声 6 次、掌声 2 次，第六板块无笑声、无掌声，在平和、宁静的氛围中结束。

由此我可以确定三点，首先，这节课为我们建构了语言学习的欢乐世界。但是且慢，教学需要欢乐吗？当然需要！尤其是当某些教师把教学作为折磨儿童的手段，而儿童把学习当作痛苦的时候。绝大多数欢乐是释放性的，是增值的，是能够开发人的健康、向上、积极的本性的，而大多数痛苦是损害性的，是变相地消磨、挫伤人的，只有少数痛苦经过艰难的"反刍"才能增值。其次，将 16 次笑声和 5 次掌声还原到教学情境中去仔细分析，可以发现：绝大多数都是教学进程中自然出现的笑声和掌声，都是师生对话所产生的内在感悟、智慧碰撞和心理愉悦，而不是外加的和强加的。读《我和祖父的园子》的课例，我的笑点与孩子的笑点几乎完全重合，就证实了这一点。同时，也证实了孩子虽然只是孩子，但具有精神幽默和审美幽默的人类智慧基因。再次，笑声和掌声的分布具有与教学需要一致的结构性，而不是乱笑、乱鼓掌。第一板块的 4 次笑声为我们营造了一个欢乐的开始，学生能够快乐地进入学习状态。第二板块的学习着眼于通过朗读把握重点段落的大意，所以应该是沉思的、宁静的，但教师可爱的表现（自相矛盾）意外地引发了一次笑声。从第三板块到第五板块笑声、掌声不断增多，到第五板块达到欢乐的高潮，学生的仿写丰富多彩，妙趣横生，儿童味十足。第六板块归于宁静，一种通过"解题"将欢乐储存起来、蓄积深厚的思考的宁静，从而将一节课收拢起来。

海德格尔在论述艺术作品的本源时还指出，好的作品是对"原料"的增益过程，如好的绘画使颜料闪光，好的雕刻使大理石闪光，好的音乐使音符闪光，好的诗歌使语言闪光。而我要说，《我和祖父的园子》作为教学作品，通过语言教学的欢乐世界使师生共同闪光。

三、结构和意义的变化

从观看和欣赏的角度来说，结构和板块是一节课整体的、外在的框架。海德格尔曾经说，探究就是一种"位置"的意识、发现、追问、思索。结构本身已经是一种确定的"位置"，将不同的因素（要素）固定在某个位置上，以形成整体。不同的结构形成不同的整体，产生不同的功能，形成不同的意义。问题是《我和祖父的园子》给我们提供了何种不同的结构，并提供了何种不同的意义？

从"时间顺序"的角度看，《我和祖父的园子》划分为六大板块或组块，以一种特别的结构或程序向前推进。第一板块我概括为"默词"，主要目的是为文本学习扫清障碍，很自然也很平稳，没有特别之处，也是多数中小学语文教学的课堂结构所普遍采用的开头方式。当然相同的结构有不同的上法，此节课上得极为精彩，已如前述。第二板块我称之为"概括"，即通过对重点段落的反复朗读，立马让学生说出本段的中心词，其实也是全文的中心词，俗称概括"段落大意"或"中心思想"。若按时间顺序，一般在学习完全文后进行，但他提前进行了。第三板块我称之为"发现"，即通过"文字"（"词汇"和"句子"）的学习和体验，具体化地感受重点段落的表达和意义，是对第二板块学习的继续和深化。第四板块我称之为"体验"，即通过对非重点段落的学习，以作者及祖父的所作所为做比较，体验文字中所流露和表现出的作者的自由和快乐，是对第三板块的继续和深化。第五板块我称之为"仿写"，即在对文本文字学习的基础上，采用模仿写作的方式由学生自由而自主地进行语言表达。第六板块我称之为"解题"，采用直接讲解的方式说明《我和祖父的园子》作者和写作背景，这通常是教学开始时教师的讲解，在薛法根这里放到了教学的结束阶段，而且就以此结束。

通过上述描述，我们可以发现这节课的"时间结构"与众不同之处有二。

一是板块的层层叠加、逐步深入。即课堂教学结构的主体部分不是独立的并列关系，而是层层叠加、逐步深入的关系。《我和祖父的园子》这节课的主体部分是第二到第五板块。第二板块是总体把握，第三板块从第二板块来，又深化了第二板块；第四板块从第三板块来，又从另一角度深化了第二板块。第五板块"仿写"为二、三、四板块的深化和运用。薛老师采取了从整体到局部，再回到整体的结构方式，而不是通常的从局部入手延伸和扩展到整体的方式。

二是常规顺序颠倒、头尾换位。应该出现在开头部分的出现在了结尾，即以第六板块"解题"作为结尾；应该出现在结尾的出现在开头，如过早进行段落大意的概括，即第二板块出现在第三板块、第四板块之前。如果我们可以把第一种顺序颠倒作为一种个人喜好的话，因为把第六板块作为序言放在第一板块"默词"的前面，并不影响全课整体结构的独特性和新颖性，那么，我们决不能把第二种顺序颠倒作为可有可无的，因为正是由于第二板块作为第二板块首先定位，才可能出现这节课的"层层叠加"式的课堂教学结构。

与众不同是创新，但是为何要创新？这样的创新要解决什么问题？这样的创新是否符合规律？薛法根曾经说小学语文教学有两个"黑箱"，一是小学语文教学教什么是黑箱，需要通过语文教给孩子的东西附加得太多，越多越乱，越多越不清晰；二是小学生语文学习规律是黑箱，学生言语智慧发展和成长的过程和机理不明。二者又是紧密相关并互相界定和限制的，譬如后者限定了前者：因为是小学语文，因为是小学生学习语文，所以不能想教什么就教什么，想教多少就教多少，而要把他们能够接受并且是语言学习中的核心东西教给他们并使之终身受用。因而，他要通过组块的方式来一并解决这两个问题，从而使小学语文清晰起来。

从理论的角度看，薛法根反复说明组块与结构的不同，即我们通常理解的"结构"为线性的联系，各要素之间是独立的、并列的、循序的，强调"组块"为"非线性"的联系，是交互的、互渗的，我把它概括为"叠加"的，在不断堆积的过程中不断深化，通过不断循环和不断反复以突出某个要素，这个要素就是薛法根所说的语文教学的要点——语言文字，通过语言文字的教学促进儿童的言语智能的发展。从操作的角度看，他通过大量的案例教学体现了三个基本环节：一是"现结构"，呈现或发现结构性的概括；二是"化结构"，将呈现或发现的结构性概括具体化为文本中语言文字的学习和训练；三是"用结构"，让学生用言语表达或书面表达的方式进行语言的训练和运用，这样构成一个完整的、逐步深入的操作程序，从而将"文字教学"落到实处，以发展和促进学生言语智能的形成和提升。

显然，这里的板块或组块仍然具有课堂教学的结构性的意义：各个板块连接为一个循序渐进的课堂教学整体。但这里的板块或组块并不是原来意义上的结构，而是具有薛法根独特理解的"结构"：将小学语文定位于以语言文字的学习促进学生言语智能形成，以"现结构"、"化结构"、"用结构"为基本操作程序的结构。这里我要特别强调的是：这样一种结构绝不是心理学意义上的结构，而是教育学意义上的结构，是一种能够具体化为课堂教学的程序性的结构，是为教学服务并有利于教学充分展开的结构，是一种既适合于语言文字教学又有利于学生语言学习的"适切性"的结构。

由此，我们能够确认薛法根《我和祖父的园子》这一教学作品为我们提供的结构变化，从根本上表明了一种语文教学"位置"的变化，而这一重新定位体现的是"意义"的变化：将小学语文教学的关注点、聚焦点、保持点定位于语言文字的学习，通过语文教学为学生建立一个以语言文字为基底的世界，而这一世界是具有充分的自持性、自足性和自立性的空间，是一个丰富多彩的、自由发现的美丽世界。

四、语言本质

杜威在《我们怎样思维》中说，对一件事物的"充分经验"和"心领神会"，被这件事物打动了心、抓住了心，处于一种兴奋的状态，可用"欣赏"

一词来表达。"欣赏"使事物价值增高，不欣赏使事物价值贬值。

艺术家的艺术创造成果，一般称之为"作品"。我把薛法根的教学实录称之为"作品"，包含着我对他的"欣赏"：不仅因为他的教学蕴藏着一种独特的趣味，一种独特的情致，一种独特的美感，更因为这种趣味、情致和美感与一种独特的思考融合在一起，共同建构起一个小学语文教学的"自持世界"：能够将语言学习保持在学习语言过程中的教学。在这个世界中，每一个儿童都能够进入语文而体验语文，欣赏语文而思考语文，表现语文而创造语文。我最为欣赏的是，儿童被"引入"语言学习的过程和状态，在语文中"欣赏"，在语文中"陶醉"，在语文中"欢乐"，也在语文中"闪光"。

海德格尔在《诗歌中的语言》一文中，通过分析特拉克尔的诗歌作品追问语言归属，最后以古希腊悲剧中的合唱为喻，将语言的本质概括为"歌唱的欢乐"。薛法根的语文教学正走在通向"歌唱的欢乐"的语言本质的路途中。

第五课 《匆匆》

匆 匆
朱自清

燕子去了，有再来的时候；杨柳枯了，有再青的时候；桃花谢了，有再开的时候。但是，聪明的，你告诉我，我们的日子为什么一去不复返呢？——是有人偷了他们罢：那是谁？又藏在何处呢？是他们自己逃走了罢：现在又到了哪里呢？

我不知道他们给了我多少日子；但我的手确乎是渐渐空虚了。在默默里算着，八千多日子已经从我手中溜去；像针尖上一滴水滴在大海里，我的日子滴在时间的流里，没有声音，也没有影子。我不禁头涔涔而泪潸潸了。

去的尽管去了，来的尽管来着；去来的中间，又怎样地匆匆呢？早上我起来的时候，小屋里射进两三方斜斜的太阳。太阳他有脚啊，轻轻悄悄地挪移了；我也茫茫然跟着旋转。于是——洗手的时候，日子从水盆里过去；吃饭的时候，日子从饭碗里过去；默默时，便从凝然的双眼前过去。我觉察他去的匆匆了，伸出手遮挽时，他又从遮挽着的手边过去，天黑时，我躺在床上，他便伶伶俐俐地从我身上跨过，从我脚边飞去了。等我睁开眼和太阳再见，这算又溜走了一日。我掩着面叹息，但是新来的日子的影儿又开始在叹息里闪过了。

在逃去如飞的日子里，在千门万户的世界里的我能做些什么呢？只有徘徊罢了，只有匆匆罢了；在八千多日的匆匆里，除徘徊外，又剩些什么呢？过去的日子如轻烟，被微风吹散了，如薄雾，被初阳蒸融了；我留着些什么痕迹呢？我何曾留着像游丝样的痕迹呢？我赤裸裸来到这世界，转眼间也将赤裸裸地回去罢？但不能平的，为什么偏要白白走这一遭啊？

你聪明的，告诉我，我们的日子为什么一去不复返呢？

★ 人教版小学《语文》六年级下册

[教学实录]

语言的形象，形象的语言
——执教《匆匆》

{板块一}

师：课文中的生字词都认识了吗？

生：（齐）认识了。

师：（板书：悤）认识吗？

生：不认识。

师：现代人一般人都不认识。（众笑）这是一个繁体形声字，念 cōng。"悤"的本义是"窗"，古时候的窗有一格一格的小格子。"悤"又表示一个人的心情就像窗子上的小格子一样的多，一样的乱，又有心神不定、匆忙的意思。

师：（板书：悤）念什么？

生：cōng。

师：聪明！这两个都是"匆"的繁体字，（板书：匆）表示什么意思呢？

生：表示"匆忙"的意思。

师：（板书：匆匆）读一读，感觉有什么不一样？

生：我觉得这个应该是个叠字词。

师：对！这是一个叠词。

生：很匆忙的意思。

师："匆"表示匆忙，"匆匆"是非常匆忙。二者意思有差别，读的时候节奏也不一样。

生：（齐读）匆匆。

师：我们汉语当中有很多叠词，读起来非常优美，很有节奏的美感。课文中还有吗？

生：头涔涔、泪潸潸。

师："涔"和"潸"分别是什么意思？

生："涔"的意思是流汗；"潸"的意思是流泪。

师：如果我说"头上流汗，眼里流泪"，美吗？

生：不美。

师：头涔涔，泪潸潸，美吗？

生：美！

师：因为有了节奏感。还有其他的叠词吗？

生："斜斜"，还有"茫茫然"。

师：如果我说"斜的太阳"，美吗？（生齐答：不美。）斜斜的太阳呢？（生齐答：美。）

生：还有"赤裸裸"。

师："赤裸"优雅吗？（生大笑）"赤裸裸"呢？（生又笑）"裸"也要"裸"得优雅一点。

生：轻轻、悄悄。

师：你念的不够"轻"，不够"悄"。

生：（轻柔地读）轻轻、悄悄。

师：太阳挪移的时候轻轻的、悄悄的，让人仿佛看到了他的——

生：样子、姿态。

师：仿佛听到他挪移的——

生：声音。

师：写下来：姿态、声音。你看，叠词不但让我们看到太阳挪移的姿态，还仿佛听到了他挪移的脚步声。还有其他词吗？

生：伶伶俐俐。

生：还有个"白白"。"为什么偏要'白白'走这一遭啊？"

师：不用叠词的话怎么说？

生：为什么偏要白走这一遭啊？

师：有什么不一样呢？

生：情，感情不一样。

生：为什么偏要白白走这一遭啊？

师：意思是这一遭走得——

生：太不甘心了，什么都没有留下来。

师：强烈的自责、愧疚、后悔。你看，叠词美吗？

生：美！

师：美在它的姿态，美在它的声音，美在它的情感。这篇六百多字的文章中有十多个叠词，朗读时有种节奏的美感。这美感是要在朗读中去体会的。现在请同学们拿起课文，自己朗读吧！

（生练习感情朗读。略）

〔板块二〕

师：课文讲什么匆匆呢？

生：时间、日子、光阴、岁月……

师："匆匆"就是时间过得特别快，特别匆忙。实际上，时间不快也不慢，我们在什么情况下感觉时间过得特别快呢？

生：在快乐的时候，在很想玩一个游戏的时候，觉得时间过得好快。

师：心情不同，时间快慢的感觉也就不同。

生：和亲人朋友聊天的时候，时间过得很快。

生：我觉得睡觉的时候时间很快，睡几个小时一点都感觉不到时间长。

（众笑）

生：当我们认真做一件事情的时候，时间好像过得非常快。

师：还有一种情况你们可能感受不到，比如薛老师这个年龄的时候感觉时间是过得快还是慢？

生：感觉过得快。因为你老了。（众大笑）

生：因为薛老师的时间过去的多了，所以回忆起来就觉得时间快了。

师：当一个人经常回忆童年的时候，这个人真的老了。

生：我觉得小的时候时间过得特别慢，当你长大后再看看小时候，其实时光是过得很快的。

生：对于您来讲我觉得时光是过得很快的，因为老师您喜欢看书，对于喜欢看书的人而言，时间总是非常的快。

师：看来你也是个喜欢读书的人！在日子过得有意义的时候，感觉时间特别的快。等我六七十岁的时候感觉时间过得会更快。那么，朱自清在写这篇文章的时候多少岁呢？

生：他24岁。一年是365天，八千多个日子大约是24年。

师：是的，这篇文章是他在20多岁时的春天里写的，1922年3月28日。20多岁正当青年，他有大把大把的时间啊，怎么会突然之间发现时光匆匆而逝呢？请你们轻声阅读课文，作者把所有的原因都写在了课文里。

（生读课文）

生：因为时间没有声音，也没有影子，而且一去不复返，所以他感受到时间过得很快。

师：他说出了时间的两个特点：第一，时间无声无息；第二，时间一去不复返。课文第一自然段就写了第二个特点"一去不复返"，谁来读一下？

生：（读）"燕子去了，有再来的时候；杨柳枯了，有再青的时候；桃花谢了，有再开的时候。"（师插话：燕子、杨柳、桃花，都有一个共同的特点是？）

生：它们都能重新再来，而我们的日子是一去不复返的。

师：这三个事物都能去而复来，失而复得。

生：（继续读）"但是，聪明的，你告诉我，我们的日子为什么一去不复返呢？——是有人偷了他们罢：那是谁？又藏在何处呢？是他们自己逃走了罢：现在又到了哪里呢？"

师：现在明白朱自清为何感到时间匆匆了吧？

生：我觉得除了平常都要做的事情以外，时间还剩下一点点了，而且时间是一去不复返的，所以时间很快。

师：没听明白。能说得更清楚一点吗？

生：就是一天除了大多数要做的事情以外，时间只剩下一点点了，然后用完了那天的日子就没了。

师：就一天而言，你要做的事太多了，时间不够了，于是就觉得匆匆了。那你一辈子有多少时间呢？

生：谁不希望自己长命百岁呢？

师：哪怕你能活 100 岁，但过一天少一天，过一年少一年，过十年少十年，你马上有一种什么感觉？

生：时间过得太快了。因为时间是一去不复返的。

师：请你写下来：时间是无限的，而人的生命是有限的。

（生齐读第一自然段）

师：其实，一般人都知道时间一去不复返这个道理，为何独独朱自清有这种强烈的"匆匆"感觉？再看看课文。

生：我在第四自然段找到这样一句话，"我赤裸裸来到这世界，转眼间也将赤裸裸地回去罢？"他光着身子来到这个世界上，什么都没有。他 20 多岁的时候什么收获也没有，所以他感觉时间太快了。

师：听明白了吗？（生齐答：明白了。）明白了什么？

生：他的意思是，朱自清他什么都没有给世界留下，他觉得时间过得太快了，他还没有准备给世界留下什么就要老了。

师：听明白了吗？（生齐答：明白了。）明白了什么？

生：在八千多日子当中，朱自清没有留下任何足迹，他只是时间里的过客，他只是在那些日子里徘徊罢了。

生：因为他赤裸裸来到这世界，转眼间也将赤裸裸地回去，"转眼间"看出这个时间过得很快。

师：来的时候赤裸裸，难为情吗？（众笑）

生：不难为情。

师：走的时候赤裸裸难为情吗？

生：难为情。

生：因为他觉得什么都没有贡献给这个世界，白活了一辈子。

生：他心里一定非常不好受，自责。

生：有种遗憾。

生：还会非常惭愧。

师：空虚！他觉得自己的手也空虚了，心也空虚了。读到这里，我们终于知道朱自清为什么觉得时间匆匆了。好，现在再来读第四自然段，你的感受会更加深刻而丰富。

（生投入地朗读）

【板块三】

师：时间是个很奇怪的东西，看得见吗？摸得着吗？看不见摸不着的事物是很难写的。但是朱自清却把时间写得有模有样，让你感觉得到时间的匆匆脚步。现在我们来看，他怎么写时间的？八千多日是如何匆匆而过的？读读第二自然段，有没有发现？

生："在默默里算着，八千多日子已经从我手中溜去；像针尖上一滴水滴在大海里，我的日子滴在时间的流里，没有声音，也没有影子。"这个句子让我感受到八千多日是非常地匆匆。

师：具体说说？

生：时间过得非常快，像针尖上一滴水滴在大海里。滴水是非常快的，日子过得像滴水一样，可见日子过得是多么的快。

生：我"从八千多日子已经从我手中溜去"，这个"溜"字看出来日子过得很快。

师：有眼力！把这个字圈出来。"溜"除了表明快，还有什么样的意味？

生：还表达了不能挽留。

生：悄悄的，让人感觉不到的。

生：我从"没有声音，也没有影子"看出他"溜"得很快。

师：是的。我们想象一下，八千多日子，整整24年，是漫长的还是短暂的？

生：很漫长的。

师：如此漫长的时间，他现在说成是针尖上的一滴水，你觉得时间是多还是少？

生：少。

师：滴到大海里是快还是慢？

生：快。

师：明白了吗？这种手法是比喻，也是夸张。他是夸大了还是夸小了？

生：夸小了。

师：请你圈出来"一滴水"。八千多日子就像一滴水，滴答一下，24 年过去了；滴答一下，24 年又过去了；再滴答一下，24 年又过去了；再滴答一下，你的一生就没了。于是你的头上就要冒汗了，你眼泪都要流出来了，为什么呢？

生：可怕！

生：觉得时间过得太快了，转眼间我就要回去了。

师：是啊，滴答了几下就永远地回去了。

生："头涔涔"看出他开始急了；"泪潸潸"看出他感到非常遗憾，所以才哭了。

师：体会得很真切！转瞬即逝的时间让他害怕，你们怕死吗？

生：不怕。（众笑）

师：真勇敢！（众笑）

生：我也感受到了作者对时间的无奈。

师：说得真好！无奈啊，它要滴了，你说不要滴了，行不行？（生齐答：不行。）还是滴掉了，滴在时间的流里了，八千多日成了一滴水。看不见的时间成了一滴看得见的水。谁来读第二自然段？要读出作者内心那种复杂的情感，无奈、焦急，甚至有点害怕、恐惧。

（一生有感情地朗读）

师：读得真好！因为你体会得真切！八千多日子如一滴水，无声无息，无影无踪，不知不觉，匆匆而过，那如果是一个日子呢？

（生朗读第三自然段）

师：从早上起床、洗手、吃饭、默默、遮挽到睡觉，时间就像流水一样流过，称作"时间流"。再读一读这一连串描写日子脚步的词语。

生：挪移、过去、过去、过去、过去、跨过、飞去、闪过。

师：发现什么了？

生：时间的脚步越来越快。

生：时间飞快地消逝了。

师：让我们再次感觉一下一个日子过去的匆匆过程吧。

（生齐读第三自然段）

师：刚才有些同学说我们的日子不是这样过的，来看看我们的时间是怎样过的？读书时，日子——

生：读书的时候，日子从书本前过去了。

师：干巴巴的，少了一点美感。

生：读书时，日子从手指间过去了。

生：读书时，日子从翻动的书页里过去了。

师：改动一下"翻动"的顺序试试。

生：读书时，日子从书页中翻动过去了。（掌声）

师：写字时——

生：日子在笔尖上过去了。

师：唱歌时——

生：日子从音符上流去了。

生：日子从我们的歌声里飘过了。

生：日子从优美的旋律中飞过了。

师：弹琴时——

生：日子从舞动的手指间过去了。

生：日子从跳动的琴键里过去了。

生：日子跨过黑白键，从我灵巧的手指间过去了。

师：好啊！这就把抽象的时间写得形象了，看得见、摸得着、感觉得到。读书、写字、唱歌、跳舞，这样的日子有意义吗？作者干吗不写这些呢？偏要写起床、吃饭、睡觉等这些看着很俗气的事情？

生：作者写的事情都是每天都要做的。

生：写的这些都衬托了时间过得匆匆。

师：写其他的就不能衬托了吗？

生：因为这些是最普遍很寻常的事情，是每个人每天必须做的事情。

师：很寻常，寻常到什么程度呢？

生：普通到不能再普通，寻常到不能再寻常了，让人习以为常了。

师：这些寻常的事情，平常的不能再平常，习惯的不能再习惯了，一习惯就感觉不到了，已经习惯得快要淡忘了，已经让人觉察不到了。但是，朱自清突然之间把这些习惯了的事情写出来，你才恍然大悟，原来时间不知不觉地过去了。作者发出一种感慨，对时间逝去的无奈、惋惜、惆怅，还有一种淡淡的哀愁。这篇文章是散文中的经典，经典是要我们用一辈子来读的，我们十一二岁的时候读《匆匆》，有现在的一种感觉；过了十年、二十年，你再来读《匆匆》，又会是另外一番滋味。

[名家点评]

一种值得推荐的阅读教学设计模式

吴忠豪（上海师范大学）

我十分欣赏薛法根阅读课的组块设计。所谓"组块教学"，就是将一堂课的教学过程设计成几个板块（模块），每一个板块聚焦一项目标展开教学，这项目标可以是检查预习情况，可以是理解课文思想内容，可以是研究课文的一种表达方式，可以是结合设计的一次说话写话练习，等等。根据不同课文的特点灵活设计出不同的板块组合，是薛法根老师课堂教学的一大特点。

一、组块教学的优点

"组块教学"是相对于常态的"直线型"课堂教学设计而言的，"直线型"教学设计就是围绕课文思想内容的理解，先是初步理解，然后逐段分析，最后总结提升。在"直线型"教学过程中语文知识和语文方法是在解读文本过程中随机插入的，往往是蜻蜓点水，浅尝辄止，因而所教的语文知识或方法往往呈碎片化状态，很难按照语文知识或语文方法本身的学习规律展开教学。

组块式教学所设计的教学流程，最大优点就是教学目标明确集中，每一个板块都瞄准一个目标设计教学，教什么非常清楚。比如，这堂课板块一的教学目标是"体会叠词运用的好处"，板块二的教学目标是"理解文章的思想内容"，板块三的教学目标是"体会作者怎样将时间写具体"。根据一堂课的教学目标把教学过程设计成若干个板块，每个板块集中落实一项目标，可以极大提高教师的目标意识和课堂教学的有效性，避免了教师什么都要教，结果什么都没教好的尴尬。

组块式教学设计第二个优点是每个板块可以聚焦一个目标开展多层次、立体式的教学设计。比如"体会叠词运用的好处"，教师可以将全文中十多个叠词整合起来，先示范，再实践，然后通过朗读集中体会，这样聚焦一个目标有层次地组合设计，可以将教学目标真正落到实处。再比如体会课文怎样将抽象的时间形象地表达出来，先引导学生理解第二段，然后再根据第三段的表达特点设计一个说话练习，通过表达实践使学生对文章表达的形象性有更加真切的体会。语文是一门实践性很强的课程，无论是学习语文知识还是语文方法，都需要有个体亲身实践的过程，只有经过亲身实践才能让学生真正掌握所学的语文知识或方法。板块式教学由于目标集中，设计多少板块可以根据每个板块目标达成所需要的教学时间灵活调整，可控性比较强。

组块式教学设计还有一个好处是使复杂的语文教学设计变得相对简单。只要准确把握好一堂课的主要教学目标，然后围绕这些教学目标一项一项设计，一般来说一项目标设计一个板块。此外，依据板块设计进行的课堂教学，每一板块的教学内容教师一目了然，当然更加容易把握。这样就能更大地简化语文教师教学设计和语文教学的复杂程度。

二、语文教学内容的本体性与非本体性

薛法根老师的组块式教学设计，是建立在他对语文课程教学内容深刻而正确理解的基础上的。我曾经将语文课程的教学内容大致划分成两个大类：一类是语文本体性教学内容，另一类是非本体性教学内容。所谓语文本体性

教学内容就是反映这门学科本质特征的、区别于其他各门课程的教学内容，包括语文知识、语文策略（方法）和语文技能。这类教学内容是语文课程必须承担的本职任务，体现出语文课程区别于其他课程的本质特性。所谓非本体性教学内容，包括情感、态度、审美、价值观教育，多元文化的学习，思维能力和创新精神的培养，等等。这类教学内容不是语文课程一科独担的，而是由基础教育各门课程共同承担的。语文课程作为一门以培养学生运用语言文字能力为主要目标的综合性实践性课程，理所当然地应该以本体性教学内容作为主要目标，并且聚焦语文知识、方法和技能学习设计教学过程。然而，在常态化的语文教学中，我们发现大部分教师是将课文思想内容的理解，即以非本体性教学内容作为主要目标组织教学，这样当然会异化语文课程性质，降低语文课程教学效率，这是语文课程之所以难以走出困境的根本原因。

按照教学内容的本体性和非本性来分析这堂课，我们可以发现薛法根老师的三个教学板块中，第一和第三个板块瞄准的都是语文本体性教学内容，说明他对语文课程的本职任务认识得非常清楚，语文课程意识很强。第二个板块是理解课文的思想内容，瞄准的是非本体教学内容。这个板块设计是否合理，答案是肯定的。因为读懂课文思想内容是教学每一篇语文课文的基本要求和前提，更何况这篇课文内容比较深奥，学生不容易读懂，因此专门设计一个板块帮助学生认识课文思想内容完全有必要。当然，如果有教师强调学生理解课文思想内容的困难，因此围绕课文思想内容理解设计整堂课教学，比如，我看到一位教师就这样设计教学过程：第一环节讨论作者才二十多岁，"怎么会发现时光匆匆而逝"？第二环节研究"一般人都知道时间一去不复返这个道理，为何独独朱自清有这种强烈的'匆匆'感觉"？第三环节讨论学了这篇课文你懂得了什么道理，然后让学生联系自己生活经验谈谈应该如何珍惜时间等，那就有问题了。因为这是将"非本体教学内容"作为主要目标来设计教学过程，颠倒了语文课程本体性教学内容和非本体性教学内容的关系，把语文课上成了思想品德课。

值得忧虑的是，这样一种本体性教学内容和非本体性教学内容关系颠倒的教学设计，在我们的语文课堂上屡见不鲜，甚至成为一种常态，所以更加应该引起广大语文教师的警觉。

第六课 《青海高原一株柳》

[教材课文]

青海高原一株柳

陈忠实

这是一株柳，一株在平原在水边极其平常的柳树。

这是一株神奇的柳树，神奇到令我望而生畏的柳树，它伫立在青海高原上。

在青海高原，每走一处，面对广袤无垠、青草覆盖的原野，寸木不生、青石嶙峋的山峰，深邃的蓝天和凝滞的云团，心头便弥漫着古典边塞诗词的悲壮和苍凉。走到李家峡水电站总部的大门口，我一眼就瞅见了这株大柳树，不由得"哦"了一声。

这是我在高原见到的唯一的一株柳树。我站在这里，目力所及，背后是连绵的铁铸一样的青山，近处是呈现着赭红色的起伏的原地，根本看不到任何一棵树。没有树族的原野显得尤其简洁而开阔，也显得异常的苍茫。这株柳树怎么会生长起来壮大起来，造成高原如此壮观的一方独立的风景？

这株柳树大约有两合抱粗，浓密的树叶覆盖出百十余平方米的树阴。树干和树枝呈现出生铁铁锭的色泽，粗实而坚硬。叶子如此之绿，绿得苍郁，绿得深沉，自然使人感到高寒和缺水对生命颜色的独特锻炼。它巍巍然撑立在高原之上，给人以生命伟力的强大感召。

我便抑制不住自己的猜测和想象：风从遥远的河川把一粒柳絮卷上高原，随意抛散到这里，那一年恰遇好雨水，它有幸萌发了。风把一团团柳絮抛散到这里，生长出一片幼柳，随之而来的持续的干旱把这一茬柳树苗子全毁了，只有这一株柳树奇迹般地保存了生命。自古以来，人们也许年复一年看到过，一茬一茬的柳树苗子在春天冒出又在夏天旱死，也许熬过了持久的干旱，却躲不过更为严酷的寒冷。干旱和寒冷绝不宽容任何一条绿色的生命活到一岁。然而这株柳树却造就了一个不可思议的奇迹。

我依然沉浸在想象的世界里：长到这样粗的一株柳树，经历过多少虐杀生灵的高原风雪，冻死过多少次又复苏过来；经历过多少场铺天盖地的雷轰电击，被劈断了枝干又重新抽出了新条。它无疑经受过一次又一次摧毁，却能够一回又一回起死回生。这是一种多么顽强的精神。

我家乡的灞河以柳树名贯古今，历代诗家词人为那里的柳枝柳絮倾洒过多少墨汁和泪水。然而面对青海高原的这一株柳树，我却崇拜到敬畏的境地了。是的，家乡灞河边的柳树确有让我自豪的历史，每每吟诵那些折柳送别的诗篇，都会抹浓一层怀念家园的乡情。然而，家乡水边的柳树却极易生长，随手折一条柳枝插下去，就发芽，就生长，三两年便成为一株婀娜多姿、风情万种的柳树了；漫天飞扬的柳絮飘落到沙滩上，便急骤冒出一片又一片芦苇一样的柳丛。青海高原上的这一株柳树，为保存生命却要付出怎样难以想象的艰苦卓绝的努力？同是一种柳树，生活的道路和命运相差何远？

这株柳树没有抱怨命运，也没有畏怯生存之危险和艰难，而是聚合全部身心之力与生存环境抗争，以超乎想象的毅力和韧劲生存下来，终于造成了高原上的一方壮丽的风景。命运给予它的几乎是九十九条死亡之路，它却在一线希望之中成就了一片绿阴。

★ 苏教版小学《语文》六年级（上册）

[教学实录]

不可思议的奇迹
——执教《青海高原一株柳》

{板块一} 古诗引入，唤醒经验表象

师：俗话说，"有心栽花花不开，无心插柳柳成荫"。柳树极易生长，随

处可见。还记得唐代诗人贺知章写过的《咏柳》吗？背一下。（生齐背）

师："碧玉妆成一树高，万条垂下绿丝绦。"这是诗人笔下柳树的形象。如果把这样的柳树比作人，你认为比作什么样的人比较恰当？

生：像一个有着长头发的女孩子。

师：柳树和女人有天然的缘分。说某个女子眉毛很好看，叫什么眉啊？

生：柳叶弯眉。

师：说某个女子身材好，腰特别细，叫什么？（生答：苗条。）叫杨柳细腰。好看吧？所以一般情况下，我们印象中的柳就像一个——

生：婀娜多姿的女子。

师：喜欢这样的女子吗？（生嘿嘿笑）别不好意思啊！喜欢就喜欢，婀娜多姿，多好啊！一般人看来，柳啊，就像婀娜多姿的女子，给人的感觉是柔美的。可今天我们看到的这株柳树是——青海高原之上的一株柳树，它长什么样子？自己读一读。

{板块二} 品读第五自然段，感受柳树形象

（生读第五自然段）

师：如果也把它比作一个人，你觉得是个什么样的人？

生：一个坚强的男子。

师：请用心读一读，哪些词句体现了男人的特征，圈出来，自己读。

（生自由读）

师：说一说哪些词语体现了男人的特征？

生："这株柳树大约有两合抱粗"，这个"两合抱粗"就体现出是很强壮的男人，一般的女人再胖也不可能有两合抱粗。

师：两合抱粗到底有多粗？来，把手伸出来。两个人这样合抱，粗不粗？请把这个词圈出来。还有吗？

生："树干和树枝呈现出生铁铁锭的色泽，粗实而坚硬"，还有这个"粗实而坚硬"。

师：粗实而坚硬，这个词很好。还有吗？

生：生铁铁锭。

师：生铁的颜色是？

生：嗯，很——灰。

师：呵呵，灰，这个颜色叫冷色，对不对？我们说一个女人很美，叫"面若桃花"，是红色的。这男人哪，饱经沧桑以后，脸色像生铁铁锭，很冷，很硬的，从色泽上看出是男人。非常好，还有吗？

生："它巍巍然撑立在高原之上"，这个"巍巍然"，还有"撑立"，也体现出是男人，不像女人那样柔弱。

师："撑立"。这个词圈出来，太重要了。还有一个词，"巍巍然"，这个"巍"字上面是什么？

生：山！就像山一样高大。

师：形容男人像山一样高大伟岸，真好。

生："给人以生命伟力的强大感召"，平常女人不会把男人感召起来，男人却可以把男人或女人感召起来。

师：是这样吗？（生笑）应该找哪个词？"生命伟力"，画下来。伟力啊，伟岸之力，是吧？感召，感化，召唤，有点道理。还有吗？

生：还有"绿得苍郁，绿得深沉"，一般女人是不会深沉的，只有男人会比较深沉。

师：不一定。人在什么情况下，什么时候，他就变得深沉？

生：长大以后，会变得深沉。

师：为什么？

生：随着年龄的增长，会变得深沉。

师：是啊，人生磨砺练就了一个人，他就变得深沉了。还有一个词，"苍郁"，"苍"指什么？

生：沧桑。

师：就是饱经风霜。"郁"呢？

生：是浓郁。

师：经历了岁月磨砺，就变得苍郁、深沉了。这两个词找得很好。还有一个词，请一定要圈出来——"独特锻铸"。"锻"，用工具把金属打造成一个形状。"铸"呢，把金属融化后倒在模子里制成一样东西。你有什么话讲吗？

生：这个正好跟《钢铁是怎样炼成的》里的男人差不多。

师：是的，男人啊，要千锤百炼才成为——

生：（齐）男人。

师：不是一般的男人了，千锤百炼的男子不叫男子了，叫什么？

生：男子汉。

师：真好！如果说女子是柔，那男子是——

生：刚。

师：刚。现在谁能把这个刚毅的汉子的形象读给大家听？一定要注意刚才我们圈出来的这些关键词语，读出男人的特征，汉子的特点。先找个女孩子读一读。（一女生读第五自然段）

师：真好！虽然你是女子，但你像男子一样柔中带刚，谢谢！谁再来读？这次找个男孩子。（一男生读第五自然段。掌声）

师：真好，是一个汉子。我们一起来读一读，读出这个汉子的形象。（生齐读）

师：这样一个汉子，如果前面加一个词语来形容，是怎样的汉子？

生：威风凛凛。

生：他的性格类似钢铁。

生：我觉得是一个坚毅、顽强的男子。

师：这个汉子啊，高大魁梧、饱经风霜，他是如此苍郁，如此深沉。读到这里，你看到的柳树和我们平时看到的——

生：截然不同。

{板块三} 品读前四自然段，体会悬念作用

师：你有什么疑问？

生：它为什么和平常的柳树不同呢？

生：它是怎样成长起来的？同样是柳树，差距怎么这么大呢？

生：它经历过多少风霜，用过多少化肥？

师：后面这个问题就不好了，没人给它施化肥。是啊，为什么会这样呢？这篇文章的作者陈忠实先生一看到这样一株柳树，心头也萦绕着这样一个问题，读——

生：（齐读）"这株柳树怎么会生长起来壮大起来，造成高原如此壮观的一方独立的风景？"

师：它是怎么活下来的，又是如何壮大起来，成为一方独立的风景的？怎么就它一棵，而没有其他的呢？一般来说，看到这株柳树才会产生疑问，但看看课文，这个问题是在柳树形象描写之前还是之后？

生：之前。

师：先有疑问后有形象。为什么要这样写？

生：我觉得他先提出问题，然后再回答这个问题，起到引出下文的作用。

生：我觉得是先写出自己的疑问，然后再写形象，这样更能吸引人。

师：明白了么？这篇课文叫作《青海高原一株柳》，本来一开始就应该写柳树的形象，为什么到第五自然段才写呢？这就好比揭盖头。有没有看到新娘头上戴的什么？

生：红盖头。

师：为什么盖红盖头？

生：盖上了，新郎在新房里才掀下来。

师：是啊，娶来的新娘是什么样子的呢？新郎不知道，只有到洞房花烛夜的时候，掀下盖头来，才知道是怎样的美人，给人一种神秘感，让人有种种猜测，这篇课文就是这样写的。来看课文的第一自然段，谁来读？（一生读）

师：这是一株极其平常的柳，极其平常，司空见惯，这样的柳树你想看吗？

生：不想看。

师：所以作者没写。好，再看，读——（生读第二自然段）"神奇的"，圈下来。神奇的柳树长什么样，你想看吗？（生点头）给你看了吗？

生：没有。

师：再往下看，他不但不给你看，连柳树也不说了。他写什么了？（生

读第三自然段）

生：他写了青海高原的恶劣环境，以此衬托出柳树的坚强。

师：真好！"衬托"这个词说得多专业啊！他不说这棵柳树什么样子，反而说什么？

生：（读）"走到李家峡水电站总部的大门口，我一眼就瞅见了这株大柳树，不由得'哦'了一声。"

师：这株柳树大到什么程度啊？

生：能让人见了不由得"哦"了一声。

师："哦"了一声，说明大得让人——

生：惊叹。

师：惊叹啊，从来都没有见过，很罕见的一株柳树！长得什么样子，你想看吗？给你看了吗？

生：没有。

师：还是没写啊！真让人着急，急死人了！他接着写什么了？（生读第四自然段）

生：这里恶劣的环境。

生：这株柳树怎么会生长起来壮大起来，造成高原如此壮观的一方独立的风景？

师：提出了一个问题。到第五自然段才告诉你柳树什么样，一起读。

（生齐读第五自然段）

师：第一自然段说这是一棵极其平常的柳树，你脑海中马上浮现出柳树的形象，见多了，不想看；第二自然段又说这是一棵神奇的柳树，神奇得令人望而生畏，你想看，但他不写；说水电站门口见到这株大柳树不由得"哦"了一声，你想看，又不给看；然后他说这是在高原见到的唯一的一株柳树，你想看，他还是不给看，急死你！一直到第五自然段才掀开了盖头，一看啊，不是一个女子，却是一条——

生：（齐）汉子。

师：他为什么不一开始就说我在青海高原看了一条汉子，长什么什么样，为什么要遮遮掩掩，让人以为是个大美人，最后却出来个猛张飞？（生笑）

生：这样给人一种悬念，吸引读者继续往下读。

师：写下来，悬念。文似看山不喜平，不能直截了当，要曲折，要吸引人，这就叫悬念。悬念是小说的写作方法，但这里用来写散文了。

生：一上来就写这株柳树的样子，你就不想看了。

师：是啊！你想往下看，这叫期待，写下来。同学们，你们发现了一个写作的秘密。

〔板块四〕 品读后四自然段，感悟柳树品格

师：这样写，让人惊讶，对这株柳树引起特别的关注，特别的思考：怎么会长成这个样子的呢？有个问题就从作者脑海里跳出来了，读——

生：（齐读）这株柳树怎么会生长起来壮大起来，造成高原如此壮观的一方独立的风景？

师：这时候他提出这样一个疑问。要解决这个疑问有一个好办法——

生：想象。

师：想象是我们了解事物的一把钥匙。课文下面写了四个自然段。自己读，看看他是怎么解答的，每一个自然段解答了哪一点，这一点是如何解答的，关键的词句可以画下来。

（生读第六至第九自然段）

师：他是如何解答心中的疑问的呢？我们来看第六自然段。（生读）

师：这一个自然段他回答的是哪一点？

生：这棵柳树是怎么长大的。

师：是的。你说它是怎么发芽的？

生："那一年恰遇好雨水，它有幸萌发了。"

师：哪一个关键词？

生：应该是"恰遇好雨水"。

师："恰遇"，恰到好处。"恰"是什么？难得啊！还有吗？

生：还有"有幸"。

师："有幸"，这时候它的发芽是一件——

生：幸运的事。

师：圈出"有幸"。如果不遇到这场雨水是发不出芽来的。它后来怎么存活下来呢？

生："这株柳树是奇迹般地保存了生命。"

师：其他的柳树都怎么样？

生：（齐）死了。

师：而这株柳树奇迹般地生存了下来。所以说——

生：它"造就了一个不可思议的奇迹"。

师：奇迹般地发芽了，奇迹般地存活下来，"奇迹"！那它是怎样壮大起来的？读课文的第七自然段。（生读）

生：它在摧毁中壮大。

师："在摧毁中壮大"，这句话很有哲理。

生：它有一种顽强的精神，所以才能一次次起死回生。

师：死过一回，活过来；又死一回，又活过来；再死一回，再活过来。这样的情况只能称为——奇迹！这株柳树一次又一次创造了它壮大的——

生：（齐）奇迹。

师：一个字——"又"，一回又一回，一次又一次，接连不断地创造着生命的奇迹。再来读一下这段话，看能不能读出这个奇迹。（一生读）

师：他读得让你们觉得满意吗？

生：（齐）不满意。

师：听听人家怎么读，好吗？

（另一生读。生鼓掌）

生：其实我刚才读错就是为了衬托她。

师：呵呵，读得不好还有理由。那我考考你：这四个自然段中有一段的确是衬托，是对比，你找得到就算你真的是"衬托"。哪一段？

生：第八自然段。用家乡的柳来衬托高原上的柳。

师：对了，算你是"衬托"。灞河之柳与高原之柳进行了一个对比。作者想说明什么？

生：用灞河的柳树衬托高原之柳的生命力顽强。

师：特别好，你把这句话读给大家听。

生：（读）"青海高原上的这一株柳树，为保存生命却要付出怎样难以想象的艰苦卓绝的努力？"

师：难以想象的艰苦卓绝的努力，想象都想象不出来，只能说明它是一个——

生：生命的奇迹。

师：是啊，又是一个奇迹。其他的柳都死了，只有它活下来了，是唯一的柳树，所以成为独立的风景。又是一个奇迹。几个奇迹了？

生：（齐）三个。

师：大家读最后一段。（生读）最后一段两句话，第二句话："命运给予它的几乎是九十九条死亡之路"，一般情况下是怎样的？

生：肯定是死了。

师：但这一株柳树却活了下来，真称得上是生命的奇迹。通过猜想它怎么存活下来，生长起来，作者得出一个结论：这是一个奇迹；通过想象它如何壮大起来，想来想去，又得出一个结论：这是一个奇迹；再后来进行了联想、对比，得出一个结论：这还是一个奇迹：九十九条死亡之路，它却成就了一片绿阴，还是一个——

生：（齐）生命的奇迹。

师：所以说这是神奇的柳树。为什么是一个奇迹？哪一句话直接回答了他心中的疑问？

生：（读）"这株柳树没有抱怨命运，也没有畏怯生存之危险和艰难，而是聚合全部身心之力与生存环境抗争，以超乎想象的毅力和韧劲生存下来，终于造成了高原上的一方壮丽的风景。"

师：哪一个词告诉你了？

生：超乎想象。

师：你们看到的是这个词。请你们把"终于"这个词圈出来。"终于"这个词体现了什么？

生：体现了柳树生长路上的艰难非常多。

师："终于"这个词，它往往表示过程之艰难、艰辛，超乎我们的想象，

明白了吗？齐读这句话。（生齐读）

师：这株柳树怎么生长起来的，因为——

（生再次齐读）

师：怎样壮大起来的？因为——

（生第三次齐读）

师：如果这株柳树仅仅抱怨命运，最终的结果是——

生：（齐）死亡。

师：如果它畏怯生存之危险和艰难，结果也只能是——

生：（齐）死亡。

师：而这株柳树却是——

生：（齐）聚合全部身心之力与生存环境抗争。

师：抱怨、畏怯、抗争是对生存环境和命运的三种态度。选择抗争才能够壮大，才能够成为独立的风景，才能够创造出生命奇迹。所以，它能创造这么多奇迹取决于它的——

生：（齐）抗争。

师：我们一直以为柳树是柔弱的，但青海高原这株柳树在极其恶劣的环境里，却迸发出了生命独特的毅力和韧劲，选择的是和命运抗争。对这样一株柳树，作者有怎样特殊的情感？

生：敬佩。

师：敬畏！敬畏的不仅仅是它的形象，更是它对命运的抗争，是这样一种人生的态度。态度改变了命运，态度决定了命运。让我们齐读最后一段话。

（生齐读）

{板块五} 现场练笔，迁移应用

师：如果我们生活在一个舒适、优越的环境中，会成为一株什么样的柳树啊？

生：（齐）柔弱的。

师：柔弱的，柔美的，就像文中的灞河之柳，婀娜多姿，风情万种。这

— 99 —

也是一种美。但万一很不幸，我们处在一个如青海高原这样恶劣的环境中，甚至是绝境的时候，我们该怎么办？

生：（齐）我们应该抗争。

师：请你把课文的最后一个自然段稍微改一改，作为激励自己的座右铭。开头可以这样写：如果我们身处困境甚至绝境，那么——

（生练笔后交流）

生：如果我们身处困境甚至绝境，不要抱怨命运，也不要畏怯生存之危险和艰难，而是要聚合全部身心之力，与生存环境抗争，以超乎想象的毅力和韧劲生存下来。虽然命运给予的可能是九十九条死亡之路，但我们也要在一线希望之中，成就人生的辉煌。

师：给她掌声！创造生命的奇迹，成就人生的辉煌，关键取决于我们对命运的态度。愿青海高原的这一株柳树长在我们每一个人的心里。（掌声）

（其他学生交流。略）

[名家点评]

"一株柳"的教学特色和联想

成尚荣（原江苏省教育科学研究所）

对薛法根老师执教的《青海高原一棵柳》，我有"四个一"的概括。

一、一种联想：薛法根也是一株柳，长在语文教学的高原上

薛法根执教《青海高原一棵柳》（以下简称"一株柳"），把课上得那么自在、轻松，有简约中的丰富，"浅近"中的深刻，聊天式的智慧，"随意"式的幽默。读他的教学实录，面前会浮现一个个的教学场景，似乎在听一棵树的自然呼吸，似乎在贴着大地，倾听他内心的声音，又似乎站到了高处，看他对眼前的一切如何一一道来。于是，我不禁想：薛法根也是一株柳吗？

如果是，他这株柳是什么样的？可能不是刚强的，当然也不是柔弱的，那么究竟是什么样的？如果是，他这株柳又长在哪里呢？在高原，在平地？不过，我又想，薛法根愿不愿意别人称他是一株柳呢？

评说，是由不得被评说者同不同意的。我认为说薛法根也是一株柳是没有什么不妥的。以上这些似乎是莫名其妙的想法，却隐含着我的一种认知，那就是语文教师教语文，他就成了语文，语文也渐渐成了他。教语文映照着语文教师的内心世界，透射着他的思想和精神追求；同时，长期教语文的实践，语文，语文中的人与事，语文中的景与情，渐渐地影响着、塑造着教师的品格，他可能像语文文本中的某个人，可能具有文本中那样的情怀。换个角度看，教师这么教的时候，学生的语文素养，以至整个素养会在濡化中得到滋养、提升，慢慢地，学生的心灵会趋向他的语文教师，以至会像他的语文教师。语文教学原本就是一个说不清、道不明的"莫名其妙"的过程。所以，我想，薛法根也是一株柳，是没错的，而且是一个不错的想法。

事实也大体如此。薛法根一直坚守在语文教学的第一线，从来没有离开过课堂，即使他成了著名的特级教师，即使他当了校长。薛法根一直在风雨中磨炼自己，无论是顺利的时候，还是不太顺利的时候，无论是众多小学语文教师崇拜他的时候，还是某节课上得不理想的时候，他都一如既往、不卑不亢、淡定从容、脸上露出真诚的笑意。薛法根一直有自己坚定的追求，他既有实践的实力，又有理论的勇气。在实践中，他越来越成熟，理论上他也越来越深入，而且他把理论与实践结合在一起，自然、妥帖。薛法根有自己的风格，他不强势，却很坚韧；他从不张扬，却十分自信；他的言说简明朴素，却常有智慧火花的迸发。薛法根的教学风格正是他的性格、人格的反映。大家喜欢他，学者专家们认可他、赞赏他，首先是喜欢他的品格，赞赏他的人格。所以，我把薛法根看作一株柳是不为过的。

薛法根是小学语文大地上的一株柳，把根扎在深土之中；薛法根也是小学语文高原上的一株柳，他不断探索、创造语文教学的经验，引领老师走向更高的境界。在他周围，渐渐地长起一片柳，映射着灿烂的阳光。小学语文高原上的一株柳，去教《青海高原一株柳》实在是一种有意思的现象，是值得想象的一件事。

二、一种立意：人的发现与品格的滋养

"一株柳"的教学，薛法根首先把握住了课文之魂。

众所周知，语文的独当之任是语言文字的学习运用，但这绝不意味着否定、排斥语文的人文性和语文教学的思想品德教育，甚至对此也绝不可以有一点点淡化。问题是，文本之魂不能离开文本之体。薛法根的高明、可贵之处在于凭借、依托文本，让文本之魂在语言文字及其运用中渐渐清晰起来，越来越凸显，越来越深入学生的心灵。

薛法根把"一株柳"的魂锁定在"人"上，以柳喻人，以柳见人，让人学柳，让人像柳。仔细看，薛法根的教学有三个层次：其一，发现文之魂。他让学生想象："如果把这样的柳树比作人，你认为比作什么样的人比较恰当？"又让学生从视觉经验中的柳好比婀娜多姿的女子，自然地扩展到坚强的男人，一个男子汉。其实，男人也好，女子也罢，都是人，都有人的品格。其二，立起教学之意。那就是从"粗实而坚硬"，以及与环境的相衬，再次塑造男子汉的品格——"巍巍然"、"绿得苍郁、绿得深沉"，就是"给人以生命伟力的强大感召"。其三，开掘文之魂的深意。在接过学生问题时，薛法根顺着题引导学生从文中寻找这株柳是"怎么活下来的"的答案，领悟到是"抗争""造就了一个不可思议的奇迹"，自然引发了这节课的价值召唤："创造生命的奇迹，成就人生的辉煌，关键取决于我们对命运的态度。愿青海高原的这一株柳树长在我们每一个人的心里。"

薛法根用自己的思考与实践，为大家树了一个榜样，如何在语文中自然地渗透、融合、开掘人文性和思想品德教育，如何用语言文字去滋养学生的心灵，培育学生的品格。也足见，阅读教学只指向语言文字，只指向写作，而忽略其他的任务，尤其是忽略人文精神教育是不行的。

三、一种主张：在组块教学中彰显文章的结构

组块教学是薛法根的语文教学主张。从字面上看，组块本身就是一种结构

的概念，在深处，它体现了综合、整合的思想。从理论上看，它由关联理论支撑，各部分、各要素之间既存在着差异，又存在着内在各种形式的关联。因此，可以通过一定的方式将它们联系起来，结合在一起，利于大家更完整、更准确地认识和把握，其结果是带来了事物的框架，带来了整体的认知。从语文的特点来看，语文本身就是一个整体，无论是字、词、句、篇，还是听、说、读、写都存在着关联，而且与生活紧密地联系在一起，而生活本身就是一个整体。因此，语文教学必须有整体的意识，防止孤立、分割、对立以至碎片化的现象。

薛法根主张的组块教学，更深的意义还在于，他坚定地认为儿童是一个完整的人，他是"1"，而不是相割裂的部分。组块教学还是从儿童的整体性出发，用语文的整体性，支撑并进一步促进儿童的全面发展，用语文的整体性支撑起完整的儿童。实事求是地说，至今还有一些人对组块教学不是很了解，因而不理解，也有不以为然的。薛法根清楚地知道这些情况，但不放弃，相反更深入地学习、研究，他从不同的学科去认识组块教学的理论基础，寻找各种理论指导。这是一种勇气和自信，值得大家学习。

"一株柳"的教学很好地应用了组块教学，做了很精心又很大气的设计。首先体现在教学的环节和进程中。就全程看，他设计了五大板块：古诗引入，唤醒经验表象；品读第五自然段，感受柳树形象；品读前四自然段，体会悬念作用；品读后四自然段，感悟柳树品格；现场练笔，迁移应用。其中，他又引导学生去感受从"经验表象"到"柳树形象"，再到"柳树品格"；从"体会悬念"到"现场练笔"。显然，分别从文本内容的维度和写作方法的维度来建构教学组块，其间都紧紧地贴着"人"、盯着"人"来展开。这样，柳树的形象越来越清晰，越来越鲜明，也越来越深入；与此同时，语言文字的学习、运用都随之而展开。我以为，"组块"是个内涵十分丰富的概念，又是极具整体性的概念，若干个相互联系的组块呈现并凸显了文章的章法。

每一个组块也是个很合理的结构，即大组块中有小组块。比如，"生命的奇迹"是个特点很鲜明的组块。提出命题：这株柳怎么奇迹般地生存下来；分析命题：这株柳的奇迹是怎么创造的；得出结论：这是生命的奇迹。这三个组块，层层递进，奇迹成了一个核心和线索。难能可贵的是，这一切都没有离开语言文字。组块教学更注重内在的逻辑，更注重内心秩序的建立。

在彰显文章结构中，组块教学托起了章法。

四、一种智慧：写作方法让学生在玩中体会、把握

在"一株柳"的教学过程中，薛法根特别关注文章的写作方法。根据文章的写作特点，通过教法，自然地呈现在学生面前，让写作特点转化为学生的写作实践。

文本中衬托的特点，在教学中多层次展开，让学生领会。"一株柳"的衬托特点渗透在薛法根的教学过程中。他准确地把握了以下几个层次。其一，用环境衬托柳树的生长，用环境的恶劣衬托柳树的刚强。让学生体会"树干和树枝生铁铁锭的色泽，粗实而坚硬的品格"，体会"这株柳树没有抱怨命运"，"聚合全部身心之力与生存环境抗争"的深刻含义。其二，用其他柳衬托这"一株柳"。灞河之柳与高原之柳的比较，突出这株柳的"独特锻铸"，突出柳与柳之间的差异，根本原因在于对待环境的态度和生命本身的力量。其三，用"死"与"活"做比较。用"起死回生"来展开，死过一回，活过来；又死一回，又活过来；再死一回，再活过来，让学生领会"在摧毁中壮大"的含义，把深刻的哲理寓于鲜明的衬托之中。有意思的是，当一名学生没有另一名同学朗读得好的时候，这位学生竟然说："其实我刚才读错就是为衬托她。"由此可见，衬托的方法已被学生在实践中演绎、活化。

文本悬念的写作特点，薛法根将其充分而又有趣地展开。薛法根把这部分教学"玩得"相当有趣、有意思。首先用"先有疑问后有形象"来提出问题，用"掀盖头"来比喻，接着用"没有"、"还没有"、"真让人着急"来描述，用"遮遮掩掩"来形容，最后用"这就叫悬念"作结，并用"文似看山不喜平，不能直截了当，要曲折要吸引人"来概括悬念的作用。在一波又一波悬念揭示的过程中，让学生在阅读期待中发现了一个"写作的秘密"。薛法根在教学中有时比较俏皮，也有时有点"随意"，正是这样的俏皮、"随意"，让学生轻松起来、活泼起来，潜力被开发出来。有时，他的课在前半部分其实是设置了一个个悬念；有时，他在某一部分又设置了悬念，教学过程有波澜，有节奏，有念想，很好"玩"。我认定，这正是薛法根的教学智慧。

第七课 《桃花心木》

桃花心木

林清玄

乡下老家屋旁。有一块非常大的空地，租给人家种桃花心木的树苗。

桃花心木是一种特别的树，树形优美，高大而笔直，从前老家林场种了许多，已长成几丈高的一片树林。所以当我看到桃花心木仅及膝盖的树苗，有点难以相信自己的眼睛。

种桃花心木苗的是一个个子很高的人，他弯腰种树的时候，感觉就像插秧一样。

树苗种下以后，他常来浇水，奇怪的是，他来得并没有规律，有时隔三天，有时隔五天，有时十几天才来一次；浇水的量也不一定，有时浇得多，有时浇得少。

我住在乡下时，天天都会在桃花心木苗旁的小路上散步，种树苗的人偶尔会来家里喝茶。他有时早上来，有时下午来，时间也不一定。

我越来越奇怪。

更奇怪的是，桃花心木苗有时莫名其妙地枯萎了。所以，他来的时候总会带几株树苗来补种。

我起先以为他太懒，有时隔那么久才给树浇水。

但是，懒人怎么知道有几棵树会枯萎呢？

后来我以为他太忙，才会做什么事都不按规律。但是，忙人怎么可能做事那么从从容容？

我忍不住问他，到底应该什么时间来？多久浇一次水？桃花心木为什么无缘无故会枯萎？如果你每天来浇水，桃花心木苗该不会枯萎吧？

种树的人笑了，他说："种树不是种菜或种稻子，种树是百年的基业，不像青菜几个星期就可以收成。所以，树木自己要学会在土里找水源。我浇水只是模仿老天下雨，老天下雨是算不准的，它几天下一次？上午或下午？一次下多少？如果无法在这种不确定中汲水生长，树苗自然就枯萎了。但是，在不确定中找到水源、拼命扎根，长成百年的大树就不成问题了。"

种树人语重心长地说："如果我每天都来浇水，每天定时浇一定的量，树苗就会养成依赖的心，根就会浮在地表上，无法深入地下，一旦我停止浇水，树苗会枯萎得更多。幸而存活的树苗，遇到狂风暴雨，也会一吹就倒。"

他的一番话，使我非常感动。不只是树，人也是一样，在不确定中生活，能比较经得起生活的考验，会锻炼出一颗独立自主的心。在不确定中，深化了对环境的感受与情感的感知，就能学会把很少的养分转化为巨大的能量，努力生长。

现在，窗前的桃花心木苗已经长得与屋顶一般高，是那么优雅自在，显示出勃勃生机。

种树的人不再来了，桃花心木也不会枯萎了。

★ 人教版小学《语文》六年级下册

[教学实录]

设疑·解疑·悟理
——执教《桃花心木》

{板块一}

师：要学好语文先要学会倾听！仔细听，薛老师念的这一段话里有几个句子？（读）"在不确定中，我们会锻炼出一颗独立自主的心，不会依赖；在不确定中，我们会深化对环境的感受与情感的感知；在不确定中，我们会把很少的养分转化为巨大的能量，努力生长。"

生：一共有三句话。因为在这段话中一共有三个"在不确定中"，所以应该有三句话。

师：你善于抓住关键词语，真会倾听！

生：我也听出是三句话。我是从老师停顿的时间中听出来的。

师：真了不起！从停顿时间的长短中能分辨出几个句子，不简单！这段话文质兼美，我们要把它记下来。拿起笔，听写这三句话。

（三个学生分别将三句话写在黑板上，其他学生写在自己的本子上。师念三个句子并提示：写之前要听完整，记住了再写；写完了要注意检查，默默地读一遍）

师：我们一起来看这三位同学的默写。（手指默写第一句话的学生）请你读一读。

生：（读）"在不确定中，我们会锻炼一颗独立自主的心，不会依赖。"

师：发现问题了吗？

（生沉默）

师：再读一遍。

生：（再读）少了个"出"字。

师：少了一个字，句子的意思就不一样了，赶快填上去。（生填写"出"字）第二位同学读。

生："在不确定中，我们会深化对环境的感知。"哦，这里应该是"感受"，我写错了。

师：一读就发现错了，还不算迟。

（生改正后重读句子）

师：写对了，还要读好了。你写的字也和你读书一样，有点潦草。重来——

生：（认真朗读）"在不确定中，我们会深化对环境的感受与情感的感知。"

师：你看，用心读就能读好，再用心读一遍，相信你一定能读得更好。

（生再读，读得很有节奏。掌声）

师：你看，只要认真，什么事都能做得更好！（生点头）第三位——

生："在不确定中，我们会把很少的养分转化为巨大的力量，努力生长。"

师：转化为——

生：巨大的能量。

师：力量，能量，乍一听差不多，但仔细一听还是有区别的。会不会倾听就是看你能不能区分这些细微的地方。

（生到黑板上改写，回到座位上，欲坐下）

师：请你再读一读。

生：（站起来）"在不确定中，我们会把很少的养分转化为巨大的能量，努力生长。"（坐下）

师：别坐下。你干吗老是急着坐下呢？你漏了什么东西吗？

（生茫然）

师：关键的漏了！别以为这个东西不重要——（看着学生）

生：（仔细观察）句号。

师：哎，对了！

（生到黑板前加上了句号）

师：话说完了要标上句号，记住了？（生点头，师面向全体学生）"养分"的"分"写对了，刚才我看到好几个同学把"分"写成了"份"。注意啊！"养分"的"分"没有单人旁。这三位同学谁的正确率最高？（生齐答：第一位。）给她掌声！谁的字写得最端正？（生齐答：第三位。）为他鼓掌！（对第二位学生）看来，你要好好努力哦！

师：这段话含义深刻，我们一起来好好读一读，体会一下。（指导朗读。略）

高林生评：薛法根老师的同乡、明末清初的文学评论家金圣叹在其《读第五才子书法·序》中曾经说过："凡人读一部书，须要把眼光放得长。如《水浒传》七十回，只用一目俱下，便知其二千余纸。"（以下引文若无特指皆同此）这段话意思是说，读书一定要"把眼光放得长"，要形成"一目俱下，便知其二千余纸"的能力。因为作者下笔为文之前在"胸中已算过百十来遍"，要说的道理、要抒发的情感以及文章的谋篇布局、起承转合早已极明白地计算，早已是成竹在胸。所以，后来的读者若要得其要旨，领略表达技巧的美妙，劈头就寻找并抓住文章的关键，对读懂一篇文章乃至一部书至关重要。

薛老师在这节课的开头便安排了倾听和听写一段话的练习。我以为，以上倾听和听写的话恰恰就是这篇课文的关键之处。有个成语叫"纲举目张"，意思是说，抓住了渔网上的大绳子，往上提起，一个个网眼就都张开了。通常人们会把"抓住事物的关键，带动其他环节"的做法称之为"纲举目张"。其实，读文章同样是这个道理。汉代的大经学家郑玄在他的《诗谱序》中就曾说过："举一纲而万目张，解一卷而众篇明。"我想，薛老师的此举不正是"解一'句'而'通'篇明"的很好范例吗？

可以相信：我们的学生在教师引领下通过这样一次次如此这般的训练，自然会把握快速捕捉文章关键处的能力，逐渐提高快速浏览便能得其要旨的阅读能力，建立起良好的阅读习惯，最终达到无须别人指点，而自能读书之目的。

{板块二}

师：这段话中有一个词，叫"不确定"。一般的人种花、种树、种草都要按时浇水、施肥、除草，这些对花草树木来讲是"确定"的。课文中那个种树人的表现却与众不同，让人感到奇怪。（板书：奇怪）他的好多做法让人觉得不可捉摸，不可理解。仔细读读课文，哪些地方让人觉得奇怪？边读边画下来。

（生读课文，师行间巡视并提示：有些独特的地方一眼就能看出来，有些独特的地方你要用心地读，用心地感受，才能发现）

师：（指一生）请你先读一读令你感到奇怪的语句，然后告诉大家，奇怪的是什么。

生："他来得并没有规律。"

师：（插话）读书要读整句，从这一句的开头读起。

生："奇怪的是，他来得并没有规律，有时隔三天，有时隔五天，有时十几天才来一次；浇水的量也不一定，有时浇得多，有时浇得少。"奇怪的是为什么有时浇得多，有时浇得少？

师：这里有两个疑问，第一个"奇怪"是什么？第二个奇怪是什么？说清楚些。

生：奇怪的是他来浇水的时间没有规律。（师板书：没有规律）

师：你知道他什么时候来吗？能确定吗？

生：不知道。

师：这就叫作"不确定"。（示意生继续说）

生：第二个是他每次浇水的量也不一定。

师：两个奇怪，两个不确定。还有吗？

生：他有时早上来，有时下午来，时间也不一定。

师：奇怪什么呢？

生：来的时间不一定。

师：浇水的时间？施肥的时间？

生：到作者家喝茶的时间不一定。

师：唉，喝茶的时间不一定。还有奇怪的吗？

生：还有更奇怪的是桃花心木苗有时莫名其妙地枯萎。

师：这有什么好奇怪的呢？因为你没有读完整，读完整了就知道到底为什么奇怪了。

生：（继续读）"所以，他来的时候总会带几株树苗来补种。"

师：你把这句话连起来读一读。

生："更奇怪的是，桃花心木苗有时莫名其妙地枯萎了，所以，他来的时候总会带几株树苗来补种。"

师：奇怪的是哪里？

生：奇怪的是桃花心木苗枯萎了，他带几株来补种。他好像会算命。（众笑）

师：对啊！他不经常来，却好像算准了桃花心木苗会死掉，奇怪吗？

（生：奇怪。）你，别忙坐下。你回答问题没完，我跟你也没完。（众笑）你把这几个奇怪连起来说一说。

生：令人奇怪的是，他来浇水的时间不一定，浇水的量也不一定；越来越奇怪的是，他来作者家喝茶的时间也不一定；更奇怪的是，他每次都会带几棵桃花心木苗来补种。

师：这就叫作"会概括"。会概括你就会读书了。完了没有？

生：没有。（众大笑）

师：那继续说，还有什么奇怪的？

生：没有。（众哄笑）

师：怎么没有了？你找的这些"奇怪"并不奇怪，因为课文中明明有"奇怪的是……越来越奇怪……更奇怪的是……"这些提示语，一般人都找得出来。"发现"的本事指的是，课文没写这里"奇怪"，但是你能看出"奇怪"。谁会有"发现"的本事？

生："我起初以为他太懒，有时隔那么久才给树浇水。但是，懒人怎么知道有几棵树会枯萎呢？"我是从"懒"字看出来的奇怪。因为我不知道他到底懒不懒。

师：那你说他懒吗？

生：我起初认为他懒，但是不确定。

师：为什么后来认为他不懒了？

生：懒人是不会知道有几棵树会枯萎的。

师：哦，奇怪的是这个人到底是懒的还是不懒的，你读出了一个疑问！看得出你会读书，这次你的眼镜没有白戴。（众笑）

师：完了吗？你就看到这个懒啊？还有一个地方，我一定要你看出来。（众笑）

生："后来我以为他太忙，才会做什么事都不按规律。但是，忙人怎么可能做事那么从从容容？"他到底忙不忙让人捉摸不定，感到奇怪了。

师：你看，会读书了，能读出疑问来了。这时候还能找出来那些"奇怪"之处的同学就了不起了。

生：我还能从这里看出疑问来："到底应该什么时间来？多久浇一次水？

桃花心木为什么无缘无故会枯萎？如果你每天来浇水，桃花心木苗该不会枯萎吧？"

师：几个问题？

生：（顿了一下）四个问题，一连用了四个问号。

师：你们看他多会发现啊！有问号的地方说明感到奇怪，心里有疑问。这四个问号是对前面一连串奇怪的总结。现在谁来完整地复述一下"我"感到奇怪的地方？

生：令人奇怪的是，种树人前来浇水的时间没有规律，每次浇水的量也不一定；越来越奇怪的是，他每次来喝茶的时间也不一定；更让人奇怪的是，他似乎未卜先知，每次来总会带几株树苗来补种。说他懒吧，好像又不懒；说他忙吧，好像又不忙。

师：总之——

生：（接话）总之，这个种树人的种种做法太让人感到不可思议了。（生自觉地鼓掌）

师：为什么要鼓掌啊？

生：他说得太好了！

师：好在他说得那么——

生：完整、连贯。

师：准确！概括！现在，每个同学都像他一样来概括地复述一下。（略）

高林生评：同样是金圣叹，同样是在《读第五才子书法·序》中有这样的话："吾最恨人家子弟，凡遇读书，都不理会文字，只记得若干事迹，便算读过一部书了。"我们说，一篇文章无论是对外在形象的刻画，还是内在思想情感的表达，无不借助于这篇文章的语言文字。这也就是说，文章的作者是通过语言文字表情达意的，而读者呢，自然也要通过语言文字去把握文章刻画的形象、描述的场景，形成情感的共振，领悟文章的精神内涵。薛老师不但通晓此道的精髓，而且用自己的教学实践，为读书一定要抓语言文字，一定要在琢磨关键词语的内涵上下功夫的理念做出了精彩的诠释。

在实际教学中，薛老师运用了"四两拨千斤"的手法。以课文中的"奇怪的是……越来越奇怪的是……更奇怪的是……"为抓手，提出了要学生在阅读和思考中，读出、找出课文没有用"奇怪"一词，但你却能看出"奇怪"的地方。让学生在字里行间去发现，去求证，去探究，并用自己话表达自己的认识，与人交流、对话。

薛老师之所以牢牢抓住"奇怪"一词并由此而展开生动的师生对话，明显是出于两方面的思考。

第一，他紧紧抓住"奇怪"一词并由此展开，首先是想让我们的学生从作者的角度去感受"种树人"与众不同的做法与说法，其次是想让我们的学生领略运用第一人称写法的妙处——淋漓尽致地把"我"内心世界的吃惊、诧异、不能理解的心情表达出来。特别需要指出的是，薛老师通过对三个"奇怪"和四个问号背后意思的探究，不仅给学生铺设了一个充分思考的平台，而且让学生透过这种语言形式去感受、体验作者"我"的视觉器官和听觉器官获得的所见、所闻。应该说，这种看似简单的心理过程，恰恰是形成各种复杂心理活动的基础。

第二，薛老师之所以这样做是出于他对文本运用"虚实相生"表达手法的深刻领悟。清代的著名画家方薰说："古人用笔，妙有虚实。所谓画法，即在虚实之间。虚实使笔生动有机，机趣所之，生发不穷。"书画同理，文中的"虚"，一般是指精神世界的意念情思或看不见、摸不着的心理活动，而文中的"实"，则是指运用语言文字描述出来的客观存在的实像、实事、实境。结合课文，文中大量的有关作者心理活动的描写显然是"虚"，而课文中有关"种树人"的所做、所言及"我"的话语则为"实"。课文正是在虚实相互渗透、相互转化中，达到虚中有实，实中有虚，化虚为实，化实为虚的境界，从而大大丰富了课文的意境和内涵。薛老师深谙虚实相生的机理和魅力，牢牢抓住了课文中三个"奇怪"，四个问号，让学生实实在在地感受到了虚实相生的奥妙。

〔板块三〕

师：作者心中这么多的疑问，这位种树人却只说了两段话，轻轻松松、简简单单，就把所有的疑问都解答了，读课文。

生："种树的人笑了，他说：'种树不是种菜或种稻子，种树是百年的基业，不像青菜几个星期就可以收成。所以，树木自己要学会在土里找水源。我浇水只是模仿老天下雨，老天下雨是算不准的，它几天下一次？上午或下午？一次下多少？如果无法在这种不确定中汲水生长，树苗自然就枯萎了。但是，在不确定中找到水源、拼命挣扎——'"

师：（插话）啊？拼命地挣扎啊？

生：（纠正）"拼命扎根，长成百年的大树就不成问题了。"

师：人都是有潜能的，你的潜能被激发出来了，你的眼睛闪闪发亮。继续——

生："种树人语重心长地说：'如果我每天都来浇水，每天定时浇一定的量，树苗就会养成依赖的心，根就会浮在地表上，无法深入地下，一旦我停止浇水，树苗会枯萎得更多。幸而存活的树苗，遇到狂风暴雨，也会一吹就倒。'"（掌声）

师：掌声说明你在努力地生长！就是最后两句读得不顺口，再读一遍。

（生再读）

师：多好啊！同学们，读一读这两段话，像这位同学一样发挥出自己的潜能。

（生放声自由读书）

师：同学们读得那么认真，那么投入，真让老师高兴！种树人的话简简单单、明明白白，谁都听得懂，你们听懂了吗？（生齐答：听懂了。）不要说我们活生生的人，就算是桃花心木苗，它们能听懂吗？

生：能听懂。

师：可是如果我是那棵被渴死的树苗，就很不能理解他的话了。你们看，一般种树人都要按时给花草树木浇水、施肥、除草。但是这个种树人，他有时间喝茶，没有时间浇水，使许多树苗无缘无故地枯死！我看他是个懒虫，是个大懒虫！一起骂他！（指着一生）你为什么不骂他？

生：因为我觉得他不懒，懒人是不会知道几株桃花心木苗会枯死的。

生：因为我觉得他说的话有道理。如果他每天都来浇水，每天定时浇一定的量，树苗就会养成依赖的心，根就会浮在地表上，无法深入地下，一旦我停止浇水，树苗会枯萎得更多。幸而存活的树苗，遇到狂风暴雨，也会一吹就倒。

师：嗯，你说得好像有点道理！（指着另一生）你为什么不骂他？

生：因为他让我们学会找水源，如果我们没有学会自己找水源的话，就无法自己生长。

生：他不会让我们养成依赖的习惯，让我们学会了独立自主。

师：有道理。你呢？（指着下一生）

生：种树人希望我们每一株树苗都会有用，让我们不要有依赖的心，要我们把根扎得很深，自己找水，将来成为有用的栋梁之才。就像我们这些孩子，总是在父母身边，就长不大了。一定要自己出去闯荡，才会有本领。（掌声）

师：听了你的话，我不骂他懒了，我改骂他没文化！我只是一棵小树苗呀，我那么小，未成年，我多么希望种树人能照顾我啊！他看着我渴死也不来给我水喝。他没有良心！他没有爱心！你为什么不骂他？（指着一生）

生：他不来是为了让我们养成良好的习惯。让我们拼命地长根，让我们没有水源也能一样生长。

师：你呢？

生：我觉得……

师：看来你想骂他了，这么没有爱心！骂！（众大笑）

生：我认为他这样做是为了让树苗不依赖他。如果他每天来浇水，只要一天不浇水，树苗就吃不消了。

生：我认为要学会独立自主。自己从土地里寻找水源，如果没有人浇水，能自己从泥土里寻找养分。有狂风暴雨的时候，我们的根扎得很深，就不会害怕。

生：我觉得他不来浇水，树苗的根就会扎得很深，找到地下水源，沐浴着阳光，快乐地生长。他不是为我们现在考虑，他在为我们做长远的打算。

生：我觉得树苗就像人一样，树苗没有水就会枯死，我们人也一样，不独立的话也很难成长。种树人不可能给树苗浇一辈子水。再说了，树活

得肯定比那个种树人要长，等那个种树人死了，那些树苗不就又会枯死啦！（掌声）

师：种树人还有接班人呐！（众笑）

生：种树是百年的基业，你们家一百年的时间都花在一棵树上，可能吗？（掌声）

师：但是我现在要活下来啊！你不来浇水我要渴死的啊！

生：你只等着种树人来浇水，自己却不到地下找水源，就像我们有些孩子在家里，饭来张口，什么也不动脑筋，就永远也长不大，吃不了苦。将来肯定要倒霉的！（众大笑）

生：如果你小时候只图别人照顾，而不自己独立生活，将来就站不起来了，会被社会淘汰的！

生：我觉得他这样做是为了让我们能独自面对坎坷，面对狂风暴雨。枯死的树苗有一颗依赖的心，死了也活该！（众笑）

师：你真是铁石心肠啊！

生：你心肠不硬，就是在害它！爱得过头了就是在害了！（掌声）

师：溺爱，比不爱更糟糕。

生：这棵树苗没有能经受得住生活的考验，没有炼就一颗独立自主的心，根扎得不深，没有得到足够的养分才会死的。所以，应该把根扎得更深，才能在这样艰苦的环境中活下来。

生：只有独立自主的树苗，才会经得起环境的考验。种树人就是要这些树苗在恶劣的环境中锻炼，我们人也一样，不经历风雨，怎么见彩虹？（掌声）

师：我看你们能比种树人更懂规律，更有爱心。种树人深知，适者生存！独立生长才有百年基业，树是这样，人也是这样！我听了种树人说的这番话以后，悟出了这样一个人生的哲理。（指着黑板）

生：（齐读）在不确定中，我们会锻炼出一颗独立自主的心，不会依赖；在不确定中，我们会深化对环境的感受与情感的感知；在不确定中，我们会把很少的养分转化为巨大的能量，努力生长。

高林生评：《义务教育语文课程标准（2011 年版）》要求小学高年级学生"阅读叙事性作品，了解事件梗概，能简单描述自己印象最深的场景、人物、细节，说出自己的喜爱、憎恶、崇敬、向往、同情等感受"。我们说，这一要求的核心是要我们关注课文所描述的"自己印象最深的场景、人物、细节，说出自己的喜爱、憎恶、崇敬、向往、同情等感受"。

我们知道一篇文章，尤其是故事性较强的文章，留给人们印象深刻的细节描写，对文章的表情达意来说是非常重要的。在某种程度上说，"没有细节，便没有情节的生动性、形象的明显性、主题的深刻性"。"描写得出色的细节，且能使读者对整体——对一个人和他的情绪，或者对事件及对时代产生一个直觉的、正确的概念。"（康·巴乌斯托夫斯基语）

那么，薛老师在这一段教学中抓住了课文的哪些细节？为什么要这样做呢？课堂上，薛老师首先抓的是"种树人"针对"我"长久以来，深藏心中的这样、那样的疑问而说出的两段话。第一段话是种树的人笑了，他说："种树不是种菜或种稻子，种树是百年的基业，不像青菜几个星期就可以收成。所以，树木自己要学会在土里找水源。我浇水只是模仿老天下雨，老天下雨是算不准的，它几天下一次？上午或下午？一次下多少？如果无法在这种不确定中汲水生长，树苗自然就枯萎了。但是，在不确定中找到水源、拼命扎根，长成百年的大树就不成问题了。"

第二段话是种树人语重心长地说："如果我每天都来浇水，每天定时浇一定的量，树苗就会养成依赖的心，根就会浮在地表上，无法深入地下，一旦我停止浇水，树苗会枯萎得更多。幸而存活的树苗，遇到狂风暴雨，也会一吹就倒。"

其次是作者"我"听罢"种树人"回答后，对"种树人"话语中所蕴含道理的感悟："种树人的一番话，使我非常感动。不只是树，人也是一样，在不确定中生活，能比较经得起生活的考验，会锻炼出一颗独立自主的心。在不确定中，深化了对环境的感受与情感的感知，就能学会把很少的养分转化为巨大的能量，努力生长。"

那么，薛老师为什么要抓以上的细节呢？

我们说，一篇文章或一部文学作品非常重要的特点就是靠形象说话。这就是说，文学作品所要言明的道理一般不是直白地讲出来，而是借助作品中形象的"嘴巴"说出来。正如清代学者沈德潜所说："议论须带情韵而行。"你看！这篇课文所要说明的道理，即"人也是一样，在不确定中生活，能比较经得起生活的考验，会锻炼出一颗独立自主的心。在不确定中，深化了对环境的感受与情感的感知，就能学会把很少的养分转化为巨大的能量，努力生长。"并不是直白，而是一种带"情韵"的行走，它先是借助"种树人"的"嘴巴"——"笑着说"与"语重心长地说"，讲明了"种树人"这样做的目的；随后又借助"我"内心独白这一张无形的"嘴巴"，把"我"很长一段时间的所见、所闻以及其中蕴含的道理讲了出来，实现了由物到人的认识迁移。

大家知道，这种借助形象"嘴巴"说话的方式至少有以下两个方面的优势：一是让课文中人物说理的话语更富有"体温"，更富有情感，让读者乐于接受；二是把深刻的道理化解为人人皆知的平凡话语，完成了化难为易的转变，让读者更容易接受。你看！课文不正是借用文中人物的"嘴巴"，缘情、缘事而发出掷地有声、振聋发聩的警策之语吗？

事实证明：一篇文章或一部优秀的作品之所以能经久不衰，往往就是因为它们有那些缘情、缘事，表达作者真知灼见，闪烁睿智光芒的话语。因为这些话语不但能够升华文章的境界，深化文章的题旨，而且能给读者思维的启迪、精神的激励。

{板块四}

师：这个道理多么深刻、多么重要、多么有意义啊！在我们困惑的时候、彷徨的时候，班主任老师会对我们说——

（生齐读）

师：语文老师会对我们说——

（生齐读）

师：数学老师会对我们说——

（生齐读）

师：英语老师也会对我们说——

（生齐读）

师：体育老师还会说——

生：在不确定中……

师：你们还想听吗？

生：不想了。

师：为什么不想听了？这么深刻的哲理呢！

生：我要听。

师：那你继续读。（众大笑）

生：不想读了。

师：读了这么多遍，你的感觉怎么样？

生：感觉很烦。

师：再好的道理，再深刻的道理，再有意义的话，如果反反复复地说，任何人都会觉得厌烦。林清玄这么一位优秀的作家，也讲了这个道理，你有没有觉得厌烦？他是怎么一步一步地告诉我们这个道理的？快速地浏览课文。他先写了什么，再写什么，最后写什么？

（生静静地默读）

师：谁能发现这篇文章是怎么写的秘密？

生：他先写了个故事，然后再说这个深刻的道理。

师：先写了一件事，后说道理。这样的写法叫作什么？

生：叫作烘托。

师：这不叫烘托，不烘也不托，这叫作借事喻理，借生活中一件极其平常的小事，说了一个非常深刻的道理。（板书：借事喻理）他是怎么一步一步写的？你还有发现吗？

生：他首先提出疑问，然后写种树人的回答，最后得出自己的想法。这是烘托。（众大笑）

师：这也不是烘托。他先写种树人的奇怪表现，奇怪的是……越来越奇怪的是……更奇怪的是……提出了一个一个的问题，这叫作"层层设疑"。（板书：设疑）通过种树人的回答解答了疑问，这叫解疑（板书：解疑）最

后"我"悟到了一个人生哲理。（板书：悟理）

生：（齐读）设疑——解疑——悟理。

师：所以引人入胜。还有发现吗？

生：我觉得他用树苗比喻人。

师：由树写到了人，这个写法比较高明。

生：有时隔三天，有时隔五天，有时十几天才来一次。我觉得是列数字。

师：列数字？你能用科学的眼光来发现问题！（众笑）像这样"有时……有时……有时……"来说明并没有规律，这种写法叫作——

生：排比。

师：看课文的最后两个小节。照理事情写完了，道理也说明白了，为什么还要写这两段话？自己读一读。

生：这两段是说明桃花心木也像人一样。桃花心木能够独立生活了，人也是这样，不养成依赖的心，就能够生活了。

师：你说了一大段话，就是没有说清楚。

生：证明种树人的话是正确的。

师：哎——这一次清楚了，明白了。

生：这两个自然段是写种树人种树的结果，就像种树人自己说的那样。最后一段"种树的人不再来了，桃花心木也不会枯萎了"，是说桃花心木已经经得起生活的考验，在地上站得很稳了。

生：证实了种树人的方法是正确的，也证实了作者悟出的道理是正确的。

师：你看得远了。

生：是说桃花心木已经经得起生活的考验，在地上站得很稳了。

师：你这话是重复别人的话。重复表示重要。（众哄笑）我们的眼光不要仅仅盯着"尾巴"，也要看看"头"。

生：开头和结尾都写了桃花心木"高大笔直"。

生：开头也结尾相互照应。开头是引出这个故事，结尾是强调这个道理。

生：结尾写桃花心木长得茂盛，这是烘托。（众大笑）

师：原来你一直记挂着烘托啊！这次你说对了，用树的茂盛，衬托道理的深刻！读来意味无穷。一起读最后两小节。

（生齐读）

师：同学们，我们会怎么对待生活中的不确定呢？请你课后模仿作者的写法写三句话："在不确定中，我们怎样；在不确定中，我们怎样；在不确定中，我们怎样。"人生哲理不但要挂在嘴边，记在心里，更重要的是要转化为我们的行动，成为我们成长的力量。祝愿我们的同学都能像桃花心木苗一样，成就百年的基业。下课！

高林生评：马列主义哲学认为，世界上的事物之所以千差万别，各有其特殊的本质，根本就在于该事物内部矛盾的特殊性。因此，把握事物内在矛盾的特殊性，乃是科学认识事物的基础，是区别和认识千差万别事物的内在根据。只有把握了事物内部矛盾的特殊性，才能够找出解决矛盾的特殊方法。

那么，语文学科的特殊性又在哪儿呢？就内容而言，与其他学科相比，语文不但要关注教材"说什么"，更要关注教材是"怎么说"的。语文教学在很大程度上，是一个通过语言文字理解"说什么"，进而由"说什么"到理解"怎样说"的过程。在这里，通过语言文字去理解课文"说什么"是与其他学科相同或相似的要求，而理解"怎样说"则是语文教学的特殊要求，是语文教学，尤其是小学中年级以后特别应该关注的内容。薛老师不但注意了这一点，而且用自己的教学实践做出了很好的示范。

为什么"怎样说"是语文教学需要关注的内容呢？这是由语文学科的基本属性和任务决定的。语文是什么？《义务教育语文课程标准（2011年版）》非常明确地指出："语文是最重要的交际工具，是人类文化的重要组成部分。工具性与人文性的统一，是语文课程的基本特点。"所谓交际，就是人与人之间的往来接触。要往来，特别是信息往来，靠什么，语言文字必然是最重要的工具之一。因此，要掌握这个特殊工具，必然要知道它是"怎样说"的，只有这样才能进一步学会运用，学会表达，实现人与人之间的信息往来。另外，在语文教学中，理解与把握"怎样说"常常是感受和体验"工具性与人文性的统一"的最佳途径。薛老师这一课的教学，不但关注了课文说了什么，更为重要的是他关注了"怎样说"。如果说，前面三段教学采用的还是绵里藏针，把"怎样说"蕴含在"说什么"的把握之中，那么，这一段教学则采取了单刀直入的策略，直接提出了两个问题：一、"谁能发现这篇文章是怎么写的秘密"；二、"先写了一件事，后说道理。这样的写法叫作什么"。随后薛老师又向学生了发出了读书时"眼光不要仅仅盯着'尾巴'，也要看看'头'"的提示。可以肯定地说，薛老师这节课的教学，不但抓了"说什么"，更令人可喜的是，他让学生在潜移默化中，在提问和提示中，悄悄地把感受课文"怎样说"的内容落到了实处。

[名家点评]

充满大爱和智慧的"种树人"

高林生（江苏省南京市凤凰语文研究所）

回顾薛老师这节课，他大体安排了四个段落：一、开门见山、提纲挈领；二、抓住关键、咬文嚼字；三、关注细节、刻画形象；四、揭示主旨，注意写法。薛老师的这节课给我带来了很多的思考，最为突出的是以下三条。

第一，薛老师具有强烈的目标意识。

教育学认为，教学目标具有导向、激励、检测三大主要功能。因此，一堂课、一个学段的教学必须建立起明确的教学目标。《义务教育语文课程标准（2011 年版）》针对小学第三学段，即五、六年级的阅读教学，提出了 8 条具体要求，在薛老师这节课的教学中重点落实了以下 6 条：

1. 能用普通话正确、流利、有感情地朗读课文。

2. 默读有一定的速度，默读一般读物每分钟不少于 300 字。

3. 能联系上下文和自己的积累，推想课文中有关词句的意思，辨别词语的感情色彩，体会其表达效果。

4. 在阅读中了解文章的表达顺序，体会作者的思想感情，初步领悟文章基本的表达方法。在交流和讨论中，敢于提出看法，做出自己的判断。

5. 阅读叙事性作品，了解事件梗概，能简单描述自己印象最深的场景、人物、细节，说出自己的喜爱、憎恶、崇敬、向往、同情等感受。

6. 拓展阅读面。

因此，这是一节教学目标明确的课。

第二，薛老师拥有充分挖掘教学资源的本领。

有了明确的教学目标，随之而来的就是教学资源的开发问题。俗话说得好，"巧妇难为无米之炊"。没有教师对课堂教学第一资源——课文的充分挖掘，落实教学目标，提高课堂教学效率都将是空想。又是薛老师的同乡，叶圣陶先生对教师研读教材提出了"一字未宜忽，语语悟其神"的要求。从薛老师这节课的教学实录中，可以发现，薛老师不但紧紧地以教学目标为导向，对文本所蕴含的教学资源进行了深度开发，而且能对教材中的资源进行高度概括、提纯。我们常说千法万法，读不懂教材没有法。也正是因为薛老师对教材烂熟于胸，所以上起课来，如鱼得水，左右逢源。两节课的时间里，在薛老师的引领和点拨下，教师与学生上演了一场充满情趣的对话。

第三，薛老师对教学流程具有调控能力。

有人曾经用这样一个朴素的标准来评价一节课的优劣：一般的老师教教案，优秀的老师教学生。薛老师显然属于后者，做到了心中有本，心中有学生。

相声里有个专业术语叫"现挂"。什么叫"现挂"呢？它是指演员根据演出的实际情况，在适宜的情境里，联系当时当地发生的事件，现场进行即兴发挥。凭借演员的聪明才智，往往收到意想不到且火爆的艺术效果，"现挂"水平体现了演员扎实的功底和智慧。一般来说，"现挂"用在说垫话和场上发生意外事故的时候。当然，课堂教学和相声表演并不一样，但我们能否发现它们的共同之处，取长补短，为我所用呢？薛老师的课堂教学，在动态中生成，在对话中完善，处处显示了薛老师的教学机智，我们可以说，薛老师对"现挂"的精髓是心领神会的。

大家经常说，教学的过程是一个动态的流程。再充分的课前预设，也不可能完全照搬到课堂上去。它必然需要我们的老师拥有相声演员的能力，凭借自己的聪明才智，根据课堂教学的实际情况，在适宜的情境里，联系课堂上发生的情况，即兴发挥。薛老师不但做到了，而且课上得相当精彩。你从学生很有深度、充满了智慧的发言中，从现场不断爆发出来的笑声中，自然会有一种身临其境的体验。

有资料记载，桃花心木为常绿乔木，羽状复叶。初春落叶后迅即萌换新叶，叶片翠绿盎然。蒴果为卵形拳头大小，并长有红褐色的翅果，飘落的时候就像直升机螺旋桨一般，甚为有趣。树干挺拔，是优良的家具用材。

通过以上的介绍，我们知道，桃花心木是一种有用而且美丽的南国的树。而培育桃花心木的"种树人"，需要的是爱心和智慧。我想，在课堂上，薛老师不也是一位充满了大爱和智慧的"种树人"吗?

第八课 《槐乡五月》

槐乡五月

五月，洋槐开花了。槐乡的山山洼洼，坡坡岗岗，似瑞雪初降，一片白茫茫。有的槐花抱在一起，远看像玉雕的圆球；有的槐花一条一条地挂满枝头，近看如维吾尔族姑娘披散在肩头上的小辫儿。"嗡嗡嗡……"小蜜蜂飞来了，采走了香的粉，酿出了甜的蜜。"啪啪啪……"孩子们跑来了，篮儿挎走白生生的槐花，心里装着喜盈盈的满足。中午，桌上就摆出了香喷喷的槐花饭，清香、醇香、浓香……这时候，连风打的旋儿都香气扑鼻，整个槐乡都浸在香海中了。

在洋槐开花的季节，只要哪位小朋友走进槐乡，他呀，准会被香气熏醉了，傻乎乎地卧在槐树下不想回家。好客的槐乡孩子就会把他拉到家中，请他美美地吃上一顿槐花饭。槐花饭是用大米拌槐花蒸的。吃咸的，浇上麻油、蒜泥、陈醋；吃甜的，撒上炒芝麻、拌上槐花蜜。小朋友临走时，槐乡的孩子还会送他一大包蒸过晒干的槐花，外加一小罐清亮清亮的槐花新蜜。

五月，洋槐开花了，槐乡的小姑娘变得更俊俏了，她们的衣襟上别着槐花，发辫上戴着槐花，她们飘到哪里，哪里就会有一阵清香。小小子呢，衣裤的口袋里装的是槐花，手上拿的还是槐花。他们大大咧咧的，不时就朝嘴里塞上一把，甜丝丝、香喷喷的，可真有口福呢。

五月，是槐花飘香的季节，是槐乡孩子的季节。

★ 苏教版小学《语文》三年级（下册）

[教学实录]

"像诗一样美"

——执教《槐乡五月》

{板块一}

师：请同学们认真看老师写字。（板书：槐）这个字你会念吗？

生：念 huái。

师：（高兴地）你是怎么学会的？

生：我已经读过课文了，课文后面的生字表上念 huái。

师：老师没有教，自己先预习了，这叫自觉！学习自觉的孩子总能学得更优秀，老师喜欢你！

师：谁能用"槐"字组个词语？

生：槐树、洋槐、槐花。

生：槐花饭。

生：槐乡、槐花蜜。

师：（出示图片）看，这就是洋槐树，雪白雪白的槐花。那么，什么样的地方叫"槐乡"呢？槐乡的孩子有些什么特别的生活呢？就让我们一起走进五月的槐乡。

（生齐读课题：槐乡五月）

师：下面请同学们各自认认真真地朗读课文，遇到生字可以像刚才这位同学一样，看一看生字表上的注音，读正确。然后联系课文的句子，画出带有这个生字的词语。

（生各自认真地放声读课文，边读边画词语。师巡视，不时倾听个别学生的朗读）

师：同学们读得真用心！这样的读书习惯，会终身受用。你从这篇课文中又学到了哪些新鲜的词语？读给大家听听。

生：我学到了这些词语：山山洼洼、瑞雪初降、酿出——

师：（插话）酿出了什么？

生：酿出了甜的蜜。

师：那想一想，这个"酿"字可以组成什么词？

生：酿蜜。

师：对啦！一起读一读这个词语——酿蜜。

生：我画出了这些词语：醇香、熏醉、蒜泥、陈醋、炒芝麻。

生：我画了这些词语：衣襟、俊俏、挎走。

师：（问学生）你的衣襟在哪儿？

（生愕然）

师：（指衣服）这就是衣襟，这是衣袖，这是衣领。

师：现在请你将自己画出来的词语，加上刚才同学们画出来的词语，好好地读一读。

（生各自读词语）

师：看老师写一个词。（板书：傻乎乎）

（生齐读）

师："傻乎乎"的意思懂吗？

生：很傻的意思。

师：你这个人真傻！你这个人真是傻乎乎的！意思一样吗？

生：语气不一样。

师：我说你傻，生不生气？我说你傻乎乎的，生不生气？

生：说我"傻"要生气，"傻乎乎"就不太生气。（众笑）

生："傻乎乎"不是真傻，是傻得有些可爱。

生："傻乎乎"是有点喜欢的意思。

师：课文中说那位小朋友"傻乎乎"的，你怎么理解呢？自己读一读这个句子。

（生自读）

师：你读出来这个孩子真的傻吗？

生：不，他有点……

师：你也成了傻乎乎的了。（众笑）

生：有点可爱的傻。

生：陶醉了，被槐乡的香气陶醉了。

生：喜爱这个地方，不想走了。

生：他已经忘记了自己，被香气迷住了。

师：喜爱这个地方，陶醉了，所以说他"傻乎乎"了。这样的小朋友似乎就在你的眼前，你一定会拉他回家吃槐花饭的。读课文一定要注意这样的词，重叠的，想一想还是原来的意思吗？体会出其他意思了吗？读书不能读得"傻乎乎"的。现在读课文，发现这样的词语请你画出来。

（生自读整篇课文，边读边画）

师：很多同学一边读，一边将这些词语画下来了。哪位同学来读一读你发现的词语？

生：白茫茫。

师：一朵槐花能说是"白茫茫"的吗？

生：好多槐花，一大片一大片的槐花。

生：还要在远处望过去的时候，才是白茫茫的。

师：说得真好，这就是生活经验。体会一下"白茫茫"的一片，你会读得更好。

（生再读句子，果然有明显进步）

生：这个句子里还有"山山洼洼、坡坡岗岗"这两个词语，说明这个地方有很多的山洼、坡岗。

师：重叠了，意思就不一样了。

生：我还有补充，"山山洼洼、坡坡岗岗"连在一起就是漫山遍野，到处都是的意思了。

师：对啊，漫山遍野的都是槐树，开满了雪白的槐花，这就是槐乡啊！想一想，这两个词语该怎么读才能读出漫山遍野的意思？

（生读得很用心）

生："篮儿挎走白生生的槐花"，这个句子里的"白生生"是形容槐花很白很白的样子的。

师：这里的槐花能不能用"白茫茫"？

生：也可以，因为"白生生"是说一朵一朵的槐花，而不是一大片一大片的槐花。

生："白生生"是让人感觉槐花很新鲜，是刚刚采下来的。

生：很嫩很嫩的。

生："白生生"表示很多，篮子是装不下的。

师："白生生、白茫茫"都是形容槐花的。那"喜盈盈"呢？

生：是形容心情的，很高兴。

生：心里感受到的。

师：课文中还有很多这样的语句。

生："甜丝丝、香喷喷的"，这里的"香喷喷"是形容饭香。

师：写香味，是闻到的。还有哪些词也是形容"香"的？

生：清香、醇香、浓香。

师：画下来，有什么区别？

生：香的浓度不一样，清香是有一点香，醇香是很香，浓香最香了。

师：花香是有浓度的，说得真好！

（生齐读：清香、醇香、浓香）

师：还有这样的词语吗？

生：小小子。（众笑）

师：你们笑什么？

生：这个词语是不一样的，小小子是指人的。

生：是指小伙子的。

师：是小伙子吗？

生：是小男孩。

师："小子"与"小小子"一样吗？

生：（笑）小子是骂人的，小小子是让人喜欢的。（众大笑）

师：那你是小子还是小小子？

生：小小子。（众大笑）

师：称"小小子"的时候表示亲昵、喜欢，称"小子"就有点看不起人的意思了。话要说清楚、明白，对吗？课文中重叠的词特别多，你要学会体会，这些词包含什么样的感情？自己读，体会一下有什么样的感情，等会选择一个自然段，读给大家听。

（生自读整篇课文）

〔板块二〕

师：读完的同学请举手。请一个同学选择一个自然段来读给大家听。你认为哪个自然段你读得最好，就读哪段。

（生读第三自然段）

师：这段中哪个字你感觉特别新鲜？

生：飘。

师：你为什么觉得这个"飘"字很特别？

生：这是说香气飘，不是走路飘。（众笑）

师：你真傻乎乎的。（众笑）小姑娘可以"飘"，你能说老头老太太"飘"吗？

生：是说小姑娘走路很快，像风一样。

生：是说这些小姑娘身上有槐花，跑到哪儿，哪儿就飘来了花香。

师：花香随着姑娘飘！

生：我还可以看出这些小姑娘很快乐，很高兴。

生：下面的"塞"字也可以看出孩子们很是高兴的。

师：（赞赏地）说个理由？

生：男孩子想怎么吃，吃多少都可以，太自由了，好幸福哦！（众大笑）

师：不用花钱买，也没有人来管，槐乡的孩子有口福，也真幸福！说得真好！那谁能美美地读一读这一段呢？

（生很有感情地朗读）

师：我听了你的朗读，感受到了槐乡孩子的生活可以用一个字形容——

生：乐！

师：你真聪明！

（生选读第一自然段）

师：读得非常好。我请她再读一读这几句话，你们要仔细听，这几句话美在什么地方？

（生再读第一自然段前三句）

师：这几句话中，老师请你注意这三个字。（板书：似　像　如）什么似什么？

生：槐花似瑞雪。

师：应时的大雪称为"瑞雪"。什么像什么？

生：槐花像玉雕的圆球。

师：什么如什么？

生：槐花如小辫。

师：（指学生）她们俩都有辫子。你们看，一条一条的槐花像谁的辫子？

（生选择辫子）

师：同样是槐花，为什么它可以比作不同的事物？

生：因为槐花堆在一起的时候形状不同。

生：姿态不同。

生：看的距离不一样。

师：看的角度不一样，花的模样也就不一样了。"瑞雪"是怎么看的？

生：远看。

生：应该是远远地望过去的。

师："圆球"是怎么看的？

生：近看。

师："小辫"是怎么看的？

生：更近地看。

师：请你们来读。

（生齐读第一自然段前三句）

师：读得不错，请你往下读。

（生读完第一段）

师：这两句话，你们自己读一读。老师这样写，像什么？

[板书]

> 嗡嗡嗡……
>
> 小蜜蜂飞来了
>
> 采走了香的粉
>
> 酿出了甜的蜜
>
> 啪啪啪……
>
> 孩子们跑来了
>
> 篮儿挎走白生生的槐花
>
> 心里装着喜盈盈的满足

生：像诗。

师：读读，还能发现什么？

生：句子与句子是对称的。

师：（惊喜地）对称的句子读起来就朗朗上口，有一种节奏感，美！让我们一起来读一读。

（男女生分别读）

师：感觉到哪些句子是对称的了吗？继续往下读。

（生齐读第一自然段）

{板块三}

师：第一自然段最后一句话中，有一个词很特别？

生："浸"。

生："浸"表示到处都是槐花，到处都是槐花的香味。

生："浸"就是淹没了，一点都不露出来，就像"浸"在水里一样。

师：这一段写得特别美，请你们再好好地体验着读一读。

（生自读第一段）

师：听了你们的朗读，我感觉五月的槐乡可以用一个字来形容——

生：美！

生：香！

生：白！

师：浸在香海中，身在雪海里，那真的就叫：香—雪—海！读到这里，你知道这篇课文主要写了什么？

生：槐乡的景色很美，槐花很香，槐乡的孩子很快乐。

师：课文最后写了这样两句话。

（生齐读最后一段）

师：（板书：五月，是槐花飘香的季节，_____）你能引用课文中的内容，将"槐花飘香"四个字的意思说具体些吗？

生：五月，是槐花飘香的季节。这时候，连风打的旋儿都香气扑鼻，整个槐乡都浸在香海中了。

师：槐花飘香，让孩子们深深地陶醉了。还可以怎么说？

生：五月，是槐花飘香的季节，中午，就摆出了香喷喷的槐花饭，清香、醇香、浓香。

生：五月，是槐花飘香的季节，小小子们大大咧咧的，不时就朝嘴里塞上一把，甜丝丝、香喷喷的，可真有口福呢。

……

师：是呀，槐花是香的，心中是喜的。五月，还是槐乡孩子的季节。

（板书：五月，是槐乡孩子的季节，_____）

生：五月，是槐乡孩子的季节，小朋友临走时，槐乡的孩子还会送他一大包蒸过晒干的槐花。

生：五月，是槐乡孩子的季节，小姑娘变得更俊俏了，衣襟上别着槐花，发辫上戴着槐花。

师：你还能从课文中发现，为什么五月是槐乡孩子的季节？能用自己的话来表述吗？

生：五月，是槐乡孩子的季节，这时候孩子们可以一起玩耍，无忧无虑、自由自在。

生：五月，是槐乡孩子的季节，他们可以采来槐花，烧槐花饭，香喷喷，味道好极了。（众笑）

生：五月，是槐乡孩子的季节，小姑娘们都用槐花把自己打扮得更俊俏了。

……

师：课文最后一个自然段用一句话写了这篇课文的意思。

（生齐读）

师：发现了吗？这个小节和前面三个小节有什么关系？

生：这是一个总结句。

师：开头的话，叫总起句；放在结尾，叫总结句。这样的句子就是文章的"中心句"。（板书：中心）前面三个自然段的内容都是围绕这句话来写的。

师：如果用这两句话作为开头，你们会写一段话吗？如果换句句子，能围绕它写吗？

生：能！

师：（板书：今天是个好日子_____）请你围绕这个句子写一段话。

（生自己练笔）

师：听听别人怎么写的，如果他写得好，老师表扬了，你就赶快把它写到你的本子上，要学会学习。

生：今天是个好日子。一大早，我走进学校的大门，就有同学向我问好，我心里美滋滋的；语文课上，老师又夸我说得好，我心里更是甜丝丝的；回到家，妈妈听到我受到老师的表扬，就奖励我一元钱，我真幸福啊！

师：今天有一元钱的奖励，真的是个好日子。（众大笑）"美滋滋"、"甜丝丝"这两个词用得好，好就好在今天刚学了这种形式的词语，你就会创造了！

生：今天是个好日子。一出门，天气晴朗，阳光灿烂。小草绿油油的，小鸟在树枝上欢快地歌唱。我们小朋友一起去放风筝，看到五彩缤纷的风筝飞上了蓝天，我们的心儿也飞上了蓝天。（掌声）

师：最后一句话，像诗一样美！

师：同学们，今天我们一起学了《槐乡五月》，今天真是一个好日子。下课！

[名家点评]

课文·语言·形式

管建刚（江苏省吴江实验小学）

培育学生的言语智慧，是薛法根老师的一大教学追求。言语智慧是语文学习的本质，对这一观点，我深以为然。文章讲了什么，对一般的阅读来讲是重要的；对专业的阅读来说，还有比它更重要的，那就是，这个内容是如何呈现出来的，这篇文章呈现这个内容所用的方式，跟其他的文章有什么不一样；这篇文章的呈现方式，对于当下学生的语言表达，有什么地方是值得打开、借鉴、熏染的。

学生的阅读和一般人的阅读，有着根本的不同。一般人的阅读，可以是消遣的，可以是闲散的，可以读到哪里算哪里。语文课上的学生的阅读，那是作为一种"专业"的学习。作为一种"专业"的学习，学生的阅读跟一般人的阅读，好比作为导演的张艺谋看电影和我们看电影，作为摄影师的解海龙看画展和我们看画展，作为书法家的尉天池看书法作品展和我们看书法作品展，有着很大的不同。这个不同就是，张艺谋、解海龙、尉天池的"看"，内容的理解是附带的，他们的专业眼光正在于，张艺谋会看电影是怎么"拍"出来的，解海龙会看照片是怎么"拍"出来的，尉天池会看字是怎么"写"出来的。我们读了金庸、古龙、梁羽生不少的小说，却连一个短篇武侠小说都写不出来。也有老师读了琼瑶、席绢、岑凯伦不少的小说，却连一个短篇爱情小说也写不出来。除了写得少，另一重要原因是，我们的阅读从没有专业地指向言语的智慧。小说家看小说跟我们看小说，不像我们只知道跟着小说里的人一起流泪，一起欢笑，他们会"看"，作者是怎么让读者跟着人物一起欢笑、一起流泪的。

薛老师教学的《槐乡五月》，已经从内容、情感的纠缠中，实现了"度"的突围。这个"度"，来自教学智慧的清醒把握，也来自一线教师的"接受度"的把握。而我，常会在"度"的把握上，折腾出不必要的麻烦来。薛老师的处理，更具有现实的智慧。

一、关注语言本身，进入"语言"的路径

读一篇文章，内容的理解、情感的介入，这几乎是一种天然的反应。好比你看电影，只要你看了，自会去理解内容，情感自会陷入其中，只要电影真不错。作为专业的语文学习者，读一篇文章，不应该像看电影，只知道跟着电影的曲折的情境，一起心潮起伏，等到电影结束，只留下故事情节和情感波折。学生读课文，应该像看刘谦的魔术表演。我们会关注刘谦魔术的内容。魔术一结束，我们最关注的，往往不是魔术本身的内容，而是这个魔术刘谦是怎么表演出来的，我们希望得到魔术背后的"秘密"。

看魔术，所有的人都会；揭开魔术背后的秘密，专业的人才能做到。语文教师是语文的"专业"教授者，他应该具有这样的能力，并时常给孩子揭开"魔术"背后的秘密。遗憾的是，当前很多语文老师不具备这样的"专业揭秘"的能力。这样，薛老师的课的价值和意义，就更显非凡，《槐乡五月》中，薛老师给我们展示几条"揭秘"语言的路径。

1. 语词的玩味。薛老师带领学生玩味"傻乎乎"和"傻"、"小小子"和"小子"，充满言语的智慧。"傻乎乎"，是不是一定都传达"喜欢"、"可爱"的含义，其他语境下的"傻"，是不是也可以"可爱"起来，这些都可以进一步探讨。然而，对于三年级的学生来讲，能在薛老师的课上，感受到语言是如此的好玩，"小小子"跟"小子"是如此的不同，那就够了。比较、玩味，是进入"语言"的重要途径。

2. 语词的叠用。《槐乡五月》中有大量的叠词，"白茫茫"、"白生生"、"喜盈盈"、"山山洼洼"、"坡坡岗岗"等。叠词的使用能使语言更柔和，也能改变语言的浓度和强度。很多老师会关注薛老师怎么教叠词，而我更关心薛老师是怎么发现"叠词"的。那么多的叠词就摆在课文里，为什么我们都没有关注到，都不觉得这是重要的教学内容？一个不关注语言、不关注表达奥秘的语文老师，即便课文再有表达特质，也会无视，这才是最可怕的。你的心在哪里，你的智慧就在哪里。你的心，在内容、在情感、在朗读，还是在表达？

3. 语言的对称。对称有狭义上的对称，如"小蜜蜂飞来了，采走了香的粉，酿出了甜的蜜"，对应"孩子们跑来了，篮儿挎走白生生的槐花，心里装着喜盈盈的满足"，"衣襟上别着槐花，发辫上戴着槐花"，"撒上炒芝麻、拌上槐花蜜"，对得很工整；也有广义上的对称，如"有的槐花……远看……有的槐花……近看……"，"吃咸的……吃甜的……"，薛老师抓住了第一节中最具对称特征的话，改以"诗"的形式出示，我从中看到的是薛老师对语言形式的重视。

4. 语言的新鲜。薛老师问学生："这段中哪个字你感觉特别新鲜?"言语的智慧有多种体现，语言的谐音、语言的含蓄、语言的风趣，都是，语言的新鲜感也是。阅读中关注词语的新鲜用法，就是关注文本的表达。薛老师抓住"飘"、"浸"，引导学生体味新鲜表达里的意味，学生不只是关注"新鲜"，而能琢磨"新鲜"，这又进了一步。

5. 观察的角度。教学"槐乡的山山洼洼，坡坡岗岗，似瑞雪初降，一片白茫茫。有的槐花抱在一起，远看像玉雕的圆球；有的槐花一条一条地挂满枝头，近看如维吾尔族姑娘披散在肩头上的小辫儿"，薛老师从"似"、"像"、"如"切入，学生习得的，是观察的远近不同、角度不同，所"看到的"不同的，写出来的也不同，这就指向了表达。

二、关注表达范式，"当堂写话"的辨析

越来越多的老师重视阅读课中的"写"，有的地方，甚至规定了一篇课文必须有一段"写话"。矫枉过正，让语文老师重视"读写结合"，重视"言语表达"，这有可取的一面。只是语文课不是一定要拿起笔"写"，才算"读写结合"，才算指向"言语表达"。很多阅读课上的"写"，都是为理解内容服务的，骨子里流淌的还是"内容理解"的"血"。这样的"写"，不仅不是真的"指向表达"，还会对学生的语言表达造成伤害。以课文《第一朵杏花》为例，文中有一段竺可桢和小孩的对话。对话没有提示语，不少老师让学生添加提示语，以体会人物的心情。这种"添加"，本质上是指向"内容理解"的，而不是"言语表达"。这段对话在表达上的真正的奥秘是，这里

作者为什么不写提示语，不写提示语的表达效果在哪里？

薛老师教了"总结句"后，并没有让学生围绕课文的内容去写话，而是出示了一个与课文内容没什么关系的"今天是个好日子"。这个看起来有点唐突的、有点无厘头的话题，让我看到了惊喜：薛老师关注的是学生表达的情感积储——很多围绕课文的内容理解的写话，学生没有表达上的情感积储，所写的，只是些"干巴巴的理解"，而不是带着情感、体温的真正表达。这样的"写"，给学生造成一个错误的写作观：作文，不是自己情感表达的需要，而是课文理解的需要，老师布置作业的需要。

薛老师的课上，学生学得轻松，学得好玩，笑声不断，开心不断。这样的课对学生来讲，真是一个"好日子"。这个话题，学生有了情感的积储；这样的"写"，将表达上的情感积储和课堂上学到的"表达范式"融合起来了。

指向言语智慧、指向表达智慧，不是不要内容理解。没有了"皮"，"毛"也就不存在，道理好懂。光有"皮"，没有"毛"，理发店全关门，男女老少清一色"秃子"，那也实在可怕。内容理解，要；言语表达，也要。于是，"皮""毛"的搭配成了难题。

薛老师的课上，指向言语表达的地方很多。听课的人却并没有突兀之感，不知不觉步入其中了。《槐乡五月》的教学，有概括能力的训练，有朗读能力的训练，这些跟"言语表达"、"言语范式"的习得，轻巧地糅合在一起。这些是薛老师的处理艺术，也是我要拜师学艺的地方。

第九课　《唯一的听众》

[教材课文]

唯一的听众
郑振铎

用父亲和妹妹的话来说，我在音乐方面简直是一个白痴。这是他们在经受了我数次"折磨"之后下的结论。在他们听来，我拉小夜曲就像在锯床腿。这些话使我感到十分沮丧，我不敢在家里练琴了。我发现了一个练琴的好地方，楼区后面的小山上有一片树林，地上铺满了落叶。

一天早晨，我蹑手蹑脚地走出家门，心里充满了神圣感，仿佛要去干一件非常伟大的事情。林子里静极了。沙沙的足音，听起来像一曲悠悠的小令。我在一棵树下站好，庄重地架起小提琴，像举行一个隆重的仪式，拉响了第一支曲子。但我很快又沮丧起来，我觉得自己似乎又把锯子带到了树林里。

我感觉到背后有人，转过身时，吓了一跳：一位极瘦极瘦的老妇人静静地坐在木椅上，平静地望着我。我的脸顿时烧起来，心想，这么难听的声音一定破坏了这林中的和谐，一定破坏了这位老人正独享的幽静。

我抱歉地冲老人笑了笑，准备溜走。老人叫住了我，说："是我打扰了你吗，小伙子？不过，我每天早晨都在这儿坐一会儿。"一束阳光透过叶缝照在她的满头银丝上，"我想你一定拉得非常好，可惜我的耳朵聋了。如果不介意我在场，请继续吧。"

我指了指琴，摇了摇头。意思是说我拉不好。

"也许我会用心去感受这音乐。我能做你的听众吗，每天早晨？"

我被老人诗一般的语言打动了。我羞愧起来，同时有了几分兴奋。嘿，毕竟有人夸我了，尽管她是一个聋子。我拉了起来。以后，每天清晨，我都到小树林去练琴，面对我唯一的听众，一位耳聋的老人。她一直很平静地望

— 139 —

着我。我停下来时，她总不忘说上一句："真不错。我的心已经感受到了。谢谢你，小伙子。"我心里洋溢着一种从未有过的感觉。

很快我就发觉自己变了。我又开始在家里练琴了。从我紧闭门窗的房间里，常常传出基本练习曲的乐声。我站得很直，两臂累得又酸又痛，汗水湿透了衬衣。以前我是坐在木椅上练琴的。同时，每天清晨，我要面对一位耳聋的老人尽心尽力地演奏；而我唯一的听众总是早早地坐在木椅上等我。有一次，她说我的琴声能给她带来快乐和幸福。我也常常忘记她是聋子，只看见老人微笑着靠在木椅上，手指悄悄打着节奏。她慈祥的眼神平静地望着我，像深深的潭水……

我一直珍藏着这个秘密，直到有一天，我的一曲《月光》奏鸣曲让专修音乐的妹妹大吃一惊。妹妹追问我得到了哪位名师的指点。我告诉她："是一位老太太，就住在 12 号楼，非常瘦，满头白发，不过——她是个聋子。"

"聋子？"妹妹惊叫起来，"聋子！多么荒唐！她是音乐学院最有声望的教授，曾是乐团的首席小提琴手！你竟说她是聋子！"

……

后来，拉小提琴成了我无法割舍的爱好，我能熟练地拉许多曲子。在各种文艺晚会上，我有机会面对成百上千的观众演奏小提琴曲。那时，我总是不由得想起那位"耳聋"的老人，那清晨里我唯一的听众……

★ 人教版小学《语文》六年级上册

[教学实录]

言已尽，意无穷

——执教《唯一的听众》

{板块一}

师：课文中的生字和词语，同学们会不会读？（相继出示：仪，隆重的

仪式；歉，抱歉；溜，溜走。学生朗读，师插问：怎样走才算溜走？哪些东西让你无法割舍？略)

师："嘿"，这是一个叹词，叹词一般表示一种强烈的感情。我们读一读它所在的句子，体会一下"嘿"字表达了怎样一种感情？

生：(读)"我羞愧起来，同时有了几分兴奋。嘿，毕竟有人夸我了，尽管她是一个聋子。"

师：读得不错！这里的"嘿"表达了一种什么样的感情啊？

生：我认为这里的"嘿"是一种激动，表示很开心。

生：有点兴（xìng）奋，还有一点自豪。

师：嗯，不念兴（xìng），而念兴（xīng）。有点兴奋，不是十分兴奋。

生：我感觉到作者有点情不自禁的时候流露出来的感情。

师：对！一个叹词，在一段文章当中包含了丰富的感情。读一读这句话。

(生齐读)

师：像你们这样慢吞吞的读法，不能够表达这种"嘿"的惊喜之情，听老师读，注意语气、语调的变化。(范读)

(生读)

师：读得好！就是有一点兴奋、一点喜悦、一点情不自禁，但都是埋在心里的。还有哪个生字不理解？

生："悠"字，是悠悠的小令。

师：小令就是小曲。悠悠的小令，听起来让人感到怎样？

生：应该是一种慢慢的，令人很舒适的感觉。

生：应该是使人感到有点悠远的。

生：我认为应该是使人有一种陶醉感。

生：我认为是时而有一点，那个，比较，那个，开心的。(众笑)

师：不要有那个，那个，开心就开心，没有那个的。(众大笑)

生：我认为是让人身心放松的。

生：我认为是让人感到心里很舒服，有种很悠长的感觉。

生：我认为是让人感到抑扬顿挫、一波三折的美妙的音乐。

师：的确是美妙的！我们一起体会一下，读这个句子！

生：（齐读）"林子里静极了。沙沙的声音，听起来像一曲悠悠的小令。"

师：发现这个句子有什么特别的吗？

生：把林子里的声音比喻成悠悠的小令。

师：你发现这是一个比喻句，真不简单！

生：它先说林子里是静极了，然后是沙沙的足音，听起来像一曲悠悠的小令。听起来有点矛盾。

师：有点矛盾？是啊，"沙沙的足音"怎么会是"静极了"呢？

生：这种写法叫衬托，先写出林子里的静，才能听出那很小的声音。

师：你这话听着不太明白……

生：就是连林子里沙沙的足音都听得见，就说明那个林子很安静。

师：这叫反衬，用沙沙的足音来反衬林子的静，明白吗？还有什么特别的吗？你看，沙沙的足音，悠悠的小令。

生：这里用了叠词，听起来比较舒服。

师：你连叠词都看得出来，真专业！如果他这么写，沙沙沙的足音，就像一曲悠悠的小令，可以吗？

生：不可以。因为沙沙沙的声音，说明人很多，而这里是说林子里静极了。

生：沙沙沙，说明走得很快。

师：匆匆的脚步，能说是悠悠的小令吗？你看，"沙沙"对"悠悠"，"足音"对"小令"，体现了语言的对称之美！如果把"沙沙"改成"噔噔"。噔噔的足音，就像一曲悠悠的小令？

生：如果用"噔噔"，感觉这个人脚步很沉重，就没有用"沙沙"让人觉得舒适。没有了这个人心里很轻松的感觉了。

生：我觉得用"噔噔"，说明这人的脚步声不美，后面说是像一曲悠悠的小令，若是小令的话，让人感觉像很美妙的音乐。这里还是用"沙沙"比较好。

师：你看，多一个字就不美了，换一个词也不美了。读一读这个优美的句子。

（生读得很有感情）

师：好！读到心里去了。

（一生读得很生动）

师：你朗读得听起来也像一曲悠悠的小令。

（生齐读）

师：这一句写的是"景"（板书：景），但是在不同的语境里面，这个景包含的感情是不一样的。比如，你在家里受了很大的委屈，走到这个林子里，会觉得像悠悠的小令吗？

生：不会的。因为在家里如果不高兴的话，你的心情也不好。听起来也不好听了。如果你的心情很好的话，那声音听起来也会很愉快的。

师：不同的心境，听到的声音，感觉也是不一样的。我们看，字不离词，词不离句，句不离段。读一读这个段落，体会一下作者此时的这个心情。

（生读）

师：读得好，你体会到了这时候林子里十分安静。

生：他当时的心里也是蛮愉快的。

生：我认为他心里是十分激动的，因为好像要干一件什么事情。

生：我认为他的心里是充满神圣感的。从这里看出作者心里是很神圣的，好像要去做一件什么大事一样。

生：我从"蹑手蹑脚"看出，他不忍心扰乱林子里的安静，所以走得非常小心。我从这里看出作者非常愉快。

师：除了愉快，他还想拉出？

生：美妙的曲子。

师：以便和这寂静的林子——

生：相和谐。

师：他对自己有一种期盼。这时候，这个景，不再是简单的景了。记住这句话："一切景语皆情语。"（板书：一切景语皆情语）我们读课文中写景的句子，它可能包含作者的感情，心情。如果我们读课文，能够体会到作者的感情变化，那么，就深刻了。尤其是今天我们要学习的课文《唯一的听众》，要切身感受到作者在练琴过程中一系列的心理变化，有的句子直接告诉你他是什么心情，如"嘿"、"无法割舍"；有的藏在语言文字当中，需要我们用心去品味和体会。下面请同学们打开课本，用心去体会一下作者在拉琴过程中的心情变化。

〖板块二〗

师："我"先后在哪些地方拉小提琴？都有哪些听众？心情有哪些不同？请你用心读一读课文，然后概括地说说课文的主要内容。

生：作者先在家里拉琴，爸爸和妹妹说他拉得不好，他的心情是十分沮丧的。后来去了小树林里拉，听众是一位老人，给了他鼓励，他的心情是兴奋的。最后，他又在家里练琴了。妹妹听了大吃一惊，说他拉得很好，他心里十分高兴。最后他在文艺晚会上拉琴，有很多很多的观众，他的心里是高兴的。

师：说得很完整，很连贯。但是，你可以说得更好一些！你看，一个人在舞台上拉琴，心里很高兴，可以换个更恰当的词语吗？

生：激动，自豪。

生：得意。

师：再看，你刚才说了两次"最后"，"最后"只能放在"最后"。不然，条理就不清楚了。想一想，再说一次。

生：他先在家里练琴，爸爸和妹妹说他拉得很难听，心情十分沮丧；后来他去树林里拉琴，一位自称是耳聋的老人夸他拉得好，心里有点兴奋和自信；最后，他在文艺晚会的舞台上表演，有许多观众，心情激动而自豪。

师：你看，你能说好，但没有说得最好。有没有能说得更好的？

生："我"先是在家里练琴，爸爸和妹妹很不满意，"我"很沮丧。后来"我"到树林里，一位耳聋的老人听"我"拉琴，"我"有点兴奋。那位唯一的听众对"我"的鼓励，使"我"慢慢地找回了自信。最后，"我"在文艺晚会上，面对成百上千的观众演奏，心里十分自豪。

师：说得比较好。还有说得更好的吗？

生："我"起先在家里练琴，父亲和妹妹说听到了锯床腿的声音，"我"非常沮丧。后来"我"到小树林里去练琴，在那里"我"有了唯一的听众，就是一位耳聋的老人。在老人的鼓励下，"我"找回了失去的自信，并且更加刻苦，努力地练习拉小提琴。最后，"我"在舞台上演奏，有成百上千个观众，非常激动、自豪。"我"也非常感激和怀念那位老人。

师：看，你们越说越好了！父亲和妹妹说"我"的琴声像"锯床腿"的声音，这样的话在"我"听来像什么？

生：我觉得像刀一样，很伤人心。

生：像一个拳头，把我的自信心渐渐地锤扁了，最后给锤没了。

生：我觉得像一盆凉水，本来是很热情的，可是被凉水一泼之后，就变得心灰意冷。

生：我觉得就像一把刀，我刚对音乐有点好感，可一刀砍下来，把我和音乐斩断了。

师：这种心情就是"沮丧"！而老人的话，听起来却像"诗一般"。

{板块三}

师：那么，老人诗一般的语言是怎么打动"我"的呢？让我们来体会一下"我"的内心变化。请小伙子开始拉琴。（男生都站了起来）

师：在树林里拉琴吗？

生：锯床腿。（众笑）

师：没有床腿，没有床，哪来的腿？（众大笑）

生：锯木头。（众笑）

师：这么多小伙子在树林里锯木头，你感觉到这声音——？

生：很刺耳。

生：很摧残耳朵。

师：是啊，这么多的小伙子肯定不行。就你们两个人拉，其他人都坐下。注意，你们在树林里拉了一曲后，忽然转身发现一位极瘦极瘦的老人坐在椅子上，这时候，你们想干什么？

生：这时候我们想溜走。

生：我想骂他，他拉琴的声音太难听了。

师：骂，多不文明啊！还是他好，就想溜走。这时候老妇人叫住了我。

生：（女生齐读）"是我打扰了你吗，小伙子？不过，我每天早晨都在这儿坐一会儿。"

师：听到这句话，你还想溜吗？

生：不想溜。

师：为什么？

生：因为她对"我"拉的曲子居然没有感到难听，没有责骂"我"。

生：老人反而还说是她打扰了"我"，这使"我"感到非常心动。

师：感动！

生：因为"我"拉得那么难听，她居然没有任何反应。

师：这时候老人又说了第二句话，读。

生：（女生齐读）"我想你一定拉得非常好，可惜我的耳朵聋了。如果不介意我在场，请继续吧。"

师：现在听了老妇人的这句话以后，你的脸还烧吗？

生：我的脸不烧了，感觉和平常一样的。

师：哦？

生：老人没有责骂"我"。

生：老人对"我"的琴声一点都不意外。

生："我"本来以为她听得见，后来才知道原来老人聋了。

师：老人耳朵聋了，她听不见"我"的声音。你心中的那块石头才落下来了。这时候老人又说了第三句话，一起读。

生：（女生齐读）"也许我会用心去感受这音乐。我能做你的听众吗？每天早晨？"

师：你现在愿意拉琴吗？

生："我"现在愿意拉琴，因为这不会使"我"感到难堪，还会让一个聋人去感受音乐。

生："我"也会，因为"我"现在不会紧张了，而且"我"会好好去拉，她也愿意做"我"的听众，"我"感到非常开心，非常有面子。

师：是啊，家里的父亲和妹妹，是"我"的亲人，听着这个像锯床腿的声音，纷纷逃走了，在树林里居然还有一位老人愿意听"我"拉琴。虽然是个聋人，只要做"我"的听众，"我"都不会介意，是吗？好，这样每天拉，每天拉，拉了以后，老人总是不忘说那么一句话——

生：（女生齐读）"真不错。我的心已经感受到了。谢谢你，小伙子。"

师：听到了吗？第二天，你拉完了，她又不忘说这样一句话——

（女生齐读）

师：第三天，她又这样说——

（女生齐读）

师：你心里洋溢着一种从未有过的感情，这种感情是什么样的？

生：这种感情是温暖人心的，让人心动的，感觉老人对"我"很重视。

生："我"对音乐有了自信。

生："我"心里感到很温暖，也很自信。

生：在家里，爸爸和妹妹是"我"的亲人，他们对"我"拉琴的评价是很不好的。而这个老人和"我"不认识，她却给我那么高的评价，"我"心里感到很温暖。

师：你看，听了这几句平常的话，"我"体验到从未有过的感觉，是温暖的，是温馨的。她带给"我"一种自信。心里是那样的喜悦，对吗？所以"我"的琴，越拉越好，越拉越棒。

师：（对男生）你有什么问题想问那位老妇人吗？

生：你真的是聋人吗？"我"的琴难道真的拉得那么好吗？

生：我想老人应该是想：这个小伙子这么尽心尽力地演奏小提琴，再打击他的话，会让他的自信心彻底垮掉，所以要去鼓励他，让他重拾信心。

生：我想老人听到这个年轻人拉得不好听，猜测年轻人肯定是在家里或人多的地方拉得不好，受尽了别人的批评，所以就到树林里来了。老人知道年轻人希望有一个听众，但她又不想让年轻人知道她听得见琴声，不想给年轻人压力，所以说自己是一个聋人。

……

师：一个善意的谎言！因为这位老人其实是一位音乐学院的教授，是一位小提琴演奏家。她知道刚开始练小提琴的时候，琴声就是那么难听，那么不堪入耳。但这时候需要的是有人给他——

生：安慰。

生：重拾自信。

生：鼓励。

生：无声的，默默的支持和帮助。

……

师：同学们，这就叫体验，我们要读到人物的心里去，就是要设身处地像她那样的去想，去思考，这时候，我们就能读得比较深入了。往下读。

（生读）

{板块四}

师："我"发现自己变了。以前"我"不敢在家里练琴，现在？

生：我又敢在家里练琴了。

师：以前"我"是坐在木椅上练琴，现在？

生："我站得很直，两臂累得又酸又痛，汗水湿透了衬衣。"

师：以前"我"只想到林子一个人静静地练琴，而现在？

生：每天清晨，"我"总是早早地来到林子里，面对着这位老人，这位"耳聋"的音乐家，"我"唯一的听众，轻轻调好弦，然后静静拉起优美的曲子。

师：以前父亲和妹妹会捂着耳朵逃走，而现在？

生：让专修音乐的妹妹大吃一惊，家人们表露的那种难以置信的表情也证明了这一点。

师：以前老人总不忘说真不错，而现在她说？

生："我的琴声能给她带来快乐和幸福。"

师：以前"我"只知道她是一个可怜的聋人，而现在？

生："我"知道她是音乐学院最有声望的教授，更重要的，她曾是乐团的首席小提琴手。

师：以前老人一直平静地望着"我"，现在？

生：老人微笑着靠在木椅上，手指悄悄打着节奏。

师：通过这样的对比朗读，你注意到了哪些词？从这些词中，你注意到"我"变得怎么样了？拿出笔，圈一圈，体会一下。

生：我是从三个词语体会出来的，它们分别是"又"、"很直"、"又酸又痛"。"又"看出以前有一段时间"我"是不敢在家里练琴的，说明"我"又重拾了自信；"很直"、"又酸又痛"看出"我"很勤奋，比以前更加刻苦。之所以会勤奋和刻苦，是因为"我"有了自信，更加努力地想把琴拉好。

师：多好呀！"又"看出自信；"很直"、"又酸又痛"看出他更加努力，更加勤奋了。

生：我是从"紧闭门窗"和"基本练习曲"看出来的。因为"基本练习曲"可以提高他的演奏水平，而"紧闭门窗"看出他在练之前，对自己说过，一定要刻苦，不要被其他事情诱惑过去，一定要在房间里用功刻苦，我看出了他已经下定了决心。

师：不错，还有更突出的词语吗？

生：我是从"尽心尽力"和"手指悄悄打着节奏"这两个地方看出他很勤奋。"尽心尽力"是他以前受到批评，琴也拉得不好，人们对他的评价也不好，而现在他却为耳聋老人拉琴。

师：我想问一下，这个老人是耳聋的，她听得到音乐吗？

生：听不到，但是我会认为她是能听得到的，因为她能感受到。

师：哦，她是能感受到的。为什么面对一位耳聋的老人，他要尽心尽力，不能马马虎虎吗？反正她也听不到的。

生：因为这是他唯一的听众，他很珍惜这个听众。是这个听众给了他自信，让他把小提琴演奏得更好，所以他要用尽心尽力地演奏来回报他。

师：哦，学会感恩，明白了吗？你还有补充？

生：第二个词是"手指悄悄打着节奏"。从这里可以看出他琴技渐长，因为前面提到他拉琴就好像是在"锯床腿"，是折磨人的。而这里可以看出"我"拉得好起来了。

师：熟练了，进步了，特别是能打节奏了。

生：我找到的是"快乐"和"幸福"。一开始老人听他拉琴，只是说"我的心已经感受到了"，而这里却说了"能给她带来快乐和幸福"。其实老人是能够听到的，她听到小男孩的琴技逐渐变好了以后，就感到快乐和幸福，是一种无意中的表达。

师：哦，说得真好啊！就是"无意中的表达"听不懂，应该是"无意中的流露"，流露出对男孩琴技长进的赞许。

生：我是从"慈祥"和"深深的潭水"看出来的。"我"现在看着老人慈祥地望着"我"，平静的眼神，像深深的潭水，而以前"我"演奏的时候因为没有自信，所以不敢抬头看老人的眼睛，现在敢在演奏的时候，抬起头和老人对望，说明老人的鼓励给了"我"自信。

师：文中几次写到了老人平静地望着"我"？

生：（齐声）三次。

师：前两次有没有写到她慈祥的眼神？有没有写到她平静的眼神像深深的潭水？没有，因为没有自信，不敢直视老人的眼睛。现在，他自信了，自信的人都可以和他人眼神对视。你看，有多少同学的眼睛看着我？看着我的都是自信的，你不敢看着我，有点"自卑"哦！（众笑）

只有这样的体会，我们才能读得那样的入迷，才能体会到文字里面包含的作者的情感和他的变化。

〔板块五〕

师："我"心中的这个秘密在妹妹的惊叫声中真相大白。下面会发生什么？"我"心里会有怎样的感慨？会想些什么？以后的每天早晨，"我"还会在树林里拉琴吗？老人还会早早地等着"我"吗？"我"会跟老人说穿这个秘密吗？老人会跟"我"说出事情的真相吗？还有很多很多的可能。课文却只写了六个点，省略了。你能发挥自己的想象，把这六个点省略的内容、情景补写出来吗？

生：我很惊讶，甚至有些不可思议。我的脑海中浮现出老人慈祥的面容与她那深深的潭水一样的目光。我顿时明白了，老人编织了一个善意的谎言，其实是为了让我能够更好地演奏小提琴。那位清晨里我唯一的听众，总是在我沮丧之时，那样默默地帮助我，默默地支持我。我不想把我知道她不是个聋子的事情告诉她，我要珍藏着这个秘密。我要一直面对那位唯一的听众尽心尽力地演奏。因为是她一直帮助我，使我取得很好的成绩。她不是一位真正的聋人。

师：最后一句改成："她是一位真正的听众，我要永远珍藏这个秘密。"

生：什么？教授，不可能，这不可能是真的。我一时愣在那里，不知所措，但从妹妹惊讶的表情看来，这是真的。第二天，我又来到了林子，看到那位老人依旧如同往日那样，早早地坐在木椅上等我。我好想问她昨天妹妹说的是不是真的。但我憋住了，架起小提琴，站直了身子，尽心尽力地拉了起来。她的眼神还是那么平静，犹如深深的潭水……

师：太有诗意了！她又一次写到了老人的眼神像深深的潭水，不过这时候我已经全然明白了眼神的含义。

生：这位老人为什么要说谎？不，她不是在说谎，是为了保护我的尊严呀！这位老人，太感谢你了。你是我唯一的听众，你给了我自信，让我有了重拾小提琴的勇气，而且给了我生命中最重要的帮助。

生：我该不该同老人说话呢？我一说，不就等于把老人的谎言戳破了吗？不，不说。让美丽的谎言永远留在我的心中，不说。不然，这位珍贵的听众就会离我而去了。

师：对，不说，写得多感人啊！所以好的文字，要读好，要念好。再请一位同学。

生：我十分震惊，教授？首席小提琴手？这真的是这个耳聋的老人，真是太不可思议了。当我再次走进林子，当老人继续平静而慈祥地望着我时，我心中便涌出巨大的感动。我真想大声对老人说："谢谢，是你让我重拾了信心！是你，让我这个音乐白痴有了自豪的感觉。"可是，我并不想戳破这个谎言，于是，我静静地拉，老人，静静地听。

师：诗一般的语言，一个静静地拉，一个静静地听。让这个感人的画面一直留在"我"的心中。看！同学们写得多优美。老师这里也有这么一段话，是这样写的："我一直珍藏着这个秘密。珍藏着一位老人美好的心灵。

每天清晨，我总是早早地来到林子里，面对着这位老人，这位耳'聋'的音乐家，我唯一的听众，轻轻调好弦，然后静静拉起一支优美的曲子。我感觉我奏出了真正的音乐，那些美妙的音符从琴弦上缓缓流淌着，充满了整个林子，充满了整个心灵。我们没有交谈过什么，只是在这个美丽的早晨，一个人轻轻地拉，一个人静静地听。"

师：美吗？谁写的？这是作者写的原文。可是我们的教材编辑，却编辑成了六个点。你觉得是六点好，还是这段话好？

生：六个点好，因为这样耐人寻味，可以让读者去想象。

生：原文好，写得很有韵味……

师：省与不省，都有味道，这就是阅读的乐趣。同学们，文章的结尾还有六个点，我们把这段话一起读一读。

（生读）

师：从沮丧，到重拾自信，再到演出时的自豪，我想起了那唯一的听众。这六个点省略了什么？我们从中读懂了什么？请同学们课后去感受，去想象。好文章往往言已尽而意无穷啊！

[名家点评]

高效之道

杨金林（江苏省泰兴市襟江小学）

在群芳竞艳的语文教学园地中，著名语文特级教师薛法根老师无疑是最具特色的一朵奇葩。他的课我听过多次，其简约而深刻、扎实而灵动、素朴而智慧的教学风格给我留下了难忘的印象。尤其令我钦佩的是，其课堂教学效益之高是一般老师只能望其项背的。他总能让我们在课上看到学生显著进步的轨迹，学生在其引导下常有惊人之言，我们能分明听到学生生命成长的拔节声。那么，其教学高效的秘诀在哪里？这次又有幸欣赏到他执教的《唯一的听众》，对其高效之道有了一些感悟，本文分四点试析之。

一、善于引导学生学习“最有价值”的东西

“最有价值”的东西既是文本最具特色的因素（特质），又是对学生最具潜在提升意义的因素。教学第一位的问题是让学生学什么的问题，而这一问题却是我国很多语文教师的最大问题——该学的没让学生学，无须学的却花了大量的时间。我以为这是造成语文教学高耗低效的首要原因。而这个问题薛法根老师却解决得很好。他有一双沙里淘金的慧眼，每教一篇课文，总能把一般人难以发现的文本中最有价值的东西发掘出来，并引导学生立体地去把握它。综观《唯一的听众》的教学过程，其确定的教学点并不多，但每一点都有很高的提升价值，可谓布点少而开掘深。

例如，他对“悠悠”一词和这个词所在的句子“林子里静极了。沙沙的足音，听起来像一曲悠悠的小令”的教学，就很值得我们仔细品味。他在引导学生对“悠悠的小令”产生丰富语感的基础上，着力引导学生去发现这个句子比较“特别的地方”。在他的启发和点拨下，学生不断有新的发现：“把林子里的声音比喻成悠悠的小令”、用“沙沙的足音”反衬树林很安静、运用叠词让人“听起来比较舒服”、“‘沙沙’对‘悠悠’，‘足音’对‘小令’，体现了语言的对称之美”……一个看似简单的句子，薛老师却发现了它对提升学生语文素养的多种价值，并巧妙地引领学生自己去感悟它、发现它，还通过有感情的朗读内化它。本真的语文在此！语文教学的本体属性亦在此！

二、善于引领学生以言语为凭借体验情感

从某种意义上说，言语即情语。情感是言语的生命。阅读教学唯有引导学生领悟文字背后隐含的丰富情感，才能使文本语言转化为学生心灵中有活力的生命元素。否则，语言文字对学生来说只是一堆无意义的僵死的符号。不少老师似乎也知道这个道理，但往往教不得法，主要问题有二：一是脱离具体语境进行腾云驾雾式的情感体验，情感成了没有语言之根的“无线风筝”；二是用非情感的理解方式理性地分析（而非感悟或体验）情感，当学

生贴标签似的用某些概括感情的词语来表达对文本情感的理解时，就以为得到了情感体验，这是很肤浅的做法，是对情感体验的极大误解。

薛法根老师的教学则与之不同。一是他始终不脱离文本的具体言语来体会情感，他引导学生体验情感总是起于文本言语，基于文本言语，最终又回归文本言语，有效地促进了学生语言和情感的同构共生。二是他摒弃抽象分析情感的方式，而是用感性的方式引导学生走进人物内心，他的引导是有层次、有深度的，学生总能在他的引导下获得极为深刻的体验。这一课，他以体验"我"在拉琴过程中的心情变化为主线，分四步层层深入地引导学生体验人物情感的变化：先让学生整体把握——"'我'先后在哪些地方拉小提琴？……心情有哪些不同？"，学生粗线条地把握了"我"从沮丧到高兴再到自豪的情感脉搏；然后引导学生仔细体会老人的不同话语对"我"内心带来的不同感觉、情感和想法，学生在情境性演读、探析性对话、对比性朗读相融合的综合学习活动中不断感悟着，逐步走进了人物的内心世界，与人物同想同感；接着，他又引导学生进一步聚焦于反映"我"变化的关键词语，学生从多种不同角度抓住自己感悟最深的词来谈感受，对人物情感的体验更加深刻了；最后，他根据文本预留的空间，引导学生想象并补写"我"知道了秘密后可能会想些什么、做些什么，将情感体验推向新的深度，并促进了学生自身情感的升华。学生对言语情感的领悟越深刻，语言在学生心中扎的根才越深，语言的生成能力才越强。薛老师是深谙此理的。

三、善于指导学生进行多功能的综合性言语实践

薛老师的阅读课从来都不满足于单一地指导学生阅读，他总是把写与说的表达训练有机融进阅读教学之中。这是一种综合性的言语实践活动，对学生具有多方面的发展功能。《唯一的听众》最后的教学设计就突出地体现了这一特色。他在引领学生充分体验到人物内心世界的基础上，抓住真相大白后的省略号，很自然地引导学生展开想象，并让他们把想到的写下来。学生写好后进行交流（老师要求"读好、念好"）。从学生交流的情况看，他们写得非常精彩：想象丰富而合理，感情细腻而真挚，语言表达方式多样而生动，

尤为可喜的是，学生巧妙迁移了课文中的语言和好的表达方式。由学生的课堂表现，我们可以清晰地看到，这一教学设计的作用是多方面的：它不仅加深了学生对文本内容的理解，升华了学生的思想情感，而且培养了学生的想象能力和语言表达能力（既有书面的又有口头的），还有效促进了迁移。

为什么会收到这么好的效果？我以为有两点最为重要，一是在写之前的阅读指导十分到位，学生已经真正走进了人物的内心世界，他们的情感体验丰富而深刻。二是在写作之前的指导极富启发性——"'我'心中的这个秘密在妹妹的惊叫声中真相大白。下面会发生什么呢？'我'心里会有怎样的感慨？会想些什么？以后的每天早晨，'我'还会在树林里拉琴吗？老人还会早早地等着'我'吗？'我'会跟老人说穿这个秘密吗？老人会跟'我'说出事情的真相吗？……你能发挥想象，把这六个点省略的内容、情景补写出来吗？"这种指导，既具体又留有丰富的创造空间。

不少语文老师也偶尔在阅读课中安排写的训练，但效果往往不佳。原因主要有三点，一是写作与阅读缺乏有机联系；二是为写而写，学生缺乏表达的冲动；三是老师缺乏精到的指导。相信看了薛法根老师的案例，我们会受到很多启发。

四、善于在点评中提升并拓展学生发言

薛法根老师对学生的发言有一种近乎直觉的判断和敏锐的反应，并能随机进行恰到好处的点评或引导，使学生在每一次点评或引导中都能获得新的提升。这种纯熟的教学硬功是一般老师难以企及的，是法根老师以扎实语文功底为基础长期进行课堂锤炼的结果。

分析本课教学，法根老师对学生发言的随机点评与引导至少有如下类型。

扬风鼓帆式。学生有了良好表现，他总要给他们以热情的评价，而每次的评价都不是"好"、"很好"之类的通用话语，而是各不相同的，具体而契合的，还常常带有他特有的幽默。例如，"你连叠词都看得出来，真专业!"、"你朗读得听起来也像一曲悠悠的小令"、"太有诗意了! 她又一次写到了老人的眼神像深深的潭水……"这种评价不仅给被评的学生以极大的鼓舞，而

且给其他学生树立了新的标杆，具有导引性。

雪中送炭式。在学生学有困难的关键时候，法根老师就毫不犹豫地给予帮助和启发。例如，当学生朗读含有感叹词"嘿"的句子有问题的时候，他就帮助指导和示范："像你们这样慢吞吞的读法，不能够表达'嘿'的惊喜之情，听老师读，注意语气、语调的变化。"老师示范之后，学生的朗读有了显著进步。

点石成金式。当学生说得不明白、不准确、不生动的时候，法根老师总能及时进行巧妙点化，使学生如饮醍醐。当学生说"这种写法叫衬托，先写林子里的静，才能听出那很小的声音"时，他说："你这话听着不太明白……""这叫反衬，用'沙沙的足音'来反衬林子的静，明白吗?"；当学生说"这使我感到非常心动"时，他立即送去更准确的"感动"二字；当学生说老人感到快乐和幸福"是一种无意中的表达"时，他立即点拨："'无意中的表达'听不懂，应该是'无意中的流露'，流露出对男孩琴技长进的赞许。"

锦上添花式。当学生有了上好表现但又稍有瑕疵时，他总是在表扬的基础上指导学生更上一层楼。例如，当学生完整、连贯地概括课文内容后，他说"说得很完整，很连贯。但是，你可以说得更好一些!你看，一个人在舞台上拉琴，心里很高兴，可以换一个更恰当的词语吗?"（学生很快换成"激动"、"自豪"等更准确的词）。他又说："再看，你刚才说了两次'最后'，'最后'只能放在'最后'，不然就条理不清楚了。想一想，再说一次。"学生再说时两个问题都改掉了，表达质量明显提高。法根老师的这些到位的随机点评或引导，对提升学生的思维品质和提高学生的表达能力都大有裨益。一般语文老师在这方面有严重缺失——或没有这种意识，或缺乏这种能力，课堂教学效果当然只能大打折扣了。

第十课 《大江保卫战》

[教材课文]

大江保卫战

1998 年的夏天。暴雨，大暴雨，一场接着一场。奔腾不息的长江，转瞬间变成了一条暴怒的巨龙，疯狂地撕咬着千里江堤。荆江告急！武汉告急！九江告急！……灾情就是命令，灾区就是战场。在这万分危急的关头，几十万解放军官兵日夜兼程，朝着大江挺进。他们和几百万人民群众一起，打响了气壮山河的大江保卫战。

7 月 27 日凌晨两点，九江赛城湖的大堤塌陷了。四百多名官兵闻讯赶到。支队长一声令下："上！"顿时，一条长龙在崩塌的堤坝下出现了。官兵们肩扛沉重的沙包，在泥水中来回穿梭。有的为了行走快捷，索性赤脚奔跑起来。嶙峋的片石割破了脚趾，他们全然不顾，心中只有一个念头："大堤，保住大堤！"狂风卷着巨浪，猛烈地撕扯着堤岸。战士们高声喊道："狂风为我们呐喊！暴雨为我们助威！巨浪为我们加油！"他们一个个奋然跳入水中，用自己的血肉之躯筑起一道人墙。经过几个小时的鏖战，大堤保住了，官兵们浑身上下却是伤痕累累。"风声雨声涛声，声声震耳；雨水汗水血水，水水相融。"这是人民子弟兵在这场惊心动魄的大决战中的真实写照。

面对肆虐的洪水，更显出人民子弟兵铮铮铁汉的本色。

解放军某部四连连长黄晓文正扛着麻包在稀泥中奔跑，忽然觉得脚底一阵疼痛，抬脚一看，原来是一根铁钉扎了进去。团长见状，马上派人去找随队军医。黄晓文大声说："来不及了！"说着，一咬牙，猛地把铁钉一拔，一股鲜血涌了出来。黄晓文随即从身上扯下一绺布条，三下两下把脚捆了个结实，二话没说，转身扛起地上的麻包，又爬上了大堤……在那几十个难忘的日日夜夜，有多少这样感人的事迹啊！

　　汹涌的激流中，战士们的冲锋舟劈波斩浪，飞向漂动的树梢，飞向灭顶的房屋，飞向摇摇欲坠的电杆。在安造垸，他们救出了被洪水围困了三天三夜的幼儿园老师周运兰；在簰洲湾，他们给攀上树梢等待了近九个小时的小江珊以生的希望……哪里有洪水，哪里就有军旗飘扬；哪里有危险，哪里就有军徽闪烁。滔滔洪水中的群众，看到了红五星，看到了迷彩服，就像看到了他们的大救星。

　　大江，永远铭记着 1998 年的夏天，铭记着我英勇的人民子弟兵。

★ 苏教版小学《语文》五年级（下册）

[教学实录]

一曲雄浑的赞歌

——执教《大江保卫战》

〔板块一〕

师：谁会唱《国歌》？

（一生唱《国歌》。掌声）

师：你听了这首歌有什么感觉？用个恰当的词语形容一下。

生：雄壮，好像看到义勇军战士在枪林弹雨中勇往直前的情景。

生：豪迈，不怕牺牲，顽强战斗，很感人！

生：激动人心，让人热血沸腾。如果我是战士，也会奋勇杀敌的！

生：气壮山河，斗志昂扬，听了浑身有力量。

生：是男子汉的歌！（众笑）

师：哦？是吗？

生：这首歌很有男子汉的气魄，刚劲有力，不屈不挠！是真英雄！

生：（一女生）女子也有英雄气概的！（众笑）

师：巾帼不让须眉！总之，这首歌雄壮豪迈、振奋人心。那么，谁会唱《小燕子》？

（一生唱《小燕子》。掌声）

师：你听了这首歌又有什么感觉？用个恰当的词语形容一下。

生：很甜美，感觉小燕子很可爱。

生：很温柔，让人感觉很舒服。

生：舒缓的，柔美的。（掌声）

师：你真专业！

生：和《国歌》完全不一样，是那种很美的感觉。

师：《国歌》是豪放之美，而《小燕子》是柔美。音乐讲究乐感，语文讲究？

生：语感。

师：对啊！读一读课文中的这些词语，你有什么感觉？用个恰当的词语形容一下。（出示词语：第一组，日夜兼程、堤坝鏖战、劈波斩浪；第二组，气壮山河、惊心动魄、铮铮铁汉）

生：（读）我感觉很有气势，很有力量！

生：（读）我感觉气壮山河，震撼人心！

师：所以，朗读时应该声高、气满，节奏明快，刚劲有力！你再读一次！

（生读得刚劲有力。掌声）

师：感觉如何？

生：大声读才能表现那种气壮山河的气势。

师：你找到语感了！一起像她那样读一读！

（生齐读，很有气势）

师：这篇课文中还有很多这样的词语、句子，用心读一读，体会一下这种气壮山河的气概与精神。

（生投入地大声朗读，师巡视）

李伟平评：从学生熟悉的乐感巧妙地迁移到语感，学生对语感就有了感性的认识。培养学生的语感，由浅入深，整体把握。先从词语入手，缘语悟意，据意赏语，进行了语意同构；缘语生情，以情品语，进行了语情同构；通过朗读指导，恰当地表情达意，进行了语音同构。再从词语迁移到句子，让学生自主地结构化地学习。这一部分的学习为下面的学习起到了蓄势、铺情的作用。

{板块二}

师：读了课文，哪些场景给你一种气壮山河的感觉？概括说说。

生：四百多名官兵保卫堤坝的情景最感人，声势浩大，激动人心。

（师板书：保大堤）

生：连长黄晓文不顾脚受伤坚持扛沙包的情景很感人。一般人有点伤痛就喊受不了，可是黄晓文把铁钉一拔就冲上大堤，真的很感人！

师：你对这个情景感受很深！

生：我觉得人民子弟兵在滔滔洪水中救群众的情景很感人，场面很壮观，战士们那种奋不顾身的精神都表现出来了。（师板书：救群众）

师：你不简单，已经体会到场景背后的东西了！

生：我觉得洪水暴发时危急的情景也很有气势，你看，（众笑）几十万解放军官兵和几百万人民群众一起，打响了一场气壮山河的大江保卫战。多有气势啊！

师：气势在哪儿啊？

生：人多啊，有几百万群众，还有几十万官兵呢！人山人海的，很有气势！

师：人多有气势，那还不够！几百万溃败的军队有气势吗？

生：他们日夜兼程，不怕困难，不怕牺牲，勇往直前，这就是气势。
（掌声）

师：再体会一下，气势还表现在哪里？

（生迟疑）

师：他们的敌人是？

生：（恍然大悟）他们的敌人是洪水，他们是在与自然作战。大自然的力量是很强大的，是不可抗拒的。但是解放军官兵和人民群众敢于与大自然战斗，就说明他们有英雄气概的。

师：你看，这样一体会就深刻了！

生：我觉得解放军驾着冲锋舟救人的场面很壮观，很有气势！

师：是的，刚才有同学说过了，你强调一下也是有必要的。（众笑）同学们对课文内容大体上已经了解了，主要写了"保大堤，救群众"两个内容。

李伟平评：了解课文写了什么，概括课文的主要内容，是高年级学生需要培养的语文基本能力，但教师没有机械地割裂地进行这一能力的训练，而是将这一能力的培养置于具体的教学情境中，较好地体现了人文性和工具性的有机统一。教师利用学生动态生成的资源，加以归纳和提升，因势利导地培养了学生的概括能力。

〔板块三〕

师：写什么大家都不陌生了，但是怎么写的还是一个需要探究的秘密：怎么写出那气壮山河的场面？怎么体现人民子弟兵奋不顾身、勇往直前的精神？下面，我们一起来读一读四百多名官兵保大堤的场面，你觉得哪些词句特别能表现战士们的精神？这些词语有什么特别的？边读边画出来。

（生专心地阅读，圈画。师巡视）

师：读了这个段落，你能在"保大堤"前面添一个恰当的词语吗？

生：勇往直前（保大堤）。

生：舍生忘死（保大堤）。

生：全然不顾（保大堤）。

生：奋不顾身（保大堤）。

师：这些词语都概括出了人民子弟兵在保大堤时体现出来的精神和气概。那么，哪些词句特别能表现出这种精神和气概呢？选择你体会最深的说一说，说的时候先读一读跳入你眼帘的词句，然后简要谈谈你的体会。

生：我注意到的句子是"四百多名官兵闻讯赶到。支队长一声令下：'上！'顿时，一条长龙在崩塌的堤坝下出现了"。这里的"上！"写得很好，我们在电影中经常看到战士们在冲锋的时候，都是这样喊的："冲啊！"、"杀啊！"很有气势，说明战士们很勇敢。

生：我补充，这句话里的"一声令下"说明战士们一切都听指挥员的命令，没有一个开小差的。（众笑）

师：这就是人民军队，一切行动听指挥！灾情就是命令！

生：我也补充，"一条长龙"说明人很多，很有气势。

师：这里形容官兵像"长龙"，而前面形容洪水泛滥的长江像"暴怒的巨龙"，都是用"龙"作比喻，有什么不同？

生："暴怒的巨龙"是说长江洪水已经失去控制了，我们有危险了，是不好的；而"长龙"是说人多，人多就力量大，就能战胜洪水，保住大堤。

师："暴怒的巨龙"是贬义，"长龙"是褒义，作者的感情色彩很鲜明。

生：龙对龙，战斗才紧张、激烈啊！（掌声）

师：对，这场是生死决战！堤毁人亡，两个"龙"的比喻预示着决战的重要性与紧迫性，也体现了人民子弟兵的大无畏精神！敢与长江争胜负！这种英勇的气概气壮山河！好好读一读！

（生很有感情地朗读）

师：哪个字最有力量感？

生："上！"

师：要读得干脆利落！像个指挥员那样！

（生再读，很出色）

师：四百多名官兵，"一声令下"，就成了"一条长龙"，就成了一道"钢铁长城"！你再读读下文，还有类似的地方吗？

生：我画的是这个句子："嶙峋的片石割破了脚趾，他们全然不顾，心中只有一个念头：'大堤，保住大堤！'"这么多战士，心中只有一个念头，就像一个人一样。齐心协力！

师：说得好！"一个念头"！这就叫"众志成城"！这就叫"万众一心"！这就叫"人心齐，泰山移"！

生：我读这个句子："战士们高声喊道：'狂风为我们呐喊！暴雨为我们助威！巨浪为我们加油！'他们一个个奋然跳入水中，用自己的血肉之躯筑起一道人墙。"这里的"一道人墙"很感人，战士们用自己的血肉之躯挡住了滔滔的洪水，奋不顾身。

生：用"一道人墙"来比喻四百多名战士的心齐与勇敢。

师："一声令下"、"一条长龙"、"一个念头"、"一道人墙"，同学们，你们发现什么没有？

生：都有一个"一"。

生：四百多人就像一个人一样。

生：表现战士们的齐心协力。

师：对啊，四百多名官兵凝聚成了一个力量，这个力量足以撼动天地，足以挡住滔滔洪水啊！这段中还有这样的"一"吗？

生：有一副对联："风声雨声涛声，声声震耳；雨水汗水血水，水水相融。"这是人民子弟兵在这场惊心动魄的大决战中的真实写照。

师：从没有"一"的地方读出了"一"，有眼光！

生：战士们高声喊道："狂风为我们呐喊！暴雨为我们助威！巨浪为我们加油！"这是战士们的一声呐喊！

师：作者就是通过六个"一"，表现了四百官兵如一人，拧成一股绳，无坚不摧，勇往直前！好好体会一下这六个"一"，读一读！

（生自由朗读，师指名朗读。略）

李伟平评："怎么写"是语文教学的重点，但一些教师往往把它变成琐碎的肢解分析。而薛老师这一段落的教学，则是巧妙地运用各种方式引导学生在情境中赏析词语，培养语感。教师高明地引导学生比较赏析"长龙"和"暴怒的巨龙"，体会到恰当的比喻，表达情感的鲜明性。教师聚焦四个有形的"一"和两个暗含的"一"，立体地描摹人物形象，缘语生像，据像观语，进行了语像同构，从而有效地培养了学生的语像感。

师：同样是写保大堤，第四自然段与这一段有什么不同？仔细读读课文，用心发现一下。

生：第四自然段写的是黄晓文保大堤的情景，第二自然段是写一群人保大堤的情景。

师：群体，个人。

生：第二段是整体保大堤的场面，第四段是一个人保大堤的情景。

师：既然已经写了整体保大堤的场面，为什么还要写一个人保大堤的情景呢？

生：从一个人身上看到所有的人都是这样的。

师：怎样的？

生：就是这样的！（众大笑）

师：用个词语形容一下？

生：铮铮铁汉的样子的！

师：对啦！这种写法就叫"点面结合"。那么，写一个人与一群人有什么不同呢？谁来读一读？

（生读第四自然段）

生：是抓住黄晓文受伤后的动作来写的。特别是"一咬牙，猛地把铁钉一拔，一股鲜血涌了出来。黄晓文随即从身上扯下一绺布条，三下两下把脚捆了个结实，二话没说，转身扛起地上的麻包，又爬上了大堤……"这几个句子，很感人，那种奋不顾身的精神写出来了。

生：我发现也是抓住几个"一"来写的。一咬牙、猛地一拔、一股鲜血、扯下一绺布条，都是写他很勇敢的。

师：你已经触类旁通了！这是一连串的动作，很会发现啊！再细致地体会一下，"咬、拔、扯、捆"这些动词，有什么特别的意味？

生："咬牙"是在很痛的时候，强忍着痛才咬牙。

生："捆"是说黄晓文一点都不在乎自己的伤痛。我们都是要到医院里包扎的，可是他就随便捆一下，又上堤坝了。

师：这些平常的动词，用在这里就不平常了，体现了一个铮铮铁汉的本色！

生：我发现"三下两下"是说黄晓文根本不把伤痛放在眼里。不像我们，一点皮擦破了，都要大声叫喊，还要到医院去消毒，挂盐水什么的。所

以说，他是英雄！（众笑）

师：你将黄晓文与一般人进行对比，一比就能真切地体会到他的英勇与顽强，这种体会方法很好！读书就是要把自己带进课文中去，这样才会有真情实感！这里一连串的动作表现，干脆、利落、刚劲、有力、细腻感人，以一个英雄的形象衬托整个群体的英勇。从这一个铮铮铁汉身上，我们可以想象到有无数这样的铮铮铁汉奋战在堤坝上。（在"奋不顾身保大堤"前板书：铮铮铁汉）注意这些动作细节，好好体会一下，再读一读。

（生很有感情地朗读。略）

李伟平评：教师引导学生做比较阅读，潜移默化地获得了"点面结合"的言说智慧。对"点面结合"的写法指导，教师没有简单地告诉学生，而是引导学生结合具体的语境语像，让学生通过比较自己去体会和感悟。教师在上个段落教学中抓住词语特点赏析词语的方法，学生在这一段落的学习中有效地进行了迁移，学生的学习呈现结构的状态，从"教结构"自然地过渡到"用结构"。

{板块四}

师：老师听了你们的朗读，也想读一段。（生掌声）不过，不是第四自然段，而是第五自然段。（动情地朗读第一句）看来读得不太好？

（生掌声）

师：谢谢同学们的鼓励！这一句写什么啊？

生：战士们奋不顾身驾着冲锋舟救群众。

师：这里没有群众啊？

生：这里的"飞向漂动的树梢，飞向灭顶的房屋，飞向摇摇欲坠的电杆"，就是说战士们到这些地方去救群众。

生：群众被洪水围困在漂动的树梢上，灭顶的房屋上，摇摇欲坠的电杆上。

师：啊，你看到了吗？

生：看到了。

师：读书需要透过语言文字表面的意思，读到隐藏的、没有直接告诉你的那个意思：救群众！继续往下听。（读第二句）（生掌声）这一句写什么啊？

生：人民子弟兵从洪水中救出了幼儿园老师周运兰和小江珊。

生：不仅仅救这两个人，还有像她们一样被洪水围困的群众。因为这里有一个省略号，说明还有很多人被救了。

师：（对第一个学生）救群众！你听了有什么启发？

生：我只看到了表面的意思，没有想到还有其他的意思。

师：认识到这一点就是进步，要善于从字里行间读到隐含着的意思，这是不容易的。再往下听。（读第三句）这一句写什么？

生：救群众。

师：这里没有写救啊？

生："哪里有洪水，哪里就有军旗飘扬；哪里有危险，哪里就有军徽闪烁。""军旗"、"军徽"就代表解放军；"哪里"、"哪里"就是解放军到这些地方救人。

生：这里没有说到哪里救，其实就是哪里有被围困的群众，就到哪里救。

生：救群众的意思是藏在句子里的。（掌声）

师：你们越学越聪明了。继续！（读第四句）这一句写什么啊？

生：（齐答）救群众！

师：这一小节四句话，每一句都是写救群众，不是重复了吗？你再读一读，想一想。

生：四句话写的意思是一样的，但是写法不一样。

师：你真会发现，说说看！

生：第一句是说战士们驾着冲锋舟飞快地救群众，第二句是写救出了哪些群众，第三句是写有危险的地方就有解放军来救，第四句是写群众被救出来了。

师：虽然写的都是救群众，但是每一句的内容不同。那写法呢？仔细看一看，用得最特别的是什么写法？

生：排比！

师：读读这些排比句，有什么感觉？

（生大声读排比句）

生：感觉很紧张。

生：感到很急迫。

生：很有气势。

生：读起来很特别。

师：这么特别？读读看！

生：（读后）很有节奏感，感觉很好！（众笑）

师：语句排列整齐，气势连贯，读来朗朗上口，这样的排比句能传达出一种气壮山河的激情！好好读一读，体会一下。

（生齐读）

师：其实，除了排比有这样的气势，对偶，也能表达这样的气势。看一看，这里的对偶句。

生：（齐读）"在安造垸，他们救出了被洪水围困了三天三夜的幼儿园老师周运兰；在簰洲湾，他们给攀上树梢等待了近九个小时的小江珊以生的希望……哪里有洪水，哪里就有军旗飘扬；哪里有危险，哪里就有军徽闪烁。"

师：句式对整齐啊，读起来多流畅啊！透过这样的对偶和排比，作者想要表达些什么呢？

生：心中的激动。

生：对人民子弟兵的赞美！

生：夸赞人民子弟兵。

生：告诉我们全国各地都是在这样救群众。（掌声）

师：这一段，就像电影的远镜头一样，扫描一下整个救群众的宏大场面，抒发对人民子弟兵的赞美！一起读一读，感受那种如虹的气势，澎湃的激情！

（生齐读）

李伟平评：教师利用学生动态生成的资源，连续有层次地追问学生，促进学生不断思考，从而来推进教学过程。在教师的不断追问和学生的不断思考中，学生不由自主地走进了主动发现的"语言场"。在理解语言内容和情感的同时，玩味语言的表达形式，从而具体形象地体会到文章以排比、比喻、借代、对偶等多元的表现手法来描述同一语言内容的生动性，让学生自动生成内在的语言规则，从而培养了学生的语法感。

师：谁能在"救群众"前面添一个词语？

生：奋不顾身。

师：恰当，但已经用过啦！

生：舍生忘死。

师：不错！

生：义无反顾。

生：全力以赴。

生：不顾一切。

生：众志成城。

师：上文用"奋不顾身"，这里用"舍生忘死"更能递进一层！那么，在这个词语前面，再添一个什么词，就与上面"铮铮铁汉奋不顾身保大堤"对称了？想一想，词语字数要一样，意思要一致！

生：人民子弟兵。

师：意思对的，但是字数不一样了。

生：人民英雄。

生：英勇战士。

生：无名英雄。

师：对啊，许多战士我们都不知道他们的姓名，只知道他们叫解放军！

生：人民救星。

师：解放军就是人民的大救星，不错！

生：闪闪红星。

师：好，用了"借代"的手法，形象、生动！更重要的是，上面是"铮铮铁汉"，前两个字是重叠的，这里的"闪闪"也是重叠的；"铁汉"对"红星"也很妥帖！就用你的"闪闪红星"！

生：（齐读）铮铮铁汉奋不顾身保大堤，闪闪红星舍生忘死救群众。

师：你发现这其实是什么？

生：一副对联！

师：横批是什么？

生：大江保卫战。

师：可以！

生：军民鱼水情。（掌声）

师：体现了文章的主题，好！一起读！

生：大江保卫战，军民鱼水情！

师：又是一副对联！一副有气势的对联！

下课！

李伟平评：教师巧妙地引导学生完成一副对联，概括出了文本的核心价值，又一次完美地体现了文本语言内容与文本语言形式的有机统一。教师没有简单地进行总结和提炼，替代学生的思考与语言表达，而是一步一步引导学生从语言内容和语言形式两个方面来辨析和推敲词语。教师用自己的语言智慧开启了学生的智慧之门，达到语言与精神的同构共生。

[名家点评]

从"教什么"到"怎么教"

李伟平（江苏省常州市局前街小学）

薛老师的这一节课，生动形象地回答了语文课"教什么"和"怎么教"这两个核心问题。

"教什么"是由课程性质决定的，义务教育语文课程的基本特点是工具性和人文性的统一。薛老师的这节课紧扣语文课程的基本特点，引导学生了解课文写了什么，并花了更多的时间引导学生探究课文是怎样写的，而且这两个内容的教学始终没有割裂地机械地进行，总是整体地有机地结合在一起。

整体而有机的抓手便是培养学生的语感。薛老师引导学生缘语生像，据像观语，进行语像同构，培养了学生的语像感；缘语悟意，据意赏语，进行了语意同构，培养了学生的语意感；缘语生情，以情品语，进行了语情同构，培养了学生的语情感；让学生赏词析句，自动生成内在的语言规则，培养了学生的语法感；指导学生在语境中朗读，让学生对语音有一定的感知，培养了学生的语音感；指导学生读思写结合，让学生感受言语之美，培养了学生的语美感。语感的培养促进了学生语言和精神的同构共生，体现了工具性和人文性的统一。

"怎么教"体现了教师教学的智慧和艺术，体现了教师的教学风格。薛老师的这节课体现了三个特点。

第一，这是一节开放的课。在这节课四个板块的教学中，薛老师设计了一个个开放的学习活动，诸如"读一读课文中的这些词语，你有什么感觉？用个恰当的词语形容一下"、"读了课文，哪些场景给你一种气壮山河的感觉？概括说说"、"同样是写保大堤，第四自然段与这一段有什么不同？仔细读课文，用心发现一下"。这些学习活动具有很强的开放性，而且指向性都十分明确，学生便有了创造性的思维和言语表达的时空，自主、合作、探究的学习方式得到了凸显，充分体现了薛老师的"组块教学"的教学思想。

第二，这是一节灵动的课。教师做了精心的预设，巧妙地设计了一些学习活动，让学生在理解的同时进行言语实践。教师敏锐地捕捉、整理并利用学生动态生成的资源来推进自己的教学。例如，在第一板块读词语的教学中，学生读词语，感觉到很有气势，很有力量，感觉到气壮山河、震撼人心时，教师则说："所以，朗读时应该声高、气满，节奏明快，刚劲有力！你再读一次！""你找到语感了！一起像她那样读一读！""这篇课文中还有很多这样的词语、句子，用心读一读，体会一下这种气壮山河的气概与精神"。再如最后"写对联明价值"这一节中，教师引导学生辨析、推敲学生说出来的词语，选出最恰当的词联成一副对联。教师在教学中没有简单地告诉学生，没有生硬地做替代性的思考和言说，而是从学生的发言中捕捉资源，有层次地推进教学。

第三，这是一节生长的课。薛老师对文本做了深度解读，教学目标了然于胸，凭着他深厚的文化底蕴和文学素养，在对学生发言一次次点拨、引导中，促进了学生语文素养的提升。薛老师十分尊重学生，从不轻易否定学生的答案，总是巧妙地进行激励和引导。薛老师的评价语言从不空洞和抽象，而是直指具体的语言内容和形式。薛老师的评价指导从不重复学生的答案，而是凸显有层次的提升，促进学生的成长，成长的不仅有知识、能力，还有方法。例如，在第二教学板块中，学生对场景做了概括后，教师及时地板书保大堤，救群众。这一提炼是对学生概括水平的深一层次的提升。

再如，薛老师对一些读书方法的归纳指导："你将黄晓文与一般人进行对比，一比就能真切地体会到他的英勇与顽强，这种体会方法很好！读书就是要把自己带进课文中去，这样才会有真情实感！""读书需要透过语言文字表面的意思，读到隐藏的、没有直接告诉你的那个意思。"薛老师的点拨往往自然到位，而且循循善诱，有雪中送炭，但更多的是锦上添花，这都源于他自身良好的语文素养。薛老师以自己良好的语感滋养了学生语感的生发。

第十一课 《人物素描》

[教材课文]

★ 苏教版小学《语文》五年级（上册）习作题

[教学实录]

以貌写人，以事写人

——执教《人物素描》

{板块一}

师：同学们，认识我吗？

生：不认识。

师：那用你的眼睛看看今天来的老师有什么不同？要善于观察，发现不同了吗？发现三个不同说明你有一双睿智的眼睛。比如长相，言谈举止，不管是美的还是丑的，看到什么就说什么，用自己的眼睛看，实话实说。

生：老师的牙齿有点奇怪，是兔板牙。

师：嗯，有缺点的人才可爱。（生笑）

生：我从看到你，你就一直在笑。

师：你有什么感觉？

生：很可爱。

生：老师人比较高。

师：你猜猜我有多高？

生：1.75 米。

师：差不多，我 1.77 米。稍稍有点驼背，看上去矮了一点。（生笑）

生：老师的手动作很多。

师：能说具体点吗？

生：手一直动来动去。

师：这就是特点，说明还活着。（生大笑）

生：老师脸上有酒窝。

生：老师很幽默，每说一句话都让我们笑。

师：老师还有一个显著的特点。（做抬眼镜的动作）

生：老师心地非常善良。

师：你怎么看出来？

生：我感觉出来的。

师：对，要有独特的感受、感觉。现在还能发现特点的同学是了不起的。

生：像猴子。（生大笑）

师：我哪里像猴子？（生大笑）

生：尖嘴猴腮。（生大笑）

师：我听出来了，说我的脑袋小。我脑袋小，但是智慧多。（生笑）你说得很准，我属猴，有点像不奇怪。（生大笑）

生：你像湖南卫视的大兵。（生笑）

师：来，握握手，好多人这么说。应该说大兵像我。（生大笑）这位同学很会联想。

生：老师很会反驳，说牙齿是龅牙是可爱，说脑袋小就是智慧多。

师：说明老师怎么样？

生：自信。

师：对，这是性格特点。还有什么特点？

生：老师戴眼镜。

师：刚看出来呀？（生笑）

生：老师很有分析力。

师：举个例子。

生：老师穿西装，戴领带，有绅士风度。

师：来，握握手，第一次有人这么说。

生：老师握着拳头。

师：你观察得很仔细，人都有一个习惯性的动作。现在从头到脚再看看老师，对老师有什么整体印象？还有什么联想？用几个词概括一下。

生：身材修长，有学问，文质彬彬。

师：我姓薛，名字叫法根，（板书：薛法根）是不是不像老师，像出家人的名字啊？（全班同学大笑）

{板块二}

师：现在看看你还能不能有一双会描述的手。用三五句话把对老师的印象写出来，老师只有一个要求——真实。（板书：真实）大家写五分钟。

（生开始写作。五分钟）

师：（巡视点拨）老师说的话也可以写进去，语句要连贯，注意语句间的内在联系，写完了还可以自己改一改。

师：同学们能不能用三五句话真实地写出对老师的第一印象呢？谁愿意第一个来交流？其他同学要善于听，他是怎么写的？有哪些优美的词句？你可以"偷偷"地用在你的作文里。

生：（读习作）薛老师长得又高又瘦，就是背有点儿驼，1米77的个子看上去顶多只有1米75。他居然说自己是"单峰骆驼"，真有点阿Q精神。（生大笑）他脸上有一副眼镜……

师：（插话）他很简洁地概括了老师的身材特点，这里可以改一个字，什么叫"脸上有一副眼镜"？这眼镜是长在脸上的吗？（生笑）

生：（插话）戴着一副眼镜。

生：鼻梁上架着一副眼镜，看上去很斯文，也很有学问。

师：这个"架"字很贴切，也很斯文。（生笑）

生：（继续读）他长着一双龅牙，但他觉得很可爱，说"有缺点的人才可爱"，可真自信呀！

师："一双"改成"两颗"，很多词用得很恰当。

生：他逢人就笑，一笑就露出个小酒窝，有种很慈祥的感觉。

师：越说越夸张了。（哄堂大笑）改得简练些。

生：（接着读）就像小朋友和小朋友玩一样，多亲切啊！（掌声）

师：这种感觉多好呀！他很善于把自己的体会写出来。

生：（接着读）别看他长得高，却一点也没有架子。他的穿着也很体面，笔挺的西装，黑亮的皮鞋，还打着一条领带，很像绅士。有人说他像猴子，尖嘴猴腮，可是我觉得他像相声演员大兵……

师：（插话）好好读，珍惜自己的劳动成果。善于把看到的和想到的联系在一起写，这种写法好。

生：（继续读）他风趣幽默的语言常常引得我们哈哈大笑，紧张的情绪顿消……这样的老师，谁不喜欢呢？（掌声）听他上课就像听相声一样，感觉……好极了！（掌声）

师：谢谢你的鼓励，我将朝着你们的期望继续努力。（生大笑。掌声）他重点写的是老师哪个特点？

生：（齐答）幽默。

师：抓住一个特点、一个侧面描写，这个眼光就是独特的，这种写法也是独到的。谁还愿意来交流？

（生争先恐后地举手交流。略）

{板块三}

师：你们刚才写的是对老师的——基本印象。要想深入地了解一个人，有哪些方式？

生：查户口簿。（生笑）

生：上网输入名字，搜索资料。

生：可以提问。

师：嗯，这是最直接的方式了。

生：通过语言的沟通。

生：询问他的朋友。

师：侧面了解也很好。

生：俗话说"路遥知马力，日久见人心"，共同生活一段时间就了解了。（掌声）

生：看他对一般人，对自己的亲人怎么样？

师：刚才同学们说的方法都很好。现在如果你想深入地了解我，最简单的方式是——（生齐答：提问）对，那么问些什么？从哪些方面提问？每个同学自己先设计几个问题，想一想可以从哪些方面提问？你最想了解什么就问什么。

师：谁想第一个提问？

生：你几岁，爱吃什么？

师：年龄可以观察猜测，"爱吃什么"是爱好方面。

生：你教的学生成绩怎么样？

师：对呀！在工作上的成绩、贡献，这是一方面。

生：血型，星座？

生：家庭住址，电话号码？

师：这些问题重要吗？是不是要问些有价值的问题？

生：你的全名？家里几口人？多少岁？（生大笑）

师：我把资料全告诉你们，你们记一下，不麻烦你们再问了。（生大笑）薛法根，男，39岁，江苏人……你们真的记呀？你们不会是警察吧？（生大笑）还有很多问题，比如说有没有遇到挫折？帮助你的人？你最自豪、痛苦、遗憾的事？这些多有价值呀？问要问得准，才能对这个人真正有所了解！列出你最想问的三个问题。

（生列出想问的问题）

师：我们来看看问什么问题，问得有价值我就直接回答，那么可以把一些真实的材料及时记录下来。

生：你的工资多少？家里几口人？是谁？

师：工资可以不说吗？（生笑）这是我的隐私哦！（生大笑）家里有妈妈，爱人和儿子。

生：你喜欢什么运动？

师：薛老师喜静不喜动，喜欢静静地看书，写作，思考问题。我觉得大脑的运动比身体的运动重要。

生：你有痛苦吗？

师：我们都有刻骨铭心的事，每个人有成功有失败，想不想听老师失败的事？

生：想。

师：老师读师范的时候，有一次音乐考试，老师让我们选一支唱得最好的歌参加考试。我选了最流行的《军港之夜》，整整练了一个星期，自以为唱得很投入。考完试后，音乐老师对我说你："你很爱音乐，也很努力，但老师劝你不要再学唱歌了。"因为全班只有一个不及格的，那就是我。自以为唱得很投入，却不知道一开始就跑了调。尽管很伤心，但是我毅然放弃了音乐，选择学美术。我觉得人各有所长，也各有所短，有时候放弃也是一种大智慧。（掌声）

生：你一生中最快乐的是什么？

师：你快乐的是什么？

生：我快乐的是有一双能看到世界的眼睛，一双能劳动的手……

师：对，这就是平常心。

生：你最敬佩的人是谁？

师：这个问题，我最敬佩的是能超过老师的学生。

生：你小时候的趣事？

师：老师长在农村，家门口有一条小河，河水清澈见底。夏天的傍晚，一放学，我就和小伙伴们到小河里游泳。河里有许多小鱼，都被我们扑腾的水花惊动，纷纷跃出水面。我们尽情地游啊喊啊，常常要玩到筋疲力尽再回家。每次回想那时候的情景，我都觉得这是我童年时最快乐的时刻，也是最令人向往的。（掌声）

生：你有什么职业成就？

师：不能说有什么"成就"。我送走一批批学生，看着他们能继续深造，或者踏上工作岗位，成为对社会有用的人，看到他们能幸福地生活，我感到无比幸福，也很有成就感吧。

生：你成为特级教师，有什么挫折？怎样克服过去的？

师：这个问题有价值，我很高兴回答你。每个人在成长的道路上都不会是一帆风顺的，我也遭受过挫折。那是在我参加工作的第一年，学校领导让我上一节大型的公开课。我精心准备了三天，自己以为准备得很充分了。但是一看到有那么多领导、老师来听课，我就很紧张，学生比我更紧张。课堂上我们是大眼瞪小眼，一个个紧张得说不出话来。课自然上失败了，我难过了好几天。但我想从哪里跌倒的就该从哪里爬起来。后来，我又上了很多次公开课，一次比一次上得成功。我真正体会到了失败最能锻炼人，最能让一个人成熟，也自然能让一个人成长。所以，当你遇到困难，遭受失败的时候，千万不要气馁，因为，走过失败，你就能获得成功！（掌声）

（生继续提问。略）

〔板块四〕

师：好，提问到此结束。现在大家概括一下，通过交流对老师有了哪些深入的了解？梳理一下，现在对老师的印象更全面了，哪些事例留在了你的脑海里？选择一两个方面写写你对老师的印象。要用事例来写，写一两段话，每段话要围绕一个中心来写，写出你对老师新的印象和感受。能不能写得栩栩如生，把我写活了？每个人写十分钟。

（生练笔，师巡视，10分钟）

师：写好的同学请举手。（很多学生都举手）谁愿意来交流一下，让我们一起分享。其他同学要学会倾听，发现她写得精彩的地方，还要善于借鉴别人的好词好句。

生：（一女生朗读自己的习作）俗话说："人不可貌相，海水不可斗量。"（师插话：引用俗话，很有特点。）别看薛老师长相有点难看，（生笑。师插话：这是实话。）但真有学问，是全国著名的特级教师呢。其实，薛老师的成长道路也不是一帆风顺的，他遇到过挫折，遭受过失败。那是他参加工作的第一个年头，薛老师真是初生牛犊不怕虎，一下子就承担了上公开课的重要任务。（师插话：这句话写得生动。）他精心准备了足足三天，连吃饭都在思考问题，（师插话：这句话写得形象。）自以为万事俱备，只欠东风。可是，一上课就不行了，大眼瞪小眼，都紧张得不说话了。（师插话：不是不说话，是紧张得说不出话。）都紧张得不知道说什么了。你看，这样的课肯定上坏了。薛老师很难过，足足三天没吃饭，（生笑。师插话：吃了。生大笑。师插话：可是吃不下。生又大笑）足足三天茶饭不思。（师插话：这就有水平！）但是，薛老师不愧是老师，他决定在哪里跌倒就从哪里爬起来，一点也不气馁。真是有志者事竟成啊，经过薛老师的不懈努力，他终于上出了精彩的课，让人刮目相看。他说，走过失败，就能获得成功！这句话说得多好啊，失败就是成功之母啊！（掌声）

师：这位同学围绕哪一个方面来写的？

生：围绕老师在事业上的成功与失败来写的。

师：写得真实、鲜活、准确。集中笔墨写一方面，给人的印象就深刻了。她不但将听到的写下来了，还写出了自己的感受。每个人都要写出你心中的薛老师。

（生再次整理作文，写出自己的感悟）

师：现在谁愿意交流？

（生继续交流，师点评。略）

师：同学们通过描述写出了对老师的第二层次的印象。前后两部分联系起来就是对一个人完整的印象。不管写谁，都要写出哪两个方面？

生：外貌、内心。

师：对，会总结的同学就是有智慧的。写外在，也要写内在，写外在的东西可以通过观察，获得写作材料，要抓住特征来写。内在的东西可以通过提问、查阅资料等方式，获取相关的习作素材。总之，通过全面的了解，才能把一个人写活。我们作为高年级学生，不但要会以貌写人，还要学会以事写人，也就是通过具体的事例表现一个人的性格、品质、脾气。同学们回去把两段话连起来修改一下。好，今天的作文课就上到这里，谢谢同学们！

[名家点评]

深谙写作与写作教学之道

潘新和（福建师范大学）

薛法根老师的《人物素描》课，甚得我心。

写作教学之难，难在教材不但未能提供较为科学的教学框架与操作系统，而且在教学观念、内容、方法上存在诸多问题。有些认知甚至是错误的。这就要求教师自力更生，苦思力索，基于教材、超越教材。否则，不但教学低效、无效，甚至还会对学生造成误导。

写作教学要超越教材谈何容易，这是绝大部分老师无法做到的。因而，有的老师只好干脆放弃或"放羊"。写作课的超越教材，不像许多人在阅读课所做的那样，由课内向课外做一些拓展、延伸、联系，以为就是"超越"了。写作课的超越，主要表现为对教材认知的纠偏、纠错或深化、细化。就是说，教师对写作与写作教学的认知水平，要超越教材——教参编写者，要深谙写作与写作教学之道。能做到这一点的人少之又少，薛老师就是其中的佼佼者。

要说薛老师怎样超越教材，先要弄清楚教材——编写者的认知是怎样的。

薛老师的《人物素描》教学，与其对应的相关苏教版教材主要有三个部分：

五年级上册习作1：在教过你的老师中，一定也有给你留下深刻印象的吧，请选择其中一位写一写。可以写他在某些方面（如外貌、性格、教育方法等）的特点，也可以写他帮助、教育你的一两件事。

五年级下册习作6：每个人的心里都有自己喜欢或者崇拜的人。这个人可能是革命前辈、英雄模范，可能是你的父母、同学、老师，也可能是你从书籍或报刊、电视等媒体中了解到的人……用你的笔介绍一下这个人吧。要通过人物的外貌、动作、语言、神态表现人物的特点，要通过具体事例表现人物的品质。

六年级上册习作6：说起名人，同学们一定会想到那些战斗英雄、劳动模范，或是作家、画家、科学家，还有歌星、影星、球星等等。其实，三百六十行，行行出状元。"泥人张"、"赖汤圆"、"张小泉剪刀"固然无人不知，就是你身边的那些"技术标兵"、"种田能手"、"养鸭大王"……也可以称得上地方的名人嘛。你知道家乡有哪些"名人"？你了解他们的事迹吗？如果了解不多，可以做些调查访问，也可以直接拜访一下"名人"，然后写一篇习作。

弄清楚教材究竟为师生提供了什么，其问题所在，才知道薛老师是如何超越教材的，他所认识的写作与写作教学之道是什么。

一、教学观念的超越

是限制在写"优秀人物"上，还是可以写一切人、普通人，写真实的人？

教材认知是引导学生写"优秀人物"。要求写印象深刻的老师、自己喜欢或者崇拜的人、名人。基本要求是写"优秀人物"，至少是"正面人物"。其中最醒目、突出的要求是写"革命前辈、英雄模范"，写"名人"、"状元"。虽然，也讲到可以写"父母、同学、老师"，但前提是"自己喜欢或者崇拜的人"——自己不喜欢、崇拜的"父母、同学、老师"，其他不在教材规定范围内的普通人，哪怕你印象再深刻，很想写，也是不能写的。这就是教材的错误观念。

写"人物"，只要写的不是"动物"、"植物"、"景物"，应该是写什么人都成的。难道学生不知道什么是"人物"，需要教材花这么多（最多的）的笔墨告诉他们要写谁？说"要写谁"，其真正的目的是告诉学生"不要写谁"，其潜在的观念是只能写"英雄"、"好人"、"名人"。学生为什么就不能写没有帮助、教育过自己的老师（或自己觉得"不太好"的或"不好"的老师），不能写自己不喜欢、不崇拜的人，不能写非"名人"、"状元"的默默无闻的芸芸众生？

这种写人物的错误观念，源于过去要求写"工、农、兵"，写"高、大、全"的"左"与极"左"的文艺思潮。教材要求写"优秀人物"，显然，不是过时观念在潜意识中阴魂不散，就是有意识地借尸还魂。在今天，即便是一般非专业人士，都能看出做这种限制的毫无道理、蛮不讲理，荒谬到了可笑的地步。它不但可能导致学生写作对象狭隘化，表现的虚假化，更重要的是表现出对普通人——真实人生的傲慢与漠视。

正确观念：写人物，可以写任何人。

薛老师虽然按照教材"写老师"的要求，让学生写他自己这个老师，但这个他，并不是作为一个"优秀人物"出现的，在他与学生交流过程中，可以看出他不是往自己脸上贴金，不是以一个"优秀教师"、"特级教师"，或一心一意"教书育人"的模范教师的崇高形象出现的，不是像教材要求的那样，让学生介绍他的高尚品质、先进事迹，写他如何"帮助、教育"学生茁壮成长，而是竭力自贬、自嘲，放低身段，充分展示自己的缺点，尽量将自己还原成为一个普通人，一个有许多缺点的真实的人，力求打破、纠正学生的名师崇拜心理，避免拔高人物，虚假表现。

这种写真实、普通的人的观念，贯穿于他与学生极为亲和、融洽的课堂交流的全过程。从自己的外貌、性格特点，到成才之路，无不如此。自我贬低、自我调侃、自我解嘲，成了他的写作教学的鲜明风格。

如果说他对写作的深刻理解奠定了他的课堂教学的认知基础，他的幽默感则帮助他与学生间能够进行良性沟通、互动，共同形成了高效教学的场效应。

他上课做的第一件事就是破除学生写老师的心理障碍：老师的"长相，言谈举止，不管是美的还是丑的，看到什么就说什么，用自己的眼睛看，实话实说"。于是，便有了"童言无忌"的自由言说。有的说"老师的牙齿有点奇怪，是兔板牙"；有的说老师"像猴子""尖嘴猴腮"的，而他不但不恼，反而在一旁推波助澜："嗯，有缺点的人才可爱。""你说得很准，我属猴，有点像不奇怪。"还自贬说有点"驼"，是"单峰骆驼"。他非但没有要求学生写老师"帮助、教育你的一两件事"，而是专门讲了两件自己成长过程中的"糗事"，讲自己的失败与挫折，极力让学生知道老师没什么了不起，跟大家一样有许多缺点与过失——连眼前自己喜欢、崇拜的著名特级教师，也是跟大家一样的平常人，那不等于告诉学生什么人、什么事都可以写吗？只要真实而生动地写出了人物特征就成。

薛老师所做的不是像教材那样给学生"设限"，而是给学生"解禁"、"松绑"。不说什么能写，什么不能写，只要是学生自己发现的、感兴趣的都可以写，哪怕是自己敬仰的老师，也一视同仁，也可以写他的"丑"与缺点。

教材的错误，除了不该限制学生写什么人外，附带说一句：教材要求写教师"写他帮助、教育你的一两件事"，这种写教师观，也应该给予迎头痛扁，彻底纠偏。写老师，可以写的事多了去了，为什么单告诉学生写"帮助、教育你"之事？多少年来，老师怎样无私忘我地"帮助、教育"自己，老师意味着爱与奉献，成为写作思维定式，源头盖出于此。活生生的人，有血有肉、独一无二的教师，就是这么沦为被贴上统一的产品标签的批量生产的货物。——冤有头，债有主，白纸黑字写着，总算找到物证了。

将写人，限定在介绍自己崇拜的人、名人的事迹的条条框框里，势必导致失真、虚假。对于写作来说，还有什么比落套、虚假，比思想被绑架更不堪的事？

写普通、真实的人，是薛老师"写人"教学的基本理念。

二、教学内容（知识）的超越

是"客观"地模仿、"再现"，还是注重自我选择性、创造性地"表现"？

教材认知倾向于"再现"：五年级上册、五年级下册教材要求介绍一下这个人，写人物"特点"（品质），六年级上册教材要求写名人的"事迹"。这不但会导致失真，还会导致丧失自我。这同样是违背写作规律的。

介绍人物的特点、品质、事迹等，说好听一点，这是一种"新闻报道"的"宣传"写作思维，目的是表扬、表彰"先进"人物，偏向于所谓的"客观"描述。这个要求没有说在点子上。写作是需要观察生活，了解客观现象，但是，写人物不只是为了介绍、宣传"先进"人物的特点、品质、事迹，这属于对人物表层的"共性化"认知。

写作，重要的是要写出作者"自我"的"个性化"的观感、感受。即便是似乎最讲求客观的"新闻报道"，也要求记者具有"新闻眼"——新闻敏感，要找到自己独特的视角，要有自己敏锐的观察力。作者需要观察力，更需要感受力、思考力、想象力。

从思维方式上看，只讲"介绍"人物的特点、品质、事迹，是一种客观反映论、机械反映论的体现，是一种肤浅、片面的认知。

正确观念：写什么，重在写自己的独特的感觉、感受，自己的发现。

薛老师的课给我印象最深的，是他没有停留在肤浅地写"真实"上，写人物的表面现象，一般性地介绍人物的先进事迹，而是反复引导、强化学生写自我的独特感受：

用自己的眼睛看，实话实说。

要有独特的感受、感觉。

抓住一个特点、一个侧面描写，这个眼光就是独特的，这种写法也是独到的。

列出你最想问的三个问题。

现在对老师的印象更全面了，哪些事例留在了你的脑海里？选择一两个方面写写你对老师的印象。……写出你对老师新的印象和感受。

她不但将听到的写下来了，还写出了自己的感受。每个人都要写出你心中的薛老师。

他强调的是写"独特的感受"、"自己的感受"，他的主题词是"你的"、"你心中的"、"独特的"，他的关注点，不是教材要求的一般性地介绍人物的特点、品质、事迹，而是要写出自己内心对人物的与众不同的感觉、感受。即关注写作主体意识、自我意识的培养。

他要求学生要"真实"，要"实话实说"，但是这种"真实"，不是依样画葫芦的"再现"，是经过主体"心灵化"之后的独特表现。"用自己的眼睛看"，"不论美丑"，"实话实说"——绝不人云亦云，想说什么，该说什么，我的地盘我做主。这就是薛老师的写人、写老师之道。也是一切写作之大道。

凡是写出了自己的感觉、感受的，他就加以肯定、鼓励，久而久之，学生在与外部世界接触的时候，在写作的时候，才知道区分"公共感觉、感受"与"个体感觉、感受"，才知道要写就写与别人"不一样"的自我的感觉、感受。

要想做到这一点，关键是自我学识、心灵的建构。有所赋予，才有所获得。你能赋予对象的愈多，自我获得的也愈多。《文心雕龙·物色》："山沓水匝，树杂云合。目既往还，心亦吐纳。春日迟迟，秋风飒飒，情往似赠，兴来如答。"——作者有"吐"才有"纳"，有"赠"才有"答"。自我的"吐"与"赠"，决定了"纳"与"答"。

每个人所"吐"、所"赠"的不同，才有了不一样的"纳"与"答"。

说到底，写作不论写什么，都是写自己。写作不是靠"外物"、"外视"，而是靠"内养"、"内视"。所谓的"观察生活"、"贴近生活"，是一种十分肤浅的认知。最需要贴近的是"自我"的学养、心灵。

三、写作方法与写作教学方法的超越

是感性、随意地指导，还是理性与感性指导并重？

教材对写作方法与写作教学方法的指导、引领是十分简陋的："可以写他在某些方面（如外貌、性格、教育方法等）的特点，也可以写他帮助、教育你的一两件事。""要通过人物的外貌、动作、语言、神态表现人物的特点，要通过具体事例表现人物的品质。"这些是带有极大随意性、片面性的描述。看不出来这背后包含着多少对写作学、写作教育学的深刻思考。

与简陋的教材形成鲜明的反差，薛老师教学实践展现出的对写作学、写作教育学的理解，是丰富而充实的。它体现了一系列由浅入深、由表及里的理性认知与实践推进：从"外在"到"内在"，从"观察"到"调查访问"，从"局部"、"片面"到"整体"、"全面"，从"一般了解"到"独特感受"，从"以貌写人"到"以事写人"，从要求"真实"到要求"写活"。

固然其中也不无教材的影子，如写"外在"（外貌、动作、语言、神态）、"调查访问"、写"事"（写他帮助、教育你的一两件事），但是，显然他的教学内容与方法，具有更多的知识、思想含量。他超越了教材感性的混沌与无序，使之呈现出理性的明晰与有序，超越了教材编写者对写作方法、写作教学方法的认知。

薛老师对写作教学认知之深刻、精细，令人赞佩。他的教学行为看似随意、感性，其实背后是逻辑、理性的支撑，因而才有点上的聚焦与定向的深入。他知道该往哪里引导、诱导，应"导"到什么程度，深知写作的核心能力是什么。

他帮学生区分了"看"与"感受、感觉"的不同，由一般的"看"，逐渐引导学生进入到自我的独特"感觉"：

师：那用你的眼睛看看今天来的老师有什么不同？要善于观察，发现不同了吗？发现三个不同说明你有一双睿智的眼睛……

生：老师的牙齿有点奇怪，是兔板牙。

师：嗯，有缺点的人才可爱。（生笑）

生：我从看到你，你就一直在笑。

师：你有什么感觉？

生：很可爱。

……

师：老师还有一个显著的特点。（做抬眼镜的动作）

生：老师心地非常善良。

师：你怎么看出来？

生：我感觉出来的。

师：对，要有独特的感受、感觉。现在还能发现特点的同学是了不起的。

他试图区分"观察"——"官察"（感官反应）与"心察"——"智察"、"情察"的不同，让学生知道，对于外界事物不但要用眼睛看，更要用心想，用心灵去感应，用阅历、知识去同化，要抓住自己的独特感觉、感受。光有前者，没法写出好文章，顶多只能写出雷同化的低水平的大路货。决定是否能写出高质量文章的不是前者，而是后者。教学重心要放在培养学生的独特的感受力上。

他还有意识地鼓励学生在观察、感受的同时进行"联想"——想象，这是更深层次的引领：

生：你像湖南卫视的大兵。（生笑）

师：来，握握手，好多人这么说。应该说大兵像我。（生大笑）这位同学很会联想。

……

师：你观察得很仔细，人都有一个习惯性的动作。现在从头到脚再看看老师，对老师有什么整体印象？还有什么联想？用几个词概括一下。

生：身材修长，有学问，文质彬彬。

师：我姓薛，名字叫法根，（板书：薛法根）是不是不像老师，像出家人的名字啊？（全班同学大笑）

有了观察力、感受力还不够。写作的观察、感受，与联想、想象是密不可分的。联想、想象，就是"吐"、"赠"，能为观察、感受增量、增值，才有高水平的"纳"与"答"。懂得联想、想象，才有内心的自由与踊跃，才能为写作插上创造的翅膀。

在他的激发下，学生写作就很懂得联想与想象，喜欢用比喻句，写作的创造便由此起步：

生：（接着读）别看他长得高，却一点也没有架子。他的穿着也很体面，笔挺的西装，黑亮的皮鞋，还打着一条领带，很像绅士。有人说他像猴子，尖嘴猴腮；可是我觉得他像相声演员大兵……

师：（插话）好好读，珍惜自己的劳动成果。善于把看到的和想到的联系在一起写，这种写法好。

生：（继续读）他风趣幽默的语言常常引得我们哈哈大笑，紧张的情绪顿消……这样的老师，谁不喜欢呢？（掌声）听他上课就像听相声一样，感觉……好极了！（掌声）

在学生的笔下，活跃的联想与想象，如泉水般喷涌而出，这是十分可喜的。如果没有薛老师的引导与激发，很可能学生的想象力就会自生自灭，一去不复返。

联想力、想象力，意味着创造力，因而是写作的核心竞争力。培养写作联想力、想象力，当是写作教学的主旋律。在语文教学、写作教学的任何时候，都不要忘记去唤起、激发学生的创造欲。我们的教材、老师们意识到这一点了吗？

　　薛老师的课可解读的还很多，但已经写得很长，有点喧宾夺主了。还是留点空间给读者吧。

　　薛老师的写作课，体现了一个成熟教师对写作教学的理解力、想象力与管控力。多听听薛老师的课，从他对教材的超越中，会让我们更深地了解什么是写作，什么是高水平的写作教学境界。

第十二课 《九色鹿》

[教材课文]

九色鹿

在一片景色秀丽的山林中，有一只鹿。它双角洁白如雪，身上有九种鲜艳的毛色，漂亮极了，人们都称它九色鹿。

这天，九色鹿在河边散步。突然，耳边传来"救命啊，救命!"的呼喊，只见一个人在汹涌的波涛中奋力挣扎。九色鹿立即纵身跳进河中，将落水人救上岸来。

落水人名叫调达，得救后连连向九色鹿叩头，感激地说："谢谢你的救命之恩。我愿意永远做你的奴仆，终身受你的驱使……"

九色鹿打断了调达的话，说："我救你并不是要你做我的奴仆。快回家吧。只要你不向任何人泄露我的住处，就算是知恩图报了。"

调达郑重起誓，决不说出九色鹿的住处，然后千恩万谢地走了。

有一天，这个国家的王妃做了一个梦，梦见了一头双角洁白如雪、身披九种鲜艳毛色的鹿。她突发奇想：如果用这只鹿的毛皮做件衣服穿上，我一定会显得更加漂亮！于是她缠着国王要他去捕捉九色鹿。国王无奈，只好张贴皇榜，重金悬赏捕捉九色鹿。

调达看了皇榜，心想发财的机会来啦，就进宫告密。国王听了，立即调集军队，由调达带路，浩浩荡荡地向着九色鹿的住地进发了。

山林之中，春光明媚。九色鹿在开满鲜花的草地上睡得正香。突然，乌鸦高声叫喊道："九色鹿，九色鹿，快醒一醒吧，国王的军队捉你来了!"九色鹿从梦中惊醒，发现自己已处在刀枪箭斧的包围之中，无法脱身。再一看，调达正站在国王身边。九色鹿非常气愤，指着调达说："陛下，您知道吗?正是这个人，在快要淹死时，我救了他。他发誓永不暴露我的住地，谁知他竟然见利忘义！您与这种灵魂肮脏的小人一起来残害无辜，难道不怕天下人笑话吗？"

国王非常惭愧。他斥责调达背信弃义，恩将仇报，并重重惩罚了他，还下令全国臣民永远不许伤害九色鹿。

★ 苏教版小学《语文》四年级（上册）

[教学实录]

体验·想象·感悟

——执教《九色鹿》

{板块一} 说一说：评论人物，感知形象

师：你喜欢九色鹿吗？喜欢它什么呢？请你认真读一读课文，在它令你喜欢的地方做个标注，并选择一个词语概括一下。

（生认真阅读，并做批注。师巡视，提示：不要满足于一个方面；要看到别人看不到的东西，读到别人读不出的东西。5分钟后交流）

杨再隋评：读出别人读不出来的，看到别人看不到的，这就是"发现式"阅读，表明阅读是个性化行为，让学生选词说一说，其实是在引导学生对课文主要内容的整体把握。

生：九色鹿心肠好。（师期待该生继续往下说）它救了那个落水人，还不要他报答。

师：（赞许地）这叫"心地善良"。还喜欢它什么？

生：美丽。（师期待该生继续往下说）它双角洁白如雪，身上有九种鲜艳的毛色，漂亮极了。

师：（夸赞地）漂亮的事物人人都喜欢。你也很美丽！

杨再隋评：课堂对话紧扣文本，围绕主角，畅所欲言。当学生心扉敞开，语言闸门打开之时，许多充满稚气的美妙语言就脱口而出了。

生：我喜欢它遇到困难时的机灵。

师：怎么机灵呢？

生：它被包围了，还能想办法说服国王。

师：在刀枪箭斧的重重包围之中，九色鹿居然能安然脱身。你还可以用哪些词语形容它？

生：（纷纷地）聪明；机智；冷静；勇敢；慈祥。

杨再隋评：初读课文，学生对九色鹿的美丽、聪明的形象和善良、高尚的品性有了初步的感知，并尝试着选用已学过的词语来表达这种感知。这既是认知的过程，也是学习运用语言的过程。

师：能用"慈祥"么？面对调达的出卖，面临被杀的危险，它还能慈祥，那真的成佛了！（众笑）

生：我喜欢九色鹿的高尚。它救了人不要别人报答，心灵很高尚。

师：这个词用得好！

生：它还能指出坏人的错误。

师：这不是一般的错误，贪图钱财，出卖恩人，这是罪恶！九色鹿义正词严地揭露，这叫有正义感！大声地说一遍——正义感！

生：我最喜欢九色鹿的奋不顾身。

生：我喜欢它舍己救人。

……

师：九色鹿是"正义与善良的化身"，所以大家都喜欢它。

（生再齐读课题：九色鹿）

师：课文里还有一个人，谁呀？

生：（齐声）调达！

杨再隋评：从初识九色鹿到直面调达，这不仅是文本角色的调换，也是学生情感的转换。美与丑、善与恶、正与邪、恩与仇、君子与小人，尽在学生的喜欢与不喜欢的情绪变化之中。

师：你喜欢这个人吗？

生：不喜欢。

师：给个理由。

（生沉默，说不出理由）

师：喜欢一个人可以不需要理由，但不喜欢一个人一定有理由。（众笑）

杨再隋评：当学生思路堵塞时，老师的这句话如一块石头抛到同学们平静的脑海里，立即溅起朵朵思维浪花，语言的闸门随之打开。

生：（停顿了一会）他恩将仇报。

师：（惊喜地）对啊！他怎样恩将仇报的？

生：九色鹿救了他，但他看见国王的皇榜，跑去告诉国王九色鹿的住处。

师：更可恨的是他还让国王带兵去捕杀九色鹿！这叫什么？

生：见利忘义。

师：还叫什么？

生：背信弃义。

师：你看，你的理由多充分，说得真好！我要奖励你，你要什么奖励？

生：我不要奖励。（众大笑）

师：你真善良！你越不要，越要奖励你。（众大笑）来，奖励你把这三个词写到黑板上。黑板一般情况下是老师才能写的哦！（生高兴地板书）

师：还有谁说说这个人？

生：调达是个卑鄙的小人。他一心想发财，就向国王告密。

师：你想不想发财？

生：我不想。

师：（惊讶。众学生七嘴八舌：他家很有钱了！众大笑）想发财并没有错。但"君子爱财，取之有道"。靠出卖救命恩人来发财，这是贪婪和卑鄙的行径。请你把"卑鄙小人"这个词写到黑板上。

生：调达灵魂肮脏。

师：薛老师的皮鞋很"肮脏"，与这里灵魂肮脏的"肮脏"，意思一样不一样？

生：皮鞋肮脏是不干净，灵魂肮脏就是卑鄙。

杨再隋评：告密者怀有阴暗的心理，昧良心的告密者藏着最卑鄙的灵魂。老师在此处用皮鞋的"肮脏"和灵魂的"肮脏"做对比，对学生来说，通俗易懂又生动鲜活。

师：皮鞋不干净叫肮脏，思想不健康也叫肮脏！卑鄙的反义词是？

生：（齐）高尚！

生：调达是个坏人。

师：怎么讲？

生：调达残害无辜。九色鹿救了他，他还要害九色鹿。

师：我们同学用了哪些词语表达对调达的厌恶和愤恨？

生：（齐读）见利忘义、背信弃义、恩将仇报、（卑鄙）小人、灵魂肮脏、残害无辜。

师：哪个同学写的"小人"？还有前面两个字不会写了？（众大笑。师补写。生抄录）与"小人"相对的是——

生：（齐）君子！

师：我们要做君子，不能做小人。调达这个小人，其实就是"卑劣与贪婪的象征"。对这样的小人，我们可以痛骂一顿！

师：调达，你这个_____的小人！（引读词语：见利忘义、背信弃义、恩将仇报、卑鄙、灵魂肮脏、残害无辜）

师：语文学好了，骂人也骂得有文化。（众大笑）

杨再隋评：描述卑鄙小人的评语，汉语词汇太丰富了。你看孩子们信手拈来，字字句句如刀如剑，直戳卑鄙者的灵魂深处。老师调侃说："骂人也骂得有文化。"其实，这种"骂"是理直气壮的斥责，是正气凛然的声讨。

{板块二} 读一读：想象朗读，感受情境

师：《九色鹿》源自一个佛经故事，就画在敦煌莫高窟第 257 窟的墙壁上。这是一幅连环画，我们读到的这篇故事就是根据这幅画写下来的。老师曾经看过这幅壁画，太漂亮了，九色鹿栩栩如生。你们想看吗？我把它画下来好不好？

生：（期待地）好！

师：闭上眼睛，不许偷看。（读课文中描写九色鹿的文字）"在一片景色秀丽的山林中，有一只鹿。它双角洁白如雪，身上有九种鲜艳的毛色，漂亮极了，人们都称它九色鹿。"（边读，边在黑板上画了一个空方框）

师：眼睛睁开，老师画的九色鹿怎么样？

生：（疑惑地）没画啊！

师：没画？画在哪儿了？

生：（恍然大悟地）画在我们心里了。

杨再隋评：用语言激活想象，唤起形象，这正是语文教学的重要特点。由于每个学生的知识、经验、背景不同，出现在每个学生头脑里的画面也不尽相同。较之过早地把学生的想象定格在一幅固定的画面上，这种留白更能体现语文学习的特点，更能激荡起学生飞舞的想象力。

师：老师不是用笔来画的，是用什么来画的？

生：用文字来画的。

师：对，用文字，用语言来画的。学语文，读故事，最重要的是我们要能凭借语言，进行想象。读故事需要想象，听故事也需要想象。因为想象的才是最美丽的。

杨再隋评：想象是借助留存在头脑中的表象组成新形象的心理过程。如老师所言，读故事需要想象，因为有想象，故事的形象会更生动、更丰满、更美丽，还是让学生边读边想象吧！

师：课文有九个自然段，就有九幅美丽的图画，我们同学要一边读，一边在自己的脑海里想象，绘成九幅画。看谁读得最专注。

（生自由朗读全文）

师：九幅画中，有一幅画，出现的人物最多，情节最紧张，是哪一幅？

生：第八幅画。

杨再隋评：课文中描绘的联系紧密的九幅图画，其中以第八幅画的内容更丰富。既然学生自己发现，就让他们先睹为快。

师：请你来读一读第八自然段。注意，这是一个故事，我们要像讲故事一样来读叙述的语句。

生："山林之中，春光明媚。九色鹿在开满鲜花的草地上睡得正香……"

师：（插话）太像读书了，就没有听故事的感觉了。讲故事中叙述的语句要像平时讲话一样自然。你听老师读。（范读）你再来试试？

杨再隋评：老师要求讲故事中的叙述的语句就要像平时讲话一样。读书，拖腔拖调，扭捏做作，不宜提倡。其实，读到极致，就是"说"，自然、平和、质朴、生活化地"说"。

生：（朗读叙述的语段，进步明显。师插话：好！就这么读！）突然，乌鸦高声叫喊道——

师：（插话）当讲到人物开口说话时，要模仿一下人物的口吻来讲故事。想象一下，此时九色鹿在哪里？

生：在草地上睡觉。

师：乌鸦又在哪里？

生：树枝上，也有可能在天空中。

师：对呀，乌鸦要在那么远的地方叫醒九色鹿，该怎么叫喊？体会一下再读人物的话语。

杨再隋评：在特定的语境中体会人物的话语，犹如身临其境，如闻其声，如见其人，如鲠在喉，不吐不快！

生：（大声地叫喊，语速明显加快）九色鹿，九色鹿，快醒一醒吧，国王的军队捉你来了！

师：（夸奖地）这样讲故事才有声有色！

（生继续读故事）

师：读得不错！这一段话中，哪些词语最能表达九色鹿的气愤之情？

生：灵魂肮脏、见利忘义、残害无辜。

师：这是让人气愤的原因。在九色鹿的话语中，哪些词语表达的气愤之情更加强烈？

生：竟然。

师：竟然，就是意想不到的，出人意料。在这个词下面加点。

生：难道。

师："难道"一定要和"吗"连起来才能表达强烈的感情！（众笑）这是一个反问句。我们在朗读的时候，千万不能忽略这几个词语。自己练习读一读表现九色鹿气愤的话语。

（生各自练读）

师：谁来读？（指名一女生读）

杨再隋评：读，是学生和文本的对话，和作者感情的交流。老师问："哪些词语最能表达九色鹿的气愤之情"，又问："在九色鹿的话语中，哪些词语表达的气愤之情更加强烈？"始终要求学生紧扣文本语言，在感知语言中逐渐悟出语言文字背后的作者的未尽之言和未了之情。

师：九色鹿虽然很气愤，但你读来还是很温柔，当然柔中带刚。气愤时说话，语速要略快，语气要有力！（指名一男生读）

生：我不要话筒。（众笑。师赞许。生大声朗读，声情并茂。掌声）

师：奖励你点什么好呢？（众笑）请你解答一个问题吧！刚才有位同学说，这个国王也是个昏君，九色鹿该这么说："你这个昏君，居然是非好坏都不分！正是这个人，在快要淹死时，我救了他。他竟然见利忘义，恩将仇报！你与这样的卑鄙小人一起来害我，还有人性吗？"

生：这样说就完了！（众笑）国王一听就可能会发怒，一发怒就把九色鹿真的给杀了！

生：国王一开始并不知道事情的真相，不知道九色鹿是这样一只舍己救人的神鹿。

师：不知者不怪！

杨再隋评：在许多民间故事里，国王不是暴君就是昏君，这种思维定式对学生是有影响的。然而九色鹿遇到的国王却是一位知错能改的国王，否则小人得志，好人蒙冤，人性何在！天理何存！

生：我觉得国王是因为王妃才这么做的。

师：你的意思是都是女人惹的祸？（众大笑）

生：九色鹿要借国王来惩罚忘恩负义的调达，这样才能脱离险境。

师：小不忍则乱大谋！在遭到卑鄙小人陷害的时候，我们一定要格外沉着冷静，既要揭露小人的奸计，又要保护自己！这叫"智慧"！不能被小人气昏了头，那会把事情弄得更糟糕，正中了小人的奸计。要知道，九色鹿是智慧与美丽的化身。谁再来读一读？

（生再读第八自然段）

杨再隋评：通过读，学生渐入佳境，在特定的情境中，知道了要审时度势，趋利避害。大家都在为九色鹿的命运担忧，都在为九色鹿脱险想办法，学生的情感已融入作者抒发的情感之中。

师：哪幅画是专门画国王的？

生：第九自然段。

师：谁知道调达受到了什么惩罚？

生：落水了没人救，淹死了。

生：坐牢，坐到死。

生：先打五十大板，再押进地牢。

师：你真够狠心的！

生：让他去修城墙。（众大笑）

师：你以为是秦始皇啊！但需要劳动改造！

生：死罪，斩首！

师：真残忍！我佛慈悲为怀，少杀生为好！（众大笑）

杨再隋评：国王知错能改，惩恶扬善；九色鹿逢凶化吉，遇难呈祥；小人调达恩将仇报，遭到惩罚。美丽的故事有一个完美的结局，这不正是孩子们期盼的吗？

{板块三} 写一写：角色体验，感悟事理

师：同学们，这是一个佛经故事。调达后来忏悔了，他面壁思过，最后位列 500 罗汉中的第 157 尊。你看，一个坏人，知错就改，他也能成为一尊罗汉。中国古典小说，很少有人物心理描写。调达面壁思过，他会怎样忏悔呢？国王听了非常惭愧，如何惭愧？请你选择一个人物写一段心理描写的话，可以这样开头："唉，……"写三五句话，用上"竟然"这个词。

（生动笔写话，8 分钟后交流）

杨再隋评：中国古典小说和民间故事主要是通过人物的动作、语言来推动情节的发展，本文亦如是。当学生还沉浸在故事的情节之中时，老师让学生选择其中一个人物写一段心理描写的话，这既是引领学生走进人物心灵深处的过程，也是学生将内化的认知外化为语言的过程。读后即写，趁热打铁，让尚未停息的思绪在笔尖上任意流淌，还怕学生写不出来吗？

生：我写的是国王。（读片段）国王非常惭愧：唉，我真笨！（师插话：不是"笨"，是糊涂！）唉，我真是聪明一世糊涂一时啊！（掌声。师插话：你这叫"聪明"！）竟然相信了这个见利忘义、背信弃义的卑鄙小人的话。（师插话：只听不做还不坏！没写完。）不分青红皂白就要捕杀这头神鹿，差点犯下不可饶恕的罪过。（师插话：完整了就清楚了！）我要做一个明君！（师插话：明在何处？指板书）保护正义与善良的好人，惩罚贪婪与卑劣的小人！（掌声。师插话：惩恶扬善，匡扶正义！你会是一个"明君"！明白事理的君子！）

生：我写的是调达。（读片段）调达忏悔道：唉，我竟然做出这种恩将仇报的事，真是罪过罪过。（师插话：罪在哪里？过在何处？）罪在见利忘义，竟然出卖了救命恩人，带兵捕杀它，真是罪大恶极！（师插话：认罪深刻！）人生在世，谁能没有错误呢？（师插话：你还自我安慰？众大笑）我今后要做个好人。（师插话：好在哪里？）多做好事，不做坏事。（师插话：心

存善念，常做善事，改过自新吧!)

杨再隋评：由于学生对九色鹿的形象和品质都有深刻的印象，调转笔头去写国王和调达合情合理。正是国王的糊涂凸显了九色鹿的智慧，也因为调达的卑鄙衬托了九色鹿的高尚和善良。由于学生已进入教学情境，必能设身处地，以己推人，写起来自然得心应手，妙笔生花。

生：调达非常后悔，忏悔道：唉，我如果不去告密就好了。(师插话：告密前还犯浑。)唉，我真犯浑，(众笑)见了赏金就丢了灵魂，居然把自己的誓言忘得一干二净，还去王宫告密。真的可耻啊！我恨不得一头撞死!(师插话：以死抵罪啊!)想不到九色鹿竟然这么聪明，(师插话：聪明在哪里?)当着国王的面，说出了事情的真相。(师插话：加一句，揭穿了我的丑恶嘴脸，肮脏的灵魂!)我彻底醒悟了，我还是做一个好人吧。这个社会好人太少了。(众笑)我要做知恩图报的人。

生：唉，九色鹿在我落水时救了我，我竟然恩将仇报，我真是个浑蛋!我的良心都让狗吃掉了。我这是为何呢? (师插话：是啊，为何呢? 问你呢? 众大笑)

杨再隋评：在学生眼里，调达可恨，可恶，又可悲可叹，是人性的扭曲，良心的缺失。但毕竟未酿成恶果，且有悔改之意，应予严惩，但罪不至死。宽宏大量是中华民族的美德，但愿当今的调达们也能幡然醒悟，不要以为善良的人软弱可欺，再来一次恩将仇报。历史不会重演，罪恶者将永远被钉在人类的耻辱柱上。

(生交流。略)

师：(结合板书小结)今天我们学习了《九色鹿》，我们不能做_____
(板书上的词语)这样的小人，我们要做什么样的人呢?

生：知恩图报、信守诺言、灵魂高尚、心地善良……

师：九色鹿是正义与善良的化身! 让我们把美丽的九色鹿和这个美丽的故事一起留在我们的心里吧!

杨再隋评：学生总结的这十六个字，字字铿锵，掷地有声，这就是做人的准则。老师要求学生将美丽的九色鹿和这美丽的故事留在心里，符合语文教学特点。形象包含思想，思想寓于形象，因为学生正是从这美丽的故事里悟出了做人的道理。

附：板书

```
        九色鹿                      调  达
    正义与善良的化身              卑劣与贪婪的象征
                              见利忘义  背信弃义  恩将仇报
    ┌──────────┐              卑鄙小人  灵魂肮脏  残害无辜
    │          │
    └──────────┘
        想  象
```

[名家点评]

富有魅力的语文课

杨再隋（华中师范大学）

这是一堂体现语文特质、文化含量丰富的语文课。课堂上，学生紧扣文本，说语文，听语文，读语文，写语文，遣词造句，脱口而出，下笔成文，出口成章。如苏霍姆林斯基所言，只要拨动了学生心灵的琴弦，就会发出美妙的乐声。人的生命活力，主要是思想活力，用鲜活而美妙的语言来表现学生思想的活力，正是语文教学的重要特征。如何重塑汉语的精神活力，唤起学生对汉语的自信和珍爱，让汉语精神融入学生心灵，是语文教学的重要使命，法根老师以他的教学实践给我们树立了榜样。整堂课老师并未使用录像和图画（合理使用，未尝不可），而是引导学生依托语言，借助想象，唤起形象。这是语文的魅力，也是语文教学的特点。

这也是一堂语言训练和思维训练相统一、智慧含量丰富的语文课。课堂上活跃的思维和活泼的语言相辅相成，即时生成的智慧和脱口而出的连珠妙语，相得益彰。伴随着故事情节的发展，对人物命运的关切，学生情感的跌宕起伏，师生感受到智慧语文的快乐。

因幽默引发来的学生的笑声，反映出学生对文本学习发自内心深处的喜爱。法根老师的幽默信手拈来，恰到好处。这是教师智慧的闪光，也是教师语文功力深厚的表现。

事物总是在比较中显现出优劣短长，比较是一种思维方法。本课中，法根老师引导学生走进文本，把九色鹿和调达做比较。前者是美丽善良、聪明机智、心灵高尚；后者是背信弃义、恩将仇报、贪图钱财。九色鹿是"正义和善良的化身"，而调达则是"卑劣与贪婪的象征"。通过语文实践，学生们对美丽与丑陋，善良与罪恶，高尚与卑劣，君子与小人，有了更深的认识。通过强烈对比获得的鲜明形象深深触动学生的情感。这种通过形象感染和情感熏陶得到的道德认识和道德情感，也许会影响学生的一生。

这还是一堂学生听说读写综合实践课。老师用"说一说：评论人物，感知形象"、"读一读：想象朗诵，感受情境"和"写一写：角色体验，感悟事理"三个板块有序组成了整个教学过程。由"说"到"读"再到"写"，由感知、感受再到感悟，层层递进，环环相扣。从纵向发展中体现了学生的认知过程和能力形成的过程。在横向中听、说、读、写，知、情、意、行，又相互交织，互补互促。这种颇有创意的教学设计，给师生的想象和思维留下空间，给练习实践留有余地，使师生在教学中可以纵横捭阖，产生出许多生成性课程资源，课堂气氛活跃，生动活泼。

特别要指出的是，法根老师常常在不经意之中"出奇制胜"，教学中的"点子"，往往在人们意料之外，又在情理之中。他的课自然、平实。自然，即遵循学生身心发展的自然规律和学习语文的规律，顺其自然，因势利导。平实，即平中有奇，有奇思妙想，有"奇谈怪论"；实，求实、务实、不虚夸、不浮华，实中有活，求变、求新。教学中，学生学得主动积极，学得生动活泼，充分发挥了主体精神。然而，这一切都离不开教师的"导"，当学生思维倦怠时，一点即醒；当学生学习困惑迷茫时，一拨即通。这既源于教育新理念的指引，也是教学新策略的巧妙运用。

教学总是有遗憾的，没有缺点的课并非一定是好课。从本课的三个板块看，都很精彩，但我更欣赏第二、三板块的精彩。因为第一板块"说一说"的精彩，是超前的"精彩"，是班级中一部分学生并不十分理解的"精彩"。试想，学生初读课文，还停留在感知阶段的时候，让学生用词语概括，从表面看，少数学生的概括，的确不错，但从学生的认知规律看，应是在学生充分感知语言、深切感受课文内容、在头脑中唤起形象之后，从具体形象再到抽象概括，这是人的一般认知规律。因此，第一部分的"概括"应在读课文之后，尤其是对九色鹿和调达的对比概括，更应在读后进行。而初读课文之后的"说一说"，不过让学生谈谈初步感受，了解课文大致内容，有一个总体的印象而已。由于第一板块要求较高，费时过多，相对弱化了第二、三板块学生的读写实践。

瑕不掩瑜，教学中的瑕疵决不会掩盖教学的光泽。正是瑕瑜互见，优缺点相互映衬，表明教学的真实可信，给教学研究留下了富有创意的提升空间。

第十三课　《哪吒闹海》

[教材课文]

哪吒闹海

东海龙王父子称霸一方，经常兴风作浪，害得人们不敢下海捕鱼。哪吒决心治一治他们，为老百姓出一口气。

一天，小哪吒带上他的两件法宝——混天绫和乾坤圈，来到大海边。他跳进大海里，取下混天绫在水里一摆，便掀起滔天巨浪，连东海龙王的水晶宫也摇晃起来。龙王吓了一跳，连忙派巡海夜叉上去察看。

夜叉从水底钻出来，只见一个娃娃在洗澡，举起斧头便砍。小哪吒可机灵啦，身子一闪，躲过了这一斧头，随即取下乾坤圈，向夜叉扔去。可别小看这小小的乾坤圈，它比一座大山还重，一下就把夜叉给打死了。

龙王听说以后，气得嗷嗷直叫，就派他的儿子三太子带兵去捉拿哪吒。三太子跳出水面，气冲冲地对哪吒说："你打死我家夜叉，该当何罪?"说着，举枪便刺。哪吒一纵身，趁势抖出混天绫。那混天绫立刻喷出一团团火焰，把三太子紧紧裹住。三太子只好现出了原形。

从此，东海龙王再也不敢胡作非为了，人们又过上了太平日子。

★ 苏教版小学《语文》三年级（上册）

[教学实录]

概述·讲述·转述
——执教《哪吒闹海》

{板块一}　练习朗读

师：你最早是怎么知道《哪吒闹海》这个故事的？

生：我是听爸爸妈妈讲的。

生：我是在电视里看到的。

生：我看了妈妈给我买的书。

生：我是在电脑上看到的，五岁的时候。

师：看来小朋友对这个故事都很熟悉了，有的是从电视里看到的，有的是从书上读到的，有的是从父母那里听到的。那有没有同学是在梦中梦到的啊？

生：（齐笑）没有！

师：这个故事是明朝一个叫许仲琳的人想出来的。他写了一本书叫《封神演义》。"哪吒闹海"这个故事出自第十二回《陈塘关哪吒出世》。谁会读课文？

（一生读第一段）

师：读得真流利！你还可以读得更好些。这段话当中有些词语很重要，要读重音。哪些词语呢？称霸一方、兴风作浪、治一治。

（生再读第一段，重音突出了）

师：嗯，有轻有重，就有起伏，就好听了。这就是进步！这一段讲东海龙王父子怎样呢？

生：（齐读）称霸一方、兴风作浪。

生：治一治。（众大笑）

老师：是他要治一治你呢，还是你要治一治他？

生：治一治他！

师：哎，这就对了！你还知道什么？

（生茫然）

师：啊，不知道了。龙王称霸一方，你被吓坏了是不是？（众笑）

生：龙王父子害得人们不敢下海捕鱼。

生：龙王父子欺侮百姓，胡作非为。

师：真好！你这是真的读懂啦！课文第一自然段就是讲龙王父子——

生：（齐读）称霸一方、兴风作浪、胡作非为。

师：所以哪吒要——

生：治一治他们！

生：为老百姓出一口气！

师：我们朗读的时候要一边读，一边想。谁来读第二自然段？

（生读第二自然段）

师：请画出词语：巡海夜叉。就是专门在海上巡逻、巡视的夜叉，名叫李艮。这里"混天绫"的"混"字读 hún 不读 hùn。

（生齐读）

师：哪吒还有一件宝物——

生：乾坤圈。

师：嗯，哪吒就是带着这两件法宝去闹海的。这一次，他是怎么闹的？

生：他用混天绫在水里一摆，龙王的水晶宫摇晃起来。

师：你看这个混天绫在水中一摆，便——

生：便掀起滔天巨浪。

生：龙王的水晶宫便摇晃起来。

生：龙王的水晶宫便振动起来。

生：龙王的水晶宫便晃动起来。

师：哪吒轻轻一摆混天绫，便把龙宫搅得天翻地覆、鸡犬不宁。一闹东海！

（生读第三自然段）

师：（反复指导学生读正确。略）终于读通了，真好！这一回哪吒怎样闹海了？

生：小哪吒随即取下乾坤圈，向夜叉扔去。可别小看这小小的乾坤圈，它比一座大山还重，一下就把夜叉给打死了。

师：哪吒二闹东海，只是一扔乾坤圈，便把夜叉给打死了。夜叉该不该死？

生：该死！

师：你怎么知道他该死？

生：他胡作非为。

生：谁叫他跟龙王父子一起称霸海洋。

生：谁叫他跟龙王父子一起祸害百姓。

生：谁叫他跟龙王父子一起干坏事。

生：谁叫他一上来便砍。

师：请你画下来：举起斧头便砍。你看，他知道哪吒在洗澡，举起斧头便砍。

生：说明他是坏人。

生：说明他凶恶。

生：一见人就杀，很凶残。

生：他非常残暴。

师：你看这个句子："举起斧头便砍。"他有没有跟人家说话？有没有跟人家讲道理？

生：没有！

师：拿起斧头便砍，说明夜叉残忍无比，杀人不眨眼，不是好人！举枪便刺，好不好？

生：不好！

师：抡起拳头便打？

生：不好！

师：张口便骂？

生：不好！

师：像这种"什么便什么"的人，都不是好人！（众笑）好，继续往下看。

（生读第四自然段，读到"气得嗷嗷直叫"处）

师：（插话）龙王为什么气得嗷嗷直叫？

生：因为夜叉被哪吒打死了。

生：夜叉被哪吒用乾坤圈砸死了。

师：对的！这个龙王叫"敖光"，所以要嗷嗷直叫。（众大笑）

（生继续往下读）

师：第三次如何闹的？

生：哪吒抖出混天绫，混天绫立刻喷出一团团火焰，把三太子紧紧裹住。

三太子只好现出原形。

师：哪吒一抖混天绫，便怎样？

生：便使三太子现出原形。

生：便把三太子逼出了原形。

师：看最后一段。

（生读第五自然段）

师：这里有两个词很重要。

生：再也，又。

师：哪吒闹海有三次，一摆，一扔，一抖。你能做一下这三个动作吗？

生：能！（纷纷做动作）

师：你能掀起滔天巨浪吗？

生：不能！

师：你能把人打死吗？

生：不能！

师：你能让他现出原形吗？

生：不能！

师：这是为何？

生：因为哪吒用的是法宝。（众笑）

生：因为哪吒是神仙。（众笑）

生：因为这是神话故事。（掌声）

师：现实生活中有没有这样的法宝？有没有这样的神力？

生：没有！

师：这就是神话故事！（引读词句）我们知道龙王父子——称霸一方、胡作非为，经常——兴风作浪，所以哪吒要去——治一治他们。哪吒一摆混天绫，便——掀起滔天巨浪，连东海龙王的水晶宫也摇晃起来。龙王连忙派巡海夜叉上去察看。哪吒一扔乾坤圈，便——把夜叉给打死了；一抖混天绫，便——把三太子逼出了原形。最后老百姓——又过上了太平日子。

{板块二} 学习概述

师：读完《哪吒闹海》这个故事，我们可以用几句话把它清清楚楚地说出来，这叫概述。不管多么复杂的一件事，都可以用三句话概述。哪三句话呢？第一句：哪吒为何闹海？第二句：如何闹海？第三句话：闹了又如何？请你根据这三个问题，概述一下这个故事。

（生练习概述）

师：谁有这个本事？

生：东海龙王父子称霸一方、兴风作浪，哪吒决心治一治他们。（师插话：第一句。）他来到海边，一摆混天绫，搅得水晶宫都摇晃起来；（师插话：这里用分号，继续。）一扔乾坤圈，一下子就把夜叉给砸死了；（师插话：还是用分号，继续。）一抖混天绫，就将三太子逼出了原形。（师插话：句号。这是第二句。）从此，老百姓又过上了太平日子。（师插话：这是第三句。）

师：谁还有本事说得不一样？

生：哪吒决心治一治胡作非为的东海龙王，（师插话：父子。）哪吒决心治一治胡作非为的东海龙王父子，（师插话：第一句简洁明了。）便带着乾坤圈和混天绫来到大海边，他就是那么轻轻一摆、一扔、一抖，便打死了夜叉和龙王的三太子。（师插话：了不起！将"三闹"用三个"一"概括，的确有本事！这是第二句。）从此，东海龙王再也不敢胡作非为，老百姓又过上了太平日子。（师插话：第三句。）

师：有个小建议，两次用到了"胡作非为"，重复了，可以换一个词语。

生：从此，东海龙王再也不敢兴风作浪了。

师：这样就完美了！谁还有本事概述？

（生概述。略）

师：这三句话：为何闹？是原因；如何闹？是经过。闹了又如何？是结果。把原因、经过、结果说清楚，就把这个故事说得——

生：完完整整。

生：具体。

生：清清楚楚了。

{板块三} 学习讲述

师：有些同学说这个故事是爸爸妈妈讲给你听的，讲故事可不能这样概括地讲。要讲得——

生：栩栩如生。

生：清清楚楚。

生：讲得完整、具体。

生：讲得精彩。

师：这个故事讲给谁听比较好？

生：薛老师。（众笑）

生：讲给比我们小的弟弟妹妹们听。

生：讲给不知道这个故事的人听。

师：怎样把一个故事讲得精彩呢？老师有一个法宝。

生：什么？（好奇地）

师：概述的时候，我们把一个故事变成三句话；现在讲故事的时候，我们要把一句话变成三句话。有了这个本事，你就能把故事讲得栩栩如生了。我们一起来练一练吧！就看这一句："夜叉从水底钻出来，只见一个娃娃在洗澡，举起斧头便砍。"怎么变成三句话呢？

生：（齐读）夜叉从水底钻出来。

师：（板书）只见——

生：只见一个白白胖胖的娃娃在洗澡。

师："白白胖胖"，多好玩啊！这叫"形象"！夜叉看到后，（板书）就大喝一声——

生：你敢到海里洗澡，看我怎么收拾你！

生：你敢在海里洗澡，我一定要把你杀死！

生：你敢在这里洗澡，一定是活得不耐烦了！

师：这句话说得真好！因为哪吒把水晶宫搅得不得安宁，天翻地覆，这不是找死吗？

生：你居然在龙王面前洗澡，你不想活啦？（众大笑）

师：谁在龙王面前洗澡啦？（众大笑）

生：夜叉大喝一声，哪里来的小娃娃，居然在龙宫前洗澡，你不想活啦？还把我们的水晶宫搞得摇晃起来。

生：夜叉大喝一声，哪里来的小娃娃，竟然敢在水晶宫门前撒野？你活得不耐烦了！

师：大喝一声，"呔！"（众大笑）加一个"呔"字，就有声有色了！

生：夜叉大喝一声，呔！你这个小娃娃，在龙王的地盘上撒野，看我不把你收拾了！

生：夜叉大喝一声，呔！你个小娃娃，把我们的龙宫搅得天翻地覆，我看你是不想活了！

师：（板书）哪吒转身一看，只见——

生：哪吒转身一看，只见一个凶猛的怪物举起锋利的斧头便砍了过来。

生：哪吒转身一看，只见一个相貌丑陋的怪物，穿着三角裤衩（众大笑），凶神恶煞地向他冲过来，举起斧头便砍。

师：看看课文中的插图——青面獠牙的一个怪物。哪吒怕不怕？

生：一点都不怕！

师：于是，（板书）就笑着说——

生：哪里来的怪物，想要我的命啊，门儿都没有！

生：哈哈，红毛怪物，你也会说人话的啊？

师：人物一开口，故事就生动啦！现在，将刚才这几句话连贯地讲一讲。

（生练习讲故事）

师：谁有本事，把一句话讲成三句话？

生：夜叉从水底钻出来，只见一个白白胖胖的娃娃在洗澡，便大喝一声："呔！你这个臭娃娃，居然敢在龙王的地盘上撒野，看我不把你收拾了。"哪吒转身一看，只见一个红毛的怪物凶神恶煞地盯着他，便笑着说："哈，哈，你想打我？还嫩了点。"夜叉一听便火冒三丈，暴跳如雷，举起斧头便向他

— 210 —

砍去。（掌声）

（生讲述故事。略）

师：一句话讲成三句话！这就叫具体、生动、形象！如果一个故事，把每一句都变成三句话，好听不好听？

生：（齐）好听！

师：课后，我们要努力把一句话变成三句话！这就是讲故事。

{板块四} 学习转述

师：课文最后有一句话，说："从此，东海龙王再也不敢胡作非为了，人们又过上了太平日子。"如果你是龙王，会善罢甘休吗？

生：不会！我会带着虾兵蟹将跟他斗。

生：我会找其他龙王搬救兵。

生：我要亲自去收拾哪吒。

师：哪吒是一个七岁的小娃娃。一般小娃娃闯了祸，你会找谁？

生：会找他的爸爸、妈妈。

师：假如你是龙王，找到了哪吒的父亲李靖，你会怎样？

生：去告状。

师：你帮龙王想一想，怎么"告"才能让李靖相信是哪吒的错？

生：李靖，你的儿子哪吒犯了滔天大罪！他一摆混天绫，就使得我的龙宫摇晃起来；一扔乾坤圈，便把我家夜叉打死了；一抖混天绫，还把我三太子的原形逼了出来。最可恨的是他还把龙筋抽了出来。赶快把你的儿子交给我处置！我要将他碎尸万段！

师：你这么说，我就奇怪了。我的小孩哪吒才七岁啊，怎么会打死夜叉和三太子呢？

生：你不知道啊？他有两件法宝，一件是混天绫，一件是乾坤圈。

师：那他怎么会到大海边去，怎么会把龙宫搞得鸡犬不宁啊？

生：他干坏事，我什么也没干。（众大笑）

师：你这叫"此地无银三百两"，自露马脚！（众大笑不止）

生：哪吒把我的龙宫摇晃得快塌了，派出去的夜叉又被他打死了，还把我三太子的龙筋抽出来送给你做成了腰带。（师插话：哪吒还来不及送呢！）所以你要把他交给我，交给我处置。不然，我要上玉皇大帝那里告你！

师：龙王是这么说的。那么作为哪吒的父亲，他相不相信？

生：不完全相信！他马上会去问哪吒的。

师：如果你是哪吒，到了父亲面前，会怎么做？

生：会解释。

生：会向父亲揭露龙王父子的罪行。

生：会和龙王争论。

师：如果你是哪吒，会怎样来说这件事？

生：父亲，你知道吗？龙王父子常常为非作歹，老百姓都不敢下海捕鱼了。我只不过是在海边洗个澡，就出现一个怪物，他举起斧头便砍，我没办法才打了他，但不知道怎么的他死掉了。后来又来了一个人，举枪便刺。我也没办法，不小心又把他打死了。

师：两个"没办法"，责任都在夜叉和三太子身上了。但你说得不太清楚，还能讲得更明白一些吗？

生：父亲，你不知道吧？这龙王父子常常兴风作浪，老百姓都恨透他们了。我在海边洗澡，也不碍他们什么事，却有一个怪物举起斧头便砍我，我一扔乾坤圈，他就死了。后来又来了一个人，举枪便刺，我只是抖了一下混天绫，他也死了。我不知道他就是三太子啊！

师：同样一件"哪吒闹海"的事，龙王和哪吒都在李靖面前讲述了一遍，这样的讲述都是对原来这件事情的转述。龙王和哪吒两个讲的一样吗？

生：不一样，一个是讲哪吒干坏事，一个是讲龙王干坏事。（众笑）

生：龙王是告状，哪吒是解释。

师：对！因为他们的目的不一样，所以说法也不一样。那么，这篇课文的编者，他是站在谁的角度写的？在帮谁说话？

生：帮哪吒说话。

师：你是怎么看出来的？

生：称霸一方、兴风作浪、胡作非为，这些词语都是说龙王是坏人。

生：坏人都被哪吒打死了，为老百姓出了一口气。

生：夜叉举起斧头便砍，三太子举枪便刺。这些都不是好人。（众笑）

生：作者说哪吒有法宝，还把哪吒打死三太子的事情省略了。

师：编者把哪吒当成了什么来写的？

生：英雄。

师：对！目的是颂扬这样一位英雄。现在我们看一下，一个故事有了三种说法，都因为——

生：目的不同！

师：如果现在有两个同学在你面前说这件事情，一个这样说，另一个同学那样说，两个同学的说法不一样，你相信谁？

（生不知道怎么回答）

师：你糊涂了？（众大笑）

生：相信后面一个。（众笑）

师：后面的都对？

生：谁也不相信！

师：总得相信一个？

生：相信自己！（掌声）

师：对！要相信自己，要学会分辨是非，这样你才能变得有本事。今天我们先是朗读了课文；然后是概述课文，一件事说成三句话：原因、经过、结果，说得清楚，完整；我们还练习了讲述故事，一句话变成三句；最后我们学习了转述，一个故事有三种说法，目的不同说法不同。那么，《哪吒闹海》这个故事的真相到底是怎样的？还是让我们回去读原著《封神演义》吧！

附：板书

> ● **朗读：两件法宝——三闹东海**
>
> 龙王父子＿＿＿＿＿＿＿
>
> 哪吒闹海

一摆＿＿＿＿＿＿＿，便＿＿＿＿＿＿＿；

一扔＿＿＿＿＿＿＿，便＿＿＿＿＿＿＿；

一抖＿＿＿＿＿＿＿，便＿＿＿＿＿＿＿。

老百姓＿＿＿＿＿＿＿。

● **概述：一件事——三句话**

为何闹？

如何闹？

闹如何？

● **讲述：一句话——三句话**

夜叉从水底钻出来，只见＿＿＿＿＿，便大喝一声＿＿＿＿＿＿＿；

哪吒转身一看，只见＿＿＿＿＿，便笑着说＿＿＿＿＿＿＿＿；

夜叉一听，便＿＿＿＿＿＿＿＿＿＿＿＿＿＿。

● **转述：一个故事——三种说法（目的不同，说法不同）**

龙王（告状）

哪吒（解释）

编者（颂扬）

[名家点评]

从"教课文"向"学语文"的美丽转身

吴忠豪（上海师范大学）

看了《哪吒闹海》的课堂实录，感受薛法根老师对语文课程的深刻认识：语文课不是"教课文"，而是应该引导学生用课文来"学语文"。

很多教师都上过《哪吒闹海》这篇课文，通常的做法就是引导学生围绕课文逐段解读，然后随即添加一些内容。比如读读第一自然段，说说哪吒闹海的原因？从"决心治一治"中你读懂了什么？然后读读第二至第四自然段经过部分，讨论哪吒是怎么为老百姓出气，他是怎么打死夜叉的，又是怎么对付三太子的？小哪吒的机灵表现在哪里？最后总结小哪吒大闹东海，敢于同恶势力斗争的精神。这样教课文，其实是以学生不能读懂课文内容为教学的逻辑起点，因此需要教师带着学生一段一段讨论课文内容。当然期间教师还会穿插一些朗读、说话等语文练习：比如，用"因为……所以"说说哪吒闹东海的原因，画出描写哪吒与三太子交战的动词，理解这些词语表达了哪吒怎样的精神，说说哪吒与三太子的情形，等等。但是这些语文练习往往是围绕每段课文的内容理解展开，学生学完课文最后留下的痕迹还是"哪吒为民着想、不畏强暴、敢斗邪恶的精神"。

法根老师教学这篇课文也安排了读通课文的环节，一开始就是练习朗读，读准生字和多音字的字音，理解难理解的词语，指导学生把课文读正确读流利。这一环节相当于初读课文，与许多教师设计的初读课文无大差异。差异主要体现在之后。多数教师接下去往往是深入理解，逐段分析，而法根老师没有把深入理解课文思想内容作为教学的主要目标。从课堂实录看，他的教学目标一是学习概述课文主要内容，二是学习讲述课文故事，三是学习转述课文内容。整个教学过程围绕这三项目标组成四个板块。

比如，怎样概括故事的主要内容，对小学生而言难度很高。法根老师告诉学生不管多么复杂的一件事，都可以用三句话概述。哪吒为何闹海？如何闹海？闹了又如何？然后请学生根据这三个问题，概述一下这个故事。这样指导学生概括故事的主要内容，学生理解的不仅是问题的结果，更重要的是概括主要内容的方法。

再比如，"怎样把一个故事讲得精彩呢？"法根老师教给学生"一个法宝"，那就是"把一个故事变成三句话"，然后就引导学生进行操练。学生通过实践，切身体验了如何把一个故事讲得栩栩如生。

这堂课的最后一个环节是学习转述。法根老师巧妙地创设了一个具体情境，龙王向哪吒的父亲告状，哪吒在父亲面前辩解，同样一件事，因为说话人的"目的不一样，所以说法也不一样"。这是一种口语交际训练，通过训练，学生不仅学习了怎样根据不同的目的转述一件事情的方法，而且通过引申也能明白"兼听则明，偏听则暗"的道理。

由于每个板块集中围绕一项目标开展教学，不仅组织学生训练，而且重视学习方法的指导，因此各项目标的达成度很明显。学生学完课文以后留下的痕迹不仅仅是"哪吒为民着想、不畏强暴、敢斗邪恶的精神"，更应该是怎样用三句话概述一个故事的主要内容，怎样把故事讲得栩栩如生，怎样根据不同的目的说话等语文学习方法。

如何检验一堂语文课的效率，主要标准就是看学生在语文知识和能力方面有何提高：如果学生获得的只是"哪吒不畏强暴的精神"，那么这堂课其实不是真正的语文课；如果学生获得的是学语文的方法和围绕这些方法的语文训练，那才是语文课的价值所在。

当下我们语文课的教学流程主要是"文本解读型"的，具体表现为："初读课文—分段讲读—总结练习"，这样的教学流程其实适合教师"讲课文"。教师讲的主要是自己对文本的感悟，是成年人感悟，与儿童文本阅读感悟相距甚远。有人认为，教师对文本的解读有多深，学生对文本的感悟就有多深，这完全是成年人的一厢情愿。学生何时能够达到教师的感悟，理论上讲大概需要到成年人的年龄。语文课堂里大量时间用于讨论教师对文本的感悟，缺少目标明晰的以学生为主体的语文实践活动，其结果必然是降低语文教学的效率。法根老师设计的是一种"语言学习型"的教学流程，就是按照语文知识或方法的学习规律设计教学流程，按照"领会知识（方法）—指导运用"的步骤设计教学。这才是"学语文"的教学流程。

怎样实现从"教课文"到"学语文"的美丽转身？首先是要转变教师的语文教学观，语文课主要不是"教课文"，因为《哪吒闹海》作为语文课文其实是教材编写者的行为，并不是语文课程的目标行为，这也是人教版、上教版教材都可以不选这篇课文的原因。

第十四课 《清平乐·村居》

清平乐·村居

辛弃疾

茅檐低小，溪上青青草。醉里吴音相媚好，白发谁家翁媪。

大儿锄豆溪东，中儿正织鸡笼；最喜小儿无赖，溪头卧剥莲蓬。

★ 苏教版小学《语文》五年级（上册）

[教学实录]

词中有画，画中含情

——执教《清平乐·村居》

{板块一}

师：你们还记得清代诗人高鼎写的《村居》吗？

生：（齐背）草长莺飞二月天，拂堤杨柳醉春烟。儿童散学归来早，忙趁东风放纸鸢。

师：今天我们学的也是《村居》，跟刚才的这首诗有什么不同？

生：这首是词，刚才的是诗。

生："清平乐"（念 lè）是词牌名。

师：这个字（乐）不念 lè，念 yuè。这首词的题目是《村居》，"清平乐"是词牌名。读的时候中间要注意停顿。

（生齐读）

师：（出示课文）听老师念一遍。（范读）

（生听后自由朗读课文）

师：这首词在形式上和诗有哪些不同？

生：诗每行的字数相同，但词每行的字数不同。

师：对的！词每行的字数不一样，所以又称为"长短句"。但是，并不是每个句子可以随意地长随意地短，是有规定的。每一首词都有固定的调子，每个调子都有固定的句子，每个句子都有固定的字数，每个字都有固定的声韵。读读上面部分最后一个字的音？

生：小、草、好、媪。韵母都是 ao。

师：下半部分？

生：东、笼、蓬。韵母是 ong 和 eng。

师："蓬"在古时念 póng。所以，字音都有定声。正所谓——（出示词语）

生：（齐读）词有定调，调有定句，句有定字，字有定声。

师：还有什么不同？

生：大多数诗都只有四行，可词却不止四行。这首词有八行。

师：诗也有八行的。但这首词的八行，跟诗的八行有什么不同？

生：诗的中间是不分开的，但这首词上下是分开的。

师：上半部分叫"上阕"，下半部分叫"下阕"；或者叫"上片"、"下片"。下面请你读一读这首词。

（生自读。略）

〔板块二〕

师：你有不理解的字或者句子吗？

生："白发谁家翁媪"的"媪"什么意思？

师：不着急！如果你对这个字不理解，会选择什么办法解决？

生：可以查字典。

师：如果字典不在身边呢？

生：可以问别人。

师：如果别人也不懂呢？

生：那就猜。（众笑）

师：猜一猜？是个办法。先读一读？

生：白发谁家翁媪。

师："翁"？懂吗？

生：年老的男性。

师：男性，说得很专业！你将来老了就是？

生：翁。（众笑）

师：如果她（指同桌），老了呢？

生：她老了就应该叫"媪"。

师：聪明！现代人不叫"媪"，叫什么？

生：女孩。（众笑）

师：有这么年轻的"媪"吗？（众大笑）

生：老奶奶，婆。（众大笑）

师：哪个"婆"？

生：外婆。（众笑）

师：所有年老的女人，都叫"外婆"？

生：老婆婆。

师：对啦！那男的叫什么？

生：老公公。

师：这里的"翁媪"是什么关系啊？

生：夫妻关系。

师：哎，聪明了。好，一起把这个词读一遍。

生：翁媪。

师：还有什么不懂的吗？

生："醉里吴音相媚好"，这句不懂。

师：是不是每个字都不懂？"醉里"？

生：喝醉了。

生：这里是"陶醉"的意思。

师：这里是"喝醉"还是"陶醉"呢？这就要考证。据老师的查证，这个句子里只有"喝醉"的意思。

师："吴音"，懂吗？

生：吴国人的乡音。

师：我们杭州古代也是吴地，所以我们说的音也叫——

生：吴音。

师：句中写到的地方在江西上饶一带，古时属于吴国；而词人辛弃疾是山东人，听到吴侬软语，觉得分外悦耳。

师：这一行真正难理解的是"相媚好"。我们先看看这个"媚"字。

生：女和眉。

师：女人的眉毛好看吗？（生笑）喜欢吗？

生：喜欢。

师：这个"媚"原来的意思就是喜爱。翁和媪"相媚好"，就是——

生：互相喜欢对方。

生：相互喜欢，相爱。

生：恩恩爱爱，亲密的，有点娘娘腔。（众大笑）

生：情意绵绵。

师：这一对老公公和老婆婆喝了一点酒，稍微有一点醉意的时候，他们在干什么？

生：（纷纷地）他们之间相互说着喜欢对方的话；他们在谈情说爱（众笑）；他们很可能在谈年轻时的经历；他们可能在卿卿我我，有可能在相亲相爱；他们在说着情话……

师：这样的情景用词句来表达，就是——

生：（齐读）醉里吴音相媚好。

师：哎，喝点小酒，唱点小曲，说点小情话，过点小日子，一般的人认为是——

生：小夫妻。

生：浪漫的夫妻。

师：可仔细一看，谁能想到是一对白发苍苍的老夫妻呢？这对老夫妻的生活才叫——

生：（纷纷地）浪漫；美好；甜蜜；悠闲；舒适；幸福……

生：（齐读）醉里吴音相媚好，白发谁家翁媪。

师：还有不懂的吗？

生：就是最后一句"最喜小儿无赖，溪头卧剥莲蓬"。那个小儿怎么是个无赖呢？

师：那你所理解的"无赖"是什么意思？

生：赖皮的。

生：只会耍赖的人。

师：耍赖的人，不讲道理的人。这样的孩子你喜欢吗？

生：不喜欢！这里是说他调皮。

师：还有不同的理解吗？

生：不懂事，很活泼。

生：活泼、淘气、可爱。

师：你一下说了三个词！不讲道理的是真无赖，那么这个"无赖"到底作何理解？不着急！看下阕，老师告诉你，这四行是从别人那里化用过来的。（出示：大妇织绮罗，中妇织流黄。小妇无所为，挟瑟上高堂。）

（生齐读）

师：这是汉乐府《相逢行》里面的诗句。"绮罗"、"流黄"都是丝织品。你看这一首诗当中的大妇在织绮罗，中妇在织流黄。这个小妇有事情做吗？

生：没有事情做。

生：无所事事。

师：所以只能携带着琴瑟去自娱自乐了。那我们一起看这首词的下阕。

（生齐读）

师：你现在有什么发现吗？

生：大儿、中儿和大妇、中妇一样，都在劳动，只有小妇和小儿一样，都没有事情可干。

师：这里的"无赖"跟《相逢行》当中的哪一个词意思相近？

生：无所为。

师：无所事事，无事可做，百无聊赖，简称"无赖"。（众笑）明白了吗？

生：明白了。（齐读）

师：古诗、词当中的字很有意思，如果我们不懂可以查字典，也可以讨论。但是查字典一定要注意，不是查《新华字典》，也不是查《现代汉语字典》，要查《古代汉语字典》。现在，每个同学自由地读一读这首词。

（生自由读。略）

〔板块三〕

师：所有的诗、词、文，所写的内容都可以用八个字概括：所见、所闻、所思、所感。看看这首词，作者看到了什么？

生：作者看到了一间低矮的茅屋，还看到了一条小溪。

师："茅檐低小"，那是远看。杜甫在《绝句·漫兴九首其三》中写道："熟知茅斋绝低小，江上燕子故来频。"江南一带的茅草屋又低矮又狭小，所以江上的燕子常常来筑巢搭窝。"溪上青青草"呢？取自谢灵运的《登池上楼》："池塘生春草，园柳变鸣禽。"草长得怎么样？

生：草长得非常茂密，非常青。

师：所见的先是景。走近茅屋，看到了——

生：作者还看到一对老夫妻酒后在谈情说爱。

师：是一眼就看到的？

生：先听到他们说话的声音，然后看到原来是一对老夫妻。

师：先有所闻，再有所见。环顾四周呢？

生：看到了大儿锄豆溪东，中儿正织鸡笼，小儿溪头卧剥莲蓬。

师：眼中所见的是人！连起来再说一遍。

生：词人远远看到低矮的茅檐，清澈的小溪，溪上一片翠绿的小草；进了村子，听到了吴侬软语，原来是翁媪在"相媚好"；看看四周，大儿锄豆溪东，中儿正织鸡笼，小儿溪头卧剥莲蓬。

师：我们一起来说一说：词人在村外看到的是——

生："茅檐低小，溪上青青草。"

师：进了村，听到——

生："醉里吴音相媚好。"

师：仔细一看——

生："白发谁家翁媪。"

师：环顾四周，只见——

生："大儿锄豆溪东，中儿正织鸡笼；最喜小儿无赖，溪头卧剥莲蓬。"

师：你觉得这样的情景，用一个什么样的词来形容一下比较恰当？

生：（纷纷地）这是一个和谐的村居；融洽的村居；安宁的村居。

师：不打仗的，真好！

生：（纷纷地）快乐的村居；可以修身养性的村居；温馨的，美好、和平的村居；幸福的村居……

师：这是一个朴素的、淡雅的、宁静的、和平的、温馨的、悠闲的村居。是的，作者眼中所见的就是这样一个村居，所以他用的词调就是清平乐。清平乐就是祷求四海太平的一个曲调。下面请你体会一下，再来读一读，看能不能把这样一个村居读出来，好吗？

（生自由读。略）

师：谁来读出一幅其乐融融、朴素宁静的村居图？

（生读。略）

师：你读得特别响亮，好像"满江红"，气势昂扬！但这是"清平乐"啊，想象一下，是一个什么样的曲调啊？

生：（纷纷地）柔和的、祥和的；就是比较缓慢，比较轻的音乐；平和的、宁静的感觉；柔美的；起伏不是很大……

师：对，要有这样一个基调。再读！

（生读。略）

师：嗯，有那么一点清平乐的味道。

（生读。略）

师：啊，真好！我猜古代的清平乐就是这样子的。想不想听？

生：（齐）想听！

师：可惜听不到了！清平乐的曲调已经失传了。只留了词，没有流下那个曲。非常可惜！读到现在，这首词大概能读懂吗？

生：（齐）能！

{板块四}

师：词中的所见所闻，都能通过语言文字看得出、读得懂。但老师还要告诉你，词当中还隐藏着词人的所思所感。词人独特的情绪，特别的情感，没有直接写出来。他是通过这首词当中那些特别的字眼表达出来的。我们来看一看，《清平乐·村居》当中最能体现词人感情的字眼，看得出来吗？要有一双慧眼，要有一颗慧心。

（生默读，思考）

师：词人的全部所思所感，都藏在哪个字眼里了呢？

生：我圈了"喜"。

生：我圈了"醉"和"喜"。

师：绝大多数同学都圈了这个"喜"字。这个"喜"字，由两个字组成，上半部分是"壴"，这个字念 zhù，表示"美妙的音乐"；下半部分是"口"，表示"赞不绝口"。"喜"就是听到美妙的音乐，赞不绝口。"喜"就是——

生：高兴、快乐。

师：词中"最喜小儿无赖"，谁"喜"？

生：小儿。

师：因何而"喜"？

生：无所事事。

生：卧剥莲蓬。

师：小孩子最高兴的是什么？

生：玩耍。

师：如果让小儿锄豆，高兴吗？（生：不高兴。）如果让小儿织鸡笼，高兴吗？（生：不高兴。）所以小孩子应该干什么？（生：玩。）"溪头卧剥莲蓬"，那是最高兴的。大孩子最高兴的是什么？

生：（纷纷地）玩耍；（众笑）锄草；编织鸡笼；能帮家里干活……

师：劳动最光荣，劳动最高兴！老人呢？

生：看到儿女成群最高兴。

生：安度晚年最高兴。

师：所有人都是"喜"的。那写这首词的词人呢？

生：也是"喜"的。

师：哦？

生：因为词中所有人都是"喜"的，所以他也是"喜"的。

生：因为这个词人心中有"喜"，所以他看翁媪、大儿、中儿、小儿也是"喜"的。

师：嗯，有喜悦之心，才有可喜之人。有点道理。

生：他为能看到乡村这种场景而"喜"。

师：词人到底喜不喜？是真喜还是假喜呢？刚才有同学说辛弃疾就应该作诗写词，那么辛弃疾是不是一个专业的词人？［出示作者背景：辛弃疾（1140—1207），南宋词人，字幼安，号稼轩，历城（今山东济南）人。出生时，中原已为金兵所占。21岁参加抗金义军，不久归南宋。历任江西、湖北、湖南等地转运使、安抚使等职。任职期间，采取积极措施，招集流亡人员，训练军队，奖励耕战，打击豪强，安定民生，一生坚决主张抗金。在《九议》等奏疏中，他具体分析当时的政治军事形势，对夸大金兵力量、鼓吹妥协投降的谬论，做了有力的驳斥；要求加强作战准备，鼓励士气，以恢复中原。他所提出的抗金建议，均未被采纳，并遭到主和派的打击，曾长期落职闲居在江西上饶一带。晚年时一度被起用，不久病卒。］

师：自己看，自己读。辛弃疾本是该作诗填词的人吗？

（生自读。略）

师：能看出来吗？

生：其实辛弃疾并不很成功，他内心并不是很快乐的，他的背景是不好

的。(众笑)

师：有什么背景？你也没有什么背景吧？

生：他生活的环境不好。金人侵占了他的家乡，所以他逃离家乡后，非常不开心，总想帮助南宋去报仇。

师：这叫收复失地，保家卫国。

生：辛弃疾提出抗金的建议，但最后没有被采纳，所以他的心情不好；他还受到主和派的打击，所以他心情不好。

师：就问一个问题，这个人是不是本应写词的？

生：不是。他本来是一个打仗的将军。

师：一个抗金的将领！他应该在什么地方？

生：他应该在战场，在战斗的前线。

师：应该是在保家卫国。

生：我觉得他应该在军营里。

师：但是他现在却在哪里？乡村，无事可干！就像这首词中的小儿，无所事事。小儿无事可干高不高兴？(生：高兴。)但是辛弃疾无事可干，他不是"喜"，而是——

生：(齐)忧！

生：而是悲。

生：而是愁。

师：是愁，是悲啊！同学们，他人是"喜"，而自己却是"愁"的。现在我们来看这个"醉"字，这个"醉"除了是翁媪两人喝点小酒有点微醉以外，还有可能是谁醉？

生：辛弃疾。

师：他因何而醉？

生：他为不能保家卫国而醉，他想借酒消愁。

生：因为他不能上战场去消灭金兵，所以他会喝解闷酒。

师：是的。所以翁媪因喜而醉，词人却是因愁而醉。这个"醉"字藏着词人的"悲和愁"，没有直接告诉你，是需要我们细细地品味出来的。(出示画像)这就是辛弃疾！这画上连绵的群山，意味着什么？意味着他壮志未酬。现在，我们一起来背一下《清平乐·村居》！

（生齐背。略）

师：辛弃疾的很多词中都有这个"醉"字，我们要细细品味"为何而醉"？因悲、因愁而醉。辛弃疾的词写得非常美，因何而美？因"悲"而美！要记住：词因悲而美。"清平乐"这首乐曲的基调不一定像我们原来所理解的那么美，那么欢快，可能是比较忧伤的。有的诗，有的词，需要我们用一辈子去读，去理解，比如这一首《清平乐·村居》，等我们长大以后再去读辛弃疾的词，理解得会更深刻。

[名家点评]

求真·求实·求活

崔峦（人民教育出版社）

《清平乐·村居》是南宋著名词人辛弃疾的作品。作者青年时期就投身抗金队伍，一生主张抗金，是位爱国人。因此，他的词作多以豪放的风格，表达爱国之情。《清平乐·村居》展示了词人风格的另一面——清丽、平实。这首词用鲜明、生动的寥寥数语，描绘了各具情态的人物，勾画出美丽的田园景物和其乐融融的生活画面，洋溢着人情之美和生活之趣。

薛法根老师用他习惯使用的、也是我比较赞同的"板块教学"方式，引领学生一步步走进这首词的意境，浮现画面，理解词意，读出感情，熟读成诵，使学生读其"词"，知其人，充分享受这首词带给他们的语言美、画面美和情趣美。

板块一：初读，读准音，读通句，顺带帮助学生了解一些"词"的基本知识。

薛老师通过同题（《村居》）诗与词的比较，使学生知道词和诗一样有题目，知道词有词牌，知道诗词都押韵，不同点是，古诗每句字数相同，而词有定句，句有定字，俗称"长短句"；知道诗分"五绝"、"七绝"，词有

"上阕"、"下阕"。在读诗词、议异同中，使学生了解了一些词的知识，普及了词文化。

板块二：再读，引导学生质疑问难。在指导学生疏通词句的过程中，教给解词、析句的方法。

针对学生提出的不懂的词——"媪"，薛老师启发学生可以用查字典、问别人、猜词义等办法解决。接着，由"媪"及"翁"，引导学生弄清"翁""媪"的关系，学生就自能理解"白发谁家翁媪"一句了。针对学生提出的不懂的句子——"醉里吴音相媚好"，薛老师先引导学生分别弄懂"醉里"、"吴音"、"相媚好"的意思，再启发学生说说这一句描述的情境，在还原的情境之中，体会句子表达的"意"和"情"。针对学生提出的"小儿怎么是个无赖"这一有意思的问题，老师用提问一步步引导，使学生由说出这个词的常用义、表面的意思——赖皮、调皮，到联系词中其境、其人，体会到"无赖"在这首词中的意思是"调皮、活泼、淘气、可爱"。不仅如此，薛老师还适时引进相关资源——汉乐府《相逢行》里的诗句，用该诗中的"无所为"，帮助学生理解这首词中的"无赖"。这样，不仅使学生弄懂"无赖"在这首词里的意思，而且体味到词的末句传达的"情"与"趣"。

在这个板块中，教师启发学生用一些常用的方法自行解决字词问题，并用了"问题引导"、"资源搭桥"、"情境创设"等方法，帮助学生理解不懂的词和句。这些方法有普适性，值得借鉴。

板块三：在读中，带领学生理词序，说感受，悟词情。

在薛老师的引领下，学生关注到这首词由景到声到人；由远观村居美景，到耳闻吴侬软语，再到近看人物活动，层次感很强。任何文学作品，任何诗人、词人的表达都是有思路的。阅读的时候，应当遵循作者的思路，理解内容，体会感情，领悟写法。懂得这一点，对于学生练读、练说、练写，都是大有助益的。

接下来，薛老师引导学生再次置身这首词的情境之中，说说自己读后的感受。学生分别说出：和谐、悠闲、融洽、安宁、温馨、幸福等感受。无论读诗、读文，都要像薛老师这样，要引领学生读进去，想开去，说出真感受，和别人分享。《义务教育语文课程标准（2011年版）》要求阅读"要有自己的感受"，薛老师的课既体现了，也落实了。学生的上述感受，是通过作品领会出来的，更是作者所要表达的：企盼和平，向往人民能过上宁静、恬适、安逸、幸福的生活。

板块四：抓住词眼，了解词人，熟读成诵。

薛老师引导学生在进一步读、诵之中，找出最能体现词人感情的字眼。学生很快圈出了"喜"。老师由"喜"提问谁喜？因何而喜？小孩最高兴的是什么等问题来进一步让学生感受词句传达的情趣。接下来，老师由小儿喜，推及让学生感受大儿喜，中儿喜，翁媪喜，全家喜，乡村喜……这"喜"是弥散全词的。这个"喜"字，是点睛之笔，不仅把小儿的快乐天真、无忧无虑传达出来了，而且增添了祥和与温馨的气氛，使整首词更加灵动，更有光彩。薛老师这个"喜"字抓得好，体现了解读文本的功力，显示了教学的艺术。

接下来，"知词人"的环节，就值得商榷了。要不要用这么多时间、花那么大气力？要不要给学生"词人因愁而醉"、"词因悲而美"的印象？我意，可以不要。因为，小学古诗词教学不必引得这么深，还因为这样引导不一定准确。我想，让小学生理解到作者表达了对和平年代、祥和生活的向往的感情就够了。省下来的时间，可以让学生多读读、多背背；可以拓展再读一首相关诗词；可以练习加上自己的想象，把这首词改写成有情趣的短文；还可以在老师的带领下，试着续填这首词……

从整堂课看，这是一节成功的古诗词教学，给我们很多启示：小学古诗词教学，可以借鉴薛老师的教法，大体分四步走：初读，读通读顺，粗知大意；再读，疏通词句，浮现画面，了解诗（词）意；三读，体会诗（词）情，交流感受，以读传情；四读，品味语言，熟读成诵。我以为，小学古诗词教学，最要紧的是把学生带入情境，想象画面，做到眼前有画面，心中有感受，最忌讳的是串讲词句，逐句翻译，把活诗（词）教死。

我非常欣赏薛法根老师的阅读教学。他的教学"求真"、"求实"、"求活"。他的每一节课，上课的学生兴趣盎然，真读书，真思考，真交流，真练习，总能学有所得；听课的老师都能听有所获，受到启发。薛老师的课，切合阅读教学改革的方向和路径。

第十五课 《雾凇》

[教材课文]

雾 凇

三九严寒，大地冰封。松花江畔的十里长堤上，洁白晶莹的霜花缀满了枝头，在阳光照耀下，银光闪烁，美丽动人。这就是闻名全国的吉林雾凇奇观。

雾凇，俗称树挂，是在严寒季节里，空气中过于饱和的水汽遇冷凝结而成。从当年 12 月至第二年 2 月间，松花江上游丰满水库里的水从发电站排出时，水温在 4 摄氏度左右。这样，松花江流经市区的时候，非但不结冰，而且江面上总是弥漫着阵阵雾气。每当夜幕降临，气温下降到零下 30 摄氏度左右时，这雾气便随风飘荡，涌向两岸，笼罩着十里长堤。树木被雾气淹没了。渐渐地，灯光、树影模糊了。这蒸腾的雾气，慢慢地，轻轻地，一层又一层地给松针、柳枝镀上了白银。最初像银线，逐渐变成银条，最后十里长堤上全都是银松雪柳了。

清早，寒风吹拂，雾气缭绕。人们漫步在松花江边，观赏着这千姿百态的琼枝玉树，便会情不自禁地赞叹：这真是"忽如一夜春风来，千树万树梨花开"呀！

★ 苏教版小学《语文》四年级（上册）

[教学实录]

把握联系，逐层领悟

——执教《雾凇》

{板块一}

师：每位同学在上语文课前要准备好一个笔记本，一支钢笔。

（生纷纷拿出笔记本和笔）

师：（巡视检查）你们准备的是"语文"笔记本吗？（一生用的是数学练习本，一生用的是英语练习本，一生用的是一张白纸）从现在开始，我们要学会记笔记，所以每堂语文课前都要准备好专用的笔记本，并且是打开的，随时准备记录，明白吗？

生：（齐）明白！

师：现在，请你在笔记本上写词语，听清楚，记住了，再写。饱和的水汽、雾气、霜花。

（一生在黑板上默写，师巡视检查）

师：同学们默写得很认真，老师决定奖励一下（生期待），再默写一个：（生大笑）遇冷凝结。（发现有学生默写不出）实在默写不出的可以不默写，当然，也允许你偷看一下。只能看自己的课文哦！（众大笑，非常愉快地看书，默写）

师：一起来检查一下这位同学默写的词语。（指着"饱和的水汽"，众笑。因为该生字写得越来越小，最后一个小得几乎看不清了）你看，这水汽就是这样，看不清。（众大笑）"遇"字写对了吗？你仔细看一下课文，自己的错别字自己修改。（生重写，仍然写错）你再看一看，写得最大就不会错了。（生写大字，发现中间部分是"竖提点"）啊，这次写对啦！你看，难写的字、容易写错的字，放大一倍，就看得清楚、写得正确了！

（生齐读词语）

师：课文中出现了这几个事物：水汽、雾气、霜花。根据课前的预习，你能说说"雾气"是怎么回事吗？

生：雾气是饱和的水汽遇冷凝结后飘浮在空中的小水滴。

师：雾气是飘浮在空中的小小水滴。那么"霜"是怎么回事呢？

生：霜是在气温降到零度以下时，水汽遇冷凝结的冰晶，这就是霜。

师：霜，霜花是小小的冰晶。那么"雾凇"又是怎么回事呢？

生：寒冷的水汽在树枝上结成了冰花，就是雾凇。

师：雾凇实际上也是一种霜花，但是这种霜花不是结在地上，而是结在哪里？

生：结在树上。

师：凝结在树上，树枝上就挂满了洁白晶莹的霜花，就形成了"树挂"，那便是——

生：（齐）雾凇。

师：谁能将"饱和的水汽、雾气、霜花、雾凇"之间的关系用几句话说清楚呢？

生：空气中饱和的水汽遇冷凝结成小水滴，飘浮在空气中，就成了雾；这些水汽如果遇到很冷的空气，零度以下，就凝结成小冰晶，成了霜花。一般的霜花是结在地上的，而结在树上的霜花就成了雾凇，俗称"树挂"。

（生复述。略）

师：你这样一说，就把本来模模糊糊的事物说得清清楚楚了，其实，这就是雾凇形成的科学原理。这些都藏在这篇说明性的课文当中。

〔板块二〕

师：这篇课文把雾凇的形成过程写得非常生动、形象、优美。课文的哪一个自然段写了雾凇形成的经过。

生：第二自然段。

老师：今天我们就集中学习第二自然段。雾凇形成一般要八到十个小时，但第二自然段用几句话就写清楚了，我们一起来读一读。请前排的同学每个人读一句。

（八个句子，八个学生每人读一个句子。略）

老师：这八句话之间有什么联系？想一想，如果这八句话中只要留下一句最重要、最核心的话，应该是哪一句？如果你读的那一句不是最重要、最核心的，那么请坐下。（几个学生迟疑了一会儿，就纷纷坐下。只有第一个和最后一个学生还站着）你们两个只能留一个！（众大笑，最后一个学生想了想，坐下了。师问第一个学生）你为什么要站着？

生1：因为我最重要。（众笑）

师：每个人都是重要的！（众大笑）

生1：因为我读的句子最重要。

师：说说重要在哪儿？（生无语）想一想，你读的这个句子和下面的句子是什么关系？（生仍不明白）我和你是什么关系？

生1：老师和学生的关系。

师：所以我领着你学习啊！（众笑）你看看你读的这个句子呢？

生1：（恍然大悟）这个句子是领着下面的句子。（师插话：不是学习。）是总的说的。（师插话：下面的句子？）下面的句子是分开来说的。（师引导：所以是？）总分关系。（掌声）

师：这一句是概括说的，那么下面句子就是——

生1：具体说的。

师：第一句是概括写雾凇形成的科学原理，后面的第七句是具体写雾凇是怎么形成的过程。所以，这一个句子就是这一段话的——

生1：中心句。

师：你发现了吗？你越学越聪明啦！

（生1微笑着坐下）

师：别急着坐下嘛！（众笑）请你读好这个重要的句子。

（生1读得不流畅）

师：这是一个长句子，要注意停顿。听老师读。（范读。略）

（生1再读，仍不流畅）

师：你先读好这个词组，跟着我读：饱和的水汽，过于饱和的水汽，空气中过于饱和的水汽，遇冷凝结而成。连起来读：空气中过于饱和的水汽遇冷凝结而成。

（生1读得很流畅）

师：你连读三遍，看能不能背下来。其他同学和他一起读吧！

（生齐声朗读，并齐背）

师：重要的句子就要熟读成诵。接下来的7个句子就是将雾凇的形成过程具体写出来了。第二个同学开始每人读一句，看看你读的这一句是写水汽？雾气？还是霜花？雾凇？

生2："从当年12月至第二年2月间，松花江上游丰满水库里的水从发电站排出时，水温在 4 摄氏度左右。"这一句写的是水汽。

师：水汽在哪里？

生 2："在江面上飘荡着。因为 12 月到第二年 2 月，松花江那里的气温都是零下十几度，（师插话：甚至零下几十度。）4 度左右的水排出时就会在江面上形成水汽。

师：冬天你呼出的热气就成了白色的水汽，夏天就看不到了。道理是一样的！

生 3："这样，松花江流经市区的时候，非但不结冰，而且江面上总是弥漫着阵阵雾气。"这句写的是水汽变成了雾气。

师：4 度左右的饱和的水汽遇冷就在江面上凝结成了浓重的雾气。

生 4："每当夜幕降临，气温下降到零下 30 摄氏度左右时，这雾气便随风飘荡，涌向两岸，笼罩着十里长堤。"这句写的也是雾气，笼罩在十里长堤上。

师：随着温度的下降，雾气就越来越浓。

生 5："树木被雾气淹没了。"这句写的也是雾气。

生 6："渐渐地，灯光、树影模糊了。"这句写的也是雾气。

师：（指着四个学生）你们读的句子都写的是雾气，有什么不同吗？

生：雾气越来越浓了。

生：雾气从江面上飘到了长堤上，又淹没了树木和其他的东西。

师：请你们每个人从各自读的句子中找出一个表示雾气变化的动词来？

生：（纷纷举手，并陆续写在黑板上）弥漫、笼罩、淹没、模糊。

师：你看，这些词语就准确地描写出了雾气的变化程度。说明性的文章用词要准确！

生 7："这蒸腾的雾气，慢慢地，轻轻地，一层又一层地给松针、柳枝镀上了白银。"这句写的是雾气。

师：你再想一想，这里的雾气有什么变化吗？

生 7：变成了白银。（众笑）是霜花。

师：这里的雾气遇冷凝结成了霜花，这句里没有出现"霜花"这个词语啊？

生7："白银"就是"霜花"，是一个比喻句。

师：聪明！这里也没有出现"凝结"啊？

生7："镀"就是"凝结"。

师：对啊！洁白的霜花一层一层地凝结在松针上，就好像在金属上镀色一样。你再读一读吧！

（生7富有感情地朗读）

生8："最初像银线，逐渐变成银条，最后十里长堤上全都是银松雪柳了。"这句写的是雾凇。

师：雾凇在哪里？

生8：那些"银线、银条、银松雪柳"都是霜花凝结在树上的样子，都是雾凇。

师：这些词语还写出了雾凇的变化！那么，为什么要比作"白银、银线、银条、银松"呢？

生：因为雾凇是白色的。

师：白糖也是白色的啊！（众笑）

生：白糖只可以吃，但是沾不上树枝的，要落下来的。

师：白漆可以了吧？（众大笑）

（生无语）

师：白银，白色的银子——

生：白银很珍贵，雾凇也很珍贵。

师：珍贵的东西就珍惜，就喜爱，就珍爱！这个比喻其实隐含着作者的感情？

生：喜爱雾凇。

生：赞美雾凇的美。

师：作者的比喻，背后藏着感情。因为喜欢它所以用这样美妙的比喻。把这两个句子好好体会一下，再读一读，感觉就不一样啦！

（生有感情朗读，背诵。略）

师：形成雾凇一般要八到十小时，第二段却只写了八句话。但是你读了这八句后，感觉是不是这个形成过程是一个很漫长的过程？文中哪些词句表现了这个漫长的形成过程？

生：（纷纷发言）慢慢地、轻轻地、一层又一层、最初、逐渐、最后……

师：在这些词下加点。好好读一读，要把它缓慢变化的过程表达出来。

（生轻声朗读，并背诵段落。略）

〔板块三〕

师：课文最后一段话中，哪些词句体现了雾凇的美？

生：（自由朗读后）千姿百态，琼枝玉树。

师："琼"字怎么理解？

生：就是"美玉"的意思。"琼枝"就是用美玉雕刻成的树枝。

生："忽如一夜春风来，千树万树梨花开"也是写出了雾凇的美。

师：何以见得？

生：这句诗里的梨花开就是写雾凇像盛开的梨花一样美丽。

师：这是唐代诗人岑参写的一首边塞诗《白雪歌送武判官归京》，前面四句是这样的："北风卷地白草折，胡天八月即飞雪。忽如一夜春风来，千树万树梨花开。"诗句中是把满树的白雪比作盛开的梨花，而这篇课文中是引用这句诗，赞美十里长堤上的雾凇奇观就像千树万树盛开的梨花一样美丽动人。一起来读一读这句诗。

（生齐读）

〔板块四〕

师：我们江南没有北方有那么寒冷的天气，只有雾而没有雾凇。前两天刚刚经历了一场大雾，你能模仿课文中第二自然段的写法，借用文中的词句，将大雾形成、消散的过程写出来吗？

（生快速写作）

师：谁愿意来交流一下？注意倾听：他用了哪些准确的词句来描写？用了哪些词句写出了变化的过程？

生：早晨，推开门一看，嗬，好大的雾啊！远处的高楼、树木全都淹没在白色的雾气里，白茫茫的一片。大街上的车子、行人都变模糊了，只听得到汽车的喇叭声、自行车的铃声。（师插话：只闻其声，不见其人。）只有近处车子的跳灯一闪一闪地慢慢爬着。（师插话："爬"写出了慢，好！）我坐上了爸爸的汽车，开到了郊外，居然连马路都不见了，只能看到前面汽车屁股后面的红灯闪烁。（师插话：雾越来越浓啦！只能看见车屁股了！众大笑）大雾也弥漫了整个校园，就是对面走过来的人，我都难以看清楚，一不小心就会撞个满怀。（师插话：雾更浓了！）大人们可烦恼啦，可我们却乐坏啦！（师：你想干吗？说清楚！众大笑）我们就像在仙境中一般，又像浸在牛奶里一样。（众大笑。师插话：加一句"浑身湿漉漉的"。喝够了没？众大笑）这样的大雾一直持续到午饭的时候，太阳才露出一点点脸来，雾终于慢慢散去了。（掌声）

师：你们没有这样的体会？

生：有！

师：把你们写的表示雾气变化的精彩语句和大家分享一下吧？

生：大雾笼罩了整个小镇，所有的房屋、树木、街道都浸在白色的雾气里。

生：大雾渐渐地弥漫开来，就像在你的眼前拉起了一大块白色的纱布，什么都看不清了，就连十字路口的红绿灯也变得模模糊糊了。

生：走进学校，广场上只听得见同学们的惊叫声，却看不清人在哪里。我凭着感觉往教室方向走，简直就像在黑暗中摸索一样，真的很好玩！

师：你是通过自己的感受来写雾气，间接写。

师：（指一生）你能为这些句子加一个总起句吗？

生：雾，就是空气中过于饱和的水汽遇冷凝结成的小水滴，飘浮在空中。（众笑）

师：很理性哦！这是雾的形成原理，可以用啊！如果我们能做个有心人，那么对雾气的形成会有更真切的认识，写得也会更加准确、生动！课后请修改你的短文。

[名家点评]

简单的形式，丰富的内蕴

夏家发（华中师范大学）

教学是简单的，其规律是可以理解的；教学是复杂的，其智慧是可以领悟的。

一、学生学到了什么
——《雾凇》一课的学习目标运筹

（一）第一板块

①了解了记笔记的方法，形成记笔记的习惯。

②默写"饱和的水汽、雾气、霜花、遇冷凝结"等词语，并初步理解了它们的词义。

③用"饱和的水汽、雾气、霜花、遇冷凝结"等词，说出了一个规范的语段，粗略把握它们之间的联系。

④形成了具体理解雾凇形成过程的心理预期，激活了相应的阅读冲动。

第一板块中，目标②、③是使能目标，目标④则是终点目标；该板块的目标是顺向达成的。目标②、③是即效、显性目标，目标④是隐性、延效目标；即效、显性目标诱发、衍生了隐性、延效目标。目标②、③是预设性的，目标④则是生成性的；预设性目标主动支撑了生成性目标。

（二）第二板块

⑤学到了总分结构的语篇知识，由概括说明到具体描述的言语思维方法。（《雾凇》语言形式的先行组织者）

⑥结合语篇结构，经历了一次思维辨析和语言分析的过程。

⑦学得了如何读长句的方法，学会根据意群处理停顿、节奏的方法。

⑧熟读背诵第二段的第一句话。

⑨能沉入文本的深处和细部，具体理解雾凇形成过程，并形成了相应的言语具象。

⑩结合文本理解，有效积累了"弥漫、笼罩、淹没、模糊"等表示雾气浓度变化的词。

⑪咀嚼和揣摩了"弥漫、笼罩、淹没、模糊"等词语的浓度意象。

⑫结合文本理解，有效积累了"渐渐地、慢慢地、最初、逐渐、最后"等表示雾气变化速度的时间副词。

⑬体会和揣摩了"慢慢地、轻轻地、一层又一层、最初、逐渐、最后"等词语的速度意蕴。

⑭结合想象，理解"银线、银条、银松雪柳"等词语，学习了比喻的用法，领会比喻句的情感色彩。

⑮熟读背诵第二段。

第二板块中，目标⑥—⑬是使能目标，目标⑤则是终点目标；该板块的目标是逆向达成的。目标⑦、⑧、⑩、⑫、⑮是即效、显性目标，目标⑤、⑥、⑨、⑪、⑬、⑭则是隐性、延效目标；即效、显性目标诱发、衍生了隐性、延效目标。目标⑤、⑦、⑧、⑨、⑩、⑫、⑮是预设性的，目标⑥、⑪、⑬、⑭则是生成性的；预设性目标充分支撑了生成性目标。

（三）第三板块

⑯玩味"千姿百态，琼枝玉树"，"忽如一夜春风来，千树万树梨花开"等词句，深入体会了雾凇的美。

⑰适度拓展，接触了岑参的边塞诗《白雪歌送武判官归京》。

第三板块中，目标⑰是使能目标，目标⑯则是终点目标；该板块的目标也是逆向达成的。目标⑯、⑰均是隐性、延效、生成性的目标，是对第二板块的目标⑭的丰富、拓展、延伸。

（四）第四板块

⑱运用总分结构的语篇知识，尝试运用从抽象概括到具体描述的言语表达方法，写了一个语段。其中，少数学生的语段达到 368 字，多数学生能写

300 字左右的语段。

⑲语段写作中，根据表达需要，多数学生能尝试选择使用"弥漫、笼罩、淹没、模糊"，"慢慢地、轻轻地、一层又一层、最初、逐渐、最后"等词语。

⑳语段写作中，多数学生能尝试使用比喻句。

㉑语段写作中，多数学生能力求注重过程和细节的描述。

㉒语段写作中，多数学生能尝试用比喻句表达自己的感受和情绪。

㉓朗读、体会和分享自己所写的语段。

第四板块中，目标⑲—㉓是使能目标，目标⑱则是终点目标；该板块的目标是逆向达成的。目标⑱—㉑是即效、显性、预设目标，目标㉒、㉓是隐性、延效、生成目标；即效、显性目标启动、支持和生成了隐性、延效目标。

（五）讨论：薛老师为何选择了这些目标？

一篇课文，字词句篇语修逻文俱全；一个课堂，优良中差聪明愚钝都有。在教学进程中，学生的学习预期又是可以变化生成的。《雾凇》一课，基于文本特点和学段要求，薛老师艺术地运用了学习预期的师生协成、预设生成策略，积极回应了学生的学习诉求，使板块目标与全课目标、使能目标和终点目标、即效目标和延效目标、显性目标和隐性目标相互生成、和谐共处，把本课的核心目标聚焦于总分结构的语段读写策略。

二、薛老师教了什么
——《雾凇》一课的学习事件安顿

（一）第一板块

①检查课前自主学习的成果，把脉学习起点，同时形成了适当的学习定向。

②告知记笔记的方法和习惯，为写字做准备。

③写字是为了引起对水汽、雾气、霜花、雾凇等词语的理解冲动。

④激活积累，理解水汽、雾气、霜花、雾凇等词语，为后续规范的口头表达做准备。

⑤适时穿插规范语段的口头表达练习，为第二段的阅读理解做知识准备，激活了相应的阅读冲动。

（二）第二板块

⑥学习语篇的总分结构——由抽象概括到具体描述方法，帮助学生初步把握语篇的内容和形式。

⑦初步厘清八句话之间有什么联系？想一想，如果这八句话中只要留下一句最重要、最核心的话，应该是哪一句？中心句和分述句的重锤敲打、反复涵韵、熟读成诵，进一步明晰学习任务的定向，激发了进一步了解雾凇形成过程的心理冲动。

⑧承续和提取第一板块水汽、雾气、霜花、雾凇的一般理解，结合七个句子，逐句逐句、一层一层、由表及里，把抽象理解，放到具体的语境中，加以精深、具象和细化，回应了上述心理冲动。

⑨薛老师的这一问是点睛之笔："你们读的句子都写的是雾气，有什么不同吗？"这是对学生的思维指向和智慧挑战。学生找出弥漫、笼罩、淹没、模糊等表示雾气变化程度的词，为第四板块的课堂练笔，做了很好的积累和铺垫。

⑩比喻句的教学，"银线、银条、银松雪柳"等词语的揣摩，既是雾气变化程度的具象化认识，又是体会作者情感的抓手。

⑪"慢慢地、轻轻地、一层又一层、最初、逐渐、最后"等词语的揣摩，雾凇形成漫长的过程，为第四板块的课堂练笔，做了很好的积累和铺垫。

⑫在充分理解的基础上，自主背诵积累了课文第二段，也就是课文的核心段落。

（三）第三板块

⑬通过"千姿百态，琼枝玉树"等词语的揣摩，引导学生进一步体会雾凇的美。

⑭通过"忽如一夜春风来，千树万树梨花开"等诗句的揣摩，引导学生进一步体会雾凇的美。

（四）第四板块

⑮基于前三板块的教学，顺应学生的表达冲动，引导学生模仿课文中第二自然段的写法，借用文中的词句，将大雾的形成、消散过程描写出来。

⑯指导学生交流所写的语段，注重引导学生准确使用词句来描写雾的变化程度和变化过程。

（五）讨论：薛老师是如何教的？

教学是自律性很强的专业活动，意味着，教师得要有自己的想法。所谓自己的想法，不仅包括教师自己对文本的理解、想法，更体现为教师对相关学习事件的安顿。前者是达成后者的拓展性资源和支撑性手段。

薛老师是有思想并善于实施自己思想的专家型教师。我们可以看到，《雾凇》一课的四个板块，学习路径非常清晰，学习事件环环相扣，相互为用，承续推进，充满教学张力。

薛老师有意识地把文本的言语内容、言语形式、言语思维形式有机结合起来。整个学习进程遵循了这样的路径：初步理解——具体揣摩——情境运用。第一板块是对雾凇形成过程的初步理解，第二、三板块是对雾凇形成过程的具体揣摩，第四板块是对总分结构的语段知识写作迁移运用。

三、薛老师为何要如此教学
——《雾凇》一课的教学智慧

《雾凇》一课，明明白白，可感可知。薛老师是怎么上的，是如何选择教学目标、捡拾教学内容和安排学习活动的，效果又如何，一目了然。

但是，教学活动——一种育人的实践活动——充满着变数，有着丰富的细节和灵动的生成，是有过程的，是事先预设和事中调整的师生互动过程。这既是教学魅力之所在，又凸显了教师的教学智慧。"智慧"一词，给人玄妙之感。其实大道至简，大智若愚，大智是对大道的领悟。大道就是事物发展的根本规律；大智慧，是一种情智综合体，根据事物发展的情境脉络，灵活运用其规律，达成预期目的。领悟了大道的人，做起事来就很简单。

小学语文教学智慧，就是能根据小学生学习语文的情境脉络，灵活运用语文学习规律，以达成学会运用语言文字的目的。

《雾凇》一课，薛老师进行了智慧的探索。

1. 揣摩学生学习需求，遴选教学目标的智慧

本课有三个主要学习目标：主要目标一，学会阅读并学得总分结构的语段及知识；主要目标二，由抽象概括到具体形象的言语思维历练；主要目标三，学会写总分结构的语段。三个主要学习目标围绕一个核心：总分结构的语段。围绕核心，四个板块依次展开，层层递推，相互为用，复叠驱动。

前三个板块在达成其自身目标的同时，自然生成了第四板块的目标；第四板块既是对前三个板块学得性知能的运用，又是一种巩固。概言之，前三个板块的目标是使能性目标，第四板块的目标是终点目标。

尤其值得注意的是，主要目标一、三是即效、显性目标，主要目标二是延效、隐性目标；但是，如果没有主要目标二的历练，主要目标三就难以达成。主要目标二是一种内化的心智技能目标，即把总分结构的语段阅读技能转化成由抽象到形象、由概括到具体的言语思维技能。这种言语思维技能正是言语得以表达的必要的内在依据。薛老师重锤敲打到了读写结合的要害部位，可谓独具匠心。

薛老师一直注重课前、课中、课后的情境联系。他充分尊重，并善于激活、利用学生的先期学习积累。本课伊始，薛老师请学生默写了四个词语：水汽、雾气、霜花、遇冷凝结；理解这些词语的任务是由学生根据自己的积累自主完成的。根据小学生的感知特点，薛老师只是在关键处点拨了一下。如"水汽"的"汽"，"雾气"的"气"，"雾凇"的"凇"，为什么有的是三点水，有的是两点水，有的又没有。这既是字形辨析，又是对相关概念的日常理解，自然而然地为第二自然段的学习做好了铺垫。

2. 透视文本结构，捡拾教学内容的智慧

在学生与教师拥有同样多的信息时，教师能教给学生什么呢？薛老师认

为，那应该是教师的智慧，从文本中看到学生看不到却很重要的东西。

《雾凇》是一篇说明事物的文章。根据自身的观察和体会，在第二自然段，作者用八个句子描述了雾凇的形成过程。这八个句子组成了一个完整的语段，由第一句、第二句、第三到六句、第七、八句等四个句群构成。第一句是总起句群，概括描述雾凇的形成过程。后续的七个句子是分述句群，具体描述饱和的水汽是遇冷如何凝结成雾凇的，由三个句群构成：第二句交代饱和的水汽从何而来；第三至六句是描述雾气的浓度变化，即空气能见度的变化；第七、八句是描述雾凇形成的速度之缓慢。其中，第二到六句是实写之所见，第七、八句是虚写之所想，使用了比喻修辞手法。

这四个句群，薛老师并没有平均用力，而是把三、四两个句群作为学习重点。围绕学生"学习语言文字的运用"的要求，薛老师引导学生重点积累和理解了"笼罩、淹没、模糊、渐渐地、慢慢地、轻轻地、一层又一层、最初、逐渐、最后"等词语，揣摩了语段内部各句群的关系，体会了比喻句的情感色彩。学生已经习得的，学生自能学得的，与课文主旨关联不大的其他内容，则一概忽略而舍去。

3. 安排学习活动的智慧

第一板块是初步理解雾凇，形成学习心向。第二板块顺应学习心向，具体理解雾凇；运用积累和想象，阅读第二段的八句话，具体理解雾凇的形成过程，并把总分结构的语段结构和概括形象的思维结构有机结合起来。第三板块承接比喻句的学习成果，拓展意象，深化情感体验，激活表达冲动。第四板块顺承表达冲动，尝试写一个总分结构的语段，描述雾的形成、集聚、消散的过程。

在这节课的行进中，薛老师领着学生不急不躁，学必有得，得之应得，得之可得，得之宜得；慢慢学得，得之精深，进而用得。

第十六课 《埃及的金字塔》

[教材课文]

埃及的金字塔

在埃及首都开罗西南面金黄色的沙漠中，可以看到一座座巨大的角锥形建筑物。它们巍然屹立，傲对碧空。这就是举世闻名的埃及金字塔。

金字塔是古埃及法老的坟墓。大约在公元前 27 世纪，埃及古王国由法老统治。法老死后，他们的尸体都埋葬在巨大的石头坟墓里。这些坟墓底座是四方形，愈往上愈小，最后成为尖顶。因为它的轮廓有点儿像汉字的"金"字，所以称为金字塔。

古埃及各王朝修建的大大小小的金字塔共有 70 多座，其中最大的是开罗近郊的胡夫金字塔。这座金字塔高 146 米多，相当于 40 层高的摩天大厦。绕金字塔一周，差不多要走一千米的路程。塔身由 230 万块巨石砌成，这些石块平均每块重 2.5 吨。有人估计，如果将这座金字塔的石块铺成一条三分之一米宽的道路，可绕地球一周；如果用火车装运，需要 60 万个车皮。这些石块磨得很平整，石块与石块之间砌合得很紧密，几千年过去了，这些石块的接缝处连锋利的刀片都插不进去。为了建造这座金字塔，经常有 10 万人在烈日曝晒下干活儿。全部工程用了整整 30 年时间。

如此宏伟而又精巧的金字塔，是怎样建造起来的呢？勤劳而聪明的埃及人想出了许多科学的方法。他们把石头放在木橇上，用人或牲畜来拉。载着很重石块的木橇在不平整的路上拉不动，于是他们又专门修了一条石路。

开始砌金字塔了。当时没有起重机，怎样把这么多巨大的石块垒起来呢？据说是先砌好地面的一层，然后堆起一个和这一层同样高的土坡，人们就顺着倾斜的土坡把石块拉上第二层。这样一层层砌上去，金字塔有多高，土坡就有多高。塔建成后，土坡变成了一座很大的山。然后人们又把这座土山移走，让金字塔显露出来。

现在，这些金字塔矗立在起伏的黄沙之中已经有四五千年了。它们是埃及的象征，也是古埃及人民智慧的结晶。

★ 苏教版小学《语文》五年级（下册）

[教学实录]

比较之中见真知

——执教《埃及的金字塔》

{板块一} 词语归类学习

师：（出示金字塔图片）有谁去过埃及？

生：没去过。

师：有谁不知道埃及的金字塔？

生：没人不知道。

师：没去过埃及，却知道埃及的金字塔，因为我们能阅读！学语文，重要吗？

生：重要！

师：你能用一个词形容一下金字塔的高大吗？

生：巍然屹立。

师：可以解释一下吗？

生：像山一样挺立着，十分高大雄伟。

师：你看，"巍"字是"山字头"，"屹"字是"山字旁"。

生：傲对碧空。形容金字塔高耸入云，直对着蓝天。

生：举世闻名。

师：这是形容金字塔的声名，不是形容它的高大的。

生：蠹立。

师：（板书：蠹立）三个"直"，笔直笔直地挺立着。比较一下，"蠹立"和"屹立"在用法上的区别。比如，电视塔高高地（　）在城市的中央。中华民族（　）在世界民族之林。

生：前一句用"蠹立"，后一句用"屹立"。

师：正确！"屹立"含有"山一样的精神"的意味，比"蠹立"的含义更为丰富。

生：还有一个词，"摩天大厦"。

师："摩"的意思理解吗？

生：观摩的意思。（众笑）

师：不知者不怪，敢于回答就很了不起！楼高到什么程度了？

生：快要碰到天了。

师："摩天"的"摩"——

生：（恍然大悟的样子）碰着的意思。

师：对了！只要联系词义，就可以理解字义。要记住：字不离词。现在，把刚才这些形容金字塔高大的词语一起读一读。

生：（齐读）巍然屹立、傲对碧空、摩天大厦、宏伟而又精巧、蠹立。

师：词语要归类，这样有利于理解和记忆，也方便今后运用。课文中还有一组关于金字塔各部分名称的词语，看谁能把这些部分说准确？（出示金字塔图片，从下而上，指出各部分）

生：（纷纷回答）底座、塔身、尖顶、角锥形、轮廓。

师：要说明一个事物，须把各部分的专有名称说准确。

〖板块二〗抓要点，排顺序

师：这篇说明性文章，向我们介绍了埃及金字塔的哪些常识呢？请你们阅读课文，画出那些知识点。

（生阅读后交流）

生：金字塔是古埃及法老的坟墓。

师：这是金字塔的作用。（让学生写在白纸上，余同）

生：胡夫金字塔是最大的金字塔。

生：介绍了金字塔的外观和特点。

师：说具体些。

生：外观看起来是角锥形的，像一个金字。

师：角锥形是金字塔的外形，金字塔是什么？

生：名字。

师：你的中文名字叫什么？（生答名字）你的英文名字呢？（生答：John）你现在知道"金字塔"是什么了吧？

生：这个角锥形建筑物的中文名字。因为只有中国人看到它才会想起中文中的"金"字，所以命名为"金字塔"了。

师：多会思考问题啊！那为什么不叫"全字塔"呢？

生：因为金字塔在金黄色的沙漠里。

生：我认为金色是高贵的象征，古代只有皇帝才能用金色的东西，埃及的法老在埃及是最高贵的，所以要用"金字塔"来命名。

师：解释得多有说服力啊！继续介绍常识！

生：金字塔是古埃及各个王朝建造的，共七十多座。

师：数量。

生：金字塔都建在埃及首都开罗西南面金黄色的沙漠中。

师：这是介绍什么？

生：金字塔的地理位置。

生：埃及人建金字塔时先用木橇来拉石头，（师插话：木橇拉石。）然后堆起土堆，把石头砌起来，（师插话：堆土垒石。）最后把土山移走，就建好了金字塔。（师插话：移土露塔。）

师：把你说的用一个词语概括一下？

生：建造方法。

生：胡夫金字塔塔高146米多。

生：绕胡夫金字塔一周要走1000米。

生：塔身由230万块巨石砌成，每块平均重2.5吨。

生：这些石块可以铺成一条三分之一米宽的道路，绕地球一周；需要装60万个车皮。

师：你说的这个知识和哪一点是一致的？

生：塔身的石块数量、重量。

师：同一个知识点，可以用不同的说法。

生：金字塔做工很精细，石头之间连一个刀片都插不进去。

生：金字塔是公元前27世纪建造的。

师：建造的年代，离现在多少年？

生：4800多年。

师：不仅语文学得好，数学也学得好。（众笑）

生：金字塔是埃及的象征，也是古埃及人民智慧的结晶。

生：胡夫金字塔全部工程完工要10万人用30年时间。

师：建造的工程真是好大啊！如果把这些知识点就这样一股脑儿地装到你的脑袋里，行不行？

生：不行的，太杂乱了！

生：知识点越多越糊涂了！

师：看来，要介绍一个事物，仅仅有丰富的知识点还不够，还需要归类，排序。现在，让我们把这些知识点排排队，请写知识点的同学拿着纸，上来排队。（让一生按照课文叙述的顺序，读出知识点，写这些知识点的学生依次上来，横排成一排）

师：最后这一位"埃及的象征、智慧的结晶"（众笑），你该排在哪儿啊？

生：（思考了一下）我应该排在前面。因为金字塔是"埃及的象征，是古埃及人民智慧的结晶"。

师：没有你的引领，所有这些知识点都将失去意义！（掌声）现在，请这些同学依次介绍一下——

（生依次介绍建造的年代、地理位置、数量、外形、作用、中文名字、最大的胡夫金字塔塔高、塔身、石头的紧密程度、工程量、建造方法——木橇拉石、堆土垒石、移土露塔）

生：金字塔是"埃及的象征，是古埃及人民智慧的结晶"。

师：如果这样归类、排序，你的脑子里还乱吗？

生：（齐）不乱。

｛板块三｝ 比较阅读，领会方法

师：说明事物还需要说明的方法。（出示第三自然段）一眼看过去，用了哪一种说明方法？

生：列数字。

师：用数字的方法有什么好处？

生：比较准确。

生：用数字说明就很具体，也显得很真实，让人相信。

生：数字很简洁，一说就清楚了。

生：数字让人印象深刻，记得牢。

师：用数字有这么多的好处，但是我们来看这句话（出示）："这座金字塔高146米多，相当于40层高的摩天大厦。""146米多"准确吗？（生：不准确。）"相当于"准确吗？（生：不准确。）有人建议说明要更准确，改成："这座金字塔高146.59米"。你觉得呢？

师：再来看第二句（出示）："绕金字塔一周，差不多要走一千米的路程。""差不多"准确吗？（生：不准确。）那么这么改呢？"绕金字塔一周，有921.5464米。"保留小数点后面四位数，够精确了吧？这里有精确的测量数据可以为证：塔底面呈正方形，北壁底边长230.253米，南壁底边长230.5454米，东壁底边长230.391米，西壁底边长230.357米。你们觉得呢？

生："相当于"是模糊的，但是能让我们感受到金字塔的高。因为我们看到过40层楼高的摩天大厦，对没见过的金字塔就有印象了。

生：一般人对数字表示的高度和重量等，都没有感觉，也就是没有数感的，所以要做些比较。

师："数感"，说得多专业啊！

生：这些精确的数字在我们一般人看来没必要，显得太繁了。

师：对哪些人来说需要这些精确的数字？

生：科学家、考古学家。

师：总结一下：这里用了列数字的方法，还用了做比较的方法。用我们熟悉的事物或生活经验来与具体的数字做比较，让我们对金字塔的高度和塔基的周长有了一种形象感，说明事物一定要让读者有具体的形象感。而这些精确到小数点后面的数字，要看对象，对考古学家而言，那是需要的；对一般读者而言，就有点画蛇添足了。一起来读一读这两句话。

（生齐读两句话）

师：再来看这个句子（出示）："塔身由230万块巨石砌成，这些石块平均每块重2.5吨。有人估计，如果将这座金字塔的石块铺成一条三分之一米宽的道路，可绕地球一周；如果用火车装运，需要60万个车皮。""估计"的事靠谱吗？

生：不靠谱。

师：不靠谱的句子还是删去了吧？

生：不能删去。因为绕地球一周的那条道路让人产生很长很长的感觉。

生：是啊，那60万个车皮也让人觉得长得不可思议。

生：230万块巨石到底有多少，我们没有实际的感受。但是绕地球一周和60万个车皮就让我们有一种可以想象的空间了。

师：230万块巨石，有575万吨重。你可以想象得出来吗？

生：无法想象。

师：但铺成绕地球一周的道路呢？前不见头，后不见尾，惊叹不已！60万个车皮排成一列，也是如此。看来，把数量和重量的数字，转换成长度的数字，就让我们产生了无限的想象，产生惊叹、新奇的感受！这就是数字的神奇转换！一起读一读这个句子。

（生齐读语句）

师：（出示）"这些石块磨得很平整，石块与石块之间砌合得很紧密，几千年过去了，这些石块的接缝处连锋利的刀片都插不进去。"这个句子用了一个特殊的例子"连锋利的刀片都插不进去"。生活中我们经常会用到这样的说法，比如说"这道数学题真难"，难到什么程度呢？

生：这道数学题真难，连我们班的"数学王子"都做不出来。

师：有点难！还有更难的吗？

生：这道数学题真难，连我们的数学老师都做不出来。

师：更难了！

生：这道数学题真难，连我们校长都做不出来。（众笑）

师：校长一定要比老师厉害。（众大笑）

生：这道数学题真难，连华罗庚都做不出来。

生：这道数学题真难，连任何一个数学家都做不出来。

生：这道数学题真难，连出题目的都做不出来。（众笑）

师：看，难的程度从这个特例中一望便知！这就是语言的力量！

（生齐读语句）

师：列数字还要和做比较、做假设和举例子等方法结合起来运用，才能说明得更清楚明了。

{板块四} 材料取舍，领会意图

师：课文中介绍了埃及金字塔的外形、作用和中文名字。谁知道这个角锥形建筑物在埃及人那里叫什么名字？

生：不知道。

师：埃及法老死后埋葬在长方形的坟墓里，称为"马斯塔巴"（出示）。什么意思呢？就是"永久的房屋"。后来，堆起了尖顶，成了角锥形的坟墓，称为"庇里穆斯"，表示"高"，意味着登天的阶梯。法老死后也想升天。这些知识有趣吗？

生：很有趣！

师：那课文为什么不写这些如此有趣的材料呢？

（生思考中）

师：我们再来看，文章中写的建造方法是真的还是假的？

生：有可能是真的，也有可能是假的，不能确定。因为课文中有一个词"据说"，证明这种方法不一定是真的。

师：你很会读书！的确，这种建造方法还没有人能够证明，仅仅是一种比较合理的推测而已。老师查阅了资料，有很多种建造的可能：

第一种：用一个巨大的杠杆，一端用绳子绑住石块，另一端通过人力将石块吊往上方，然后将石块逐步往上堆砌；

第二种：用土堆成斜坡，利用木质滚轴将石块拉上去，土堆是环绕金字塔螺旋上升；

第三种：开始用土堆，然后用杠杆；

第四种：史前文明人建造的；

第五种：外星人建造的。

这么多种可能的建造方法，为什么课文中只写了"木橇拉石、堆土垒石"这一种呢？

生：因为这种方法最可靠。

生：因为这种方法最能体现古埃及人民的智慧。

生：也最能体现古埃及人民的勤劳。

师：你们还记得那一个重要的知识点吗？

生：埃及的象征，古埃及人民智慧的结晶。

师：介绍埃及金字塔的知识浩如烟海，建造的可能方法也众说纷纭，之所以选取这些材料，选择这种建造方法，那是因为根据作者所要表达的意图：埃及的象征，古埃及人民智慧的结晶。记住：目的不同，取舍有别。

师：埃及的金字塔是真的假的？

生：真的！

师：这篇说明文所写的你相信还是不相信？

生：相信！

师：（出示）"古埃及各王朝修建的大大小小的金字塔共有70多座，其中最大的是胡夫金字塔。"这句话没问题吧？

生：最大的不一定是胡夫金字塔。

师：敢于怀疑是好的，但胡夫金字塔的确是最大的。

生：我看过课外资料，上面说金字塔有一百多座，不止70多座了。

师：应该表扬！勤于课外阅读的同学，知识面就是比较宽，所获得的知识也比较新。据考古学家发现，现在已经知道的金字塔就有110多座，有一些金字塔藏在沙漠底下。这样看来，课文所介绍的数量就有点过时了，请改动一下。

（生修改数量）

师：（出示）"据说是先砌好地面的一层，然后堆起一个和这一层同样高的土坡，人们就顺着倾斜的土坡把石块拉上第二层。这样一层层砌上去，金字塔有多高，土坡就有多高。塔建成后，土坡变成了一座很大的山。然后人们又把这座土山移走，让金字塔显露出来。"这段话写的是金字塔的建造方法和顺序。你觉得有问题吗？

生：不一定是真的这样建造的。

师：这里已经用了"据说"。

生：这么多的泥土从哪儿来？又移到哪儿去？

生：这段话中用了两个"然后"，重复了。

师：你对语言有一种特别的敏感力！介绍建造过程一般用"先，然后，最后"，这里一连用了两个"然后"，后一个应该用"最后"。因为这道工序完成了，金字塔就建好了。

（生修改"然后"）

师：说明文最易让人相信，但你们一定要记得：读任何文章，都要学会独立思考！课外布置一道练习题：了解自己常用钢笔各部分的名称，然后抓住特点，从外形、作用、来历等方面，写一篇简短的说明文。

[名家点评]

从读懂 "一篇" 走向懂读 "一类"

谈永康（上海市松江区教师进修学院）

阅读的目的是读懂，阅读教学的目的是懂"读"。

　　读懂一篇课文，是阅读教学的基本任务之一。基于读懂，从"这一篇"学得有关阅读的知识、技能、策略等，实现学习的迁移，用到课外阅读中，得以懂读"这一类"文本，方能说明阅读教学的成功，即实现叶圣陶老先生所说的"教是为了达到不需要教"。

　　从读懂走向懂"读"，这是阅读教学的"华丽转身"。特级教师薛法根执教的《埃及的金字塔》一课，紧扣"说明"二字，发挥文本的教学价值，有效提升了学生阅读说明类文本的能力，可谓是教学生懂"读"的典范。

一、针对文本内容，在"这一篇"的学习中教学生"说明要准确"

　　作者写说明文，意在介绍说明，与人交流；学生读说明文，第一目标是读懂文本说了什么，尔后吸收内化，在言语实践活动中与人交流，文本内容可以成为说话、写作的素材。

　　这不是苛求学生死记硬背课文，而是发挥阅读活动的自身功能，即为日常生活的言语交流活动服务。国际阅读素养进步研究项目就认为"阅读"是"理解和使用社会需要的或者个人认为有价值的书面语言形式的能力，儿童阅读者可以从各种文章中建构意义，他们通过阅读来进行学习、参与阅读者群体并进行娱乐"。这一定义对阅读教学"能做什么"有了明确的规定，即学生阅读主要有两种目的：一是为了学习，为文学体验或娱乐而阅读；二是为了获取和使用信息而阅读。以此观照小学说明类文本教学，获取关键、有用的信息，无疑是教学之的。

　　薛老师在学生通读了课文后，精心组织"词语归类学习"等系列活动，目的就是帮助学生从文本中汲取有用的说明性"信息"，以达到准确认识事物、准确"说清"事物的目的。围绕这样的目的，他组织了三方面的教学活动。

1. "词语归类"学习，帮助学生"说准确"

《埃及的金字塔》把千里之外的世界奇迹带到语文课上，由于信息新颖独特，学生注意力往往集中，兴趣也较为浓郁。薛老师顺势而为，提了两个问题："你能用一个词形容一下金字塔的高大吗"、"课文中还有一组关于金字塔各部分名称的词语，看谁能把这些部分说准确"。学生通过读书、交流，分别找到了"巍然屹立"、"傲对碧空"和"底座"、"塔身"等词语。别小看了这一学习过程，前者集中概述了事物的特点，后者巧妙萃取了事物的专用名，这二者，不如此"读懂"，学生怎能"说准确"!

2. "概要排序"学习，帮助学生"说清楚"

课文对金字塔的说明介绍是和谐统一的整体，因此，把握文本主要内容，厘清文本说明顺序，可以更有效更快捷地学习与吸收。这一点，薛老师在"抓要点、排顺序"这一板块中有具体的教学。他采取的方式是学生自由读书，然后指名交流，通过适当的点拨，使学生在轻松的氛围里迅速把握了有关金字塔的常识。这是一个"议学"过程，学生互相借鉴、互为补充，学习十分高效。最巧妙的是在提纲挈领、把握常识后，薛老师又引导学生回到文本，搞清楚这些内容之间的"序"，也就是作者如何安排材料、谋篇布局的，帮助学生说得既准确又清晰。

3. "咬文嚼字"学习，帮助学生"说严谨"

学生读懂课文的过程，也是准确理解语言文字的过程。说明类文本的学习，很重要的一点是咬文嚼字，体会作者用词造句的严谨与准确。《埃及的金字塔》一文中有不少句子的表述看似不精确，如"这座金字塔高 146 米多，相当于 40 层高的摩天大厦"、"绕金字塔一周，差不多要走一千米的路程"、"塔身由 230 万块巨石砌成，这些石块平均每块重 2.5 吨。有人估计，如果将这座金字塔的石块铺成一条三分之一米宽的道路，可绕地球一周；如果用火车装运，需要 60 万个车皮"等句子中的"相当于"等词语，看似模糊，与说明类文本的文字要求相去甚远，实则显示了作者为文的严谨，说明类文本用词造句的准确。这一点，薛老师都带领学生结合语境准确把握之。这里顺便说一下，薛老师在教学快结束时让学生给课文"挑刺"，学生把第五节的第二个"然后"改为"最后",既体现了对文本的尊重,又借此进行了说准确的训练,不可谓不妙。

二、针对文本写法,在"这一篇"的学习中教学生"说明要得法"

既然是说明类文本,读懂的第二个方面就是要看文本运用了哪些说明的方法。这一点尽人皆知,难把握的是不同年段的学生应有所不同。我们可以看看薛老师板块三的教学片段。

研读这一教学片段,我们可以体会薛老师引导学生学习如何说明的艺术。

第一是明确,体现年段教学要求。

《埃及的金字塔》是苏教版五年级教材,学生经过近五年的学习,对说明类文本已经积累了较为丰富的感性认识,这个时候,对文本使用的主要说明方法等就该有明确得当的认识与理解。如果中年级在有关说明类文本的教学上也提出这样的要求,就显得突兀与拔高。因此,2011 年教育部制定并颁布的《义务教育语文课程标准(2011 年版)》对小学高段学生才做了这方面的具体要求:"阅读说明性文章,能抓住要点,了解文章的基本说明方法。"可以说,薛老师把说明方法的教学定位在"列数字"、"做比较"上,要求明确、科学,既体现文本特色,也落实年段要求。

第二是合适,切合学生学习需求。

学生已经懂的,教师不讲;学生不懂、老师教了也不会的,教师不讲。教师传授的应该是处于学生"最近发展区"的语文知识与技能。"列数字"的方法及其好处,从薛老师的课上可知学生早已知道,但是作者为何在此文此处运用此方法,这样写又有什么好处,学生则不容易读懂。薛老师对此可谓下足了功夫,通过两次比较,学生领悟到模糊语言"相当于"与"差不多"与有关数字结合在一起,不但说得更为准确与严谨,而且让读者更好懂、更有印象,表达效果也更为理想。在薛老师的循循善诱下,学生提出了这样的写法让人有"数感",更有学生发现"这些精确的数字在我们一般人看来没必要,显得太繁了"。应该说,这样的发现,都基于语境,学生结合课文真正读懂了说明要有方法,唯有使用得法,说明方法才能活起来。

三、针对文本剪裁，在"这一篇"的学习中教学生"说明要有的"

薛老师的《埃及的金字塔》，平淡中透着轻松，朴实中有着精彩，在扎实又新颖的教学实施中，高潮迭起。比如学完说明方法后，薛老师又匠心独运，采用了两个有趣的材料：一是关于金字塔"马斯塔巴"的别名，二是传说中金字塔的造法。这些材料颇具神秘色彩，深深吸引学生，在激活学习氛围的情况下，薛老师让学生思考：课文为什么不写这些如此有趣的材料呢？为什么不写如此有趣的建造方法呢？学生联系课文内容，理解到这取决于作者的写作目的：突出金字塔是埃及的象征，乃古埃及人们智慧的结晶。目的不同，材料取舍就不同。

这样的学习有强烈的思辨色彩，把语言的学习与思维的发展结合起来，自然受到了学生的欢迎。更可贵的是，让五年级的学生逐步认识到：记叙文有主次有目的，说明文也是如此。

熟读课文，获取有关常识与关键信息，读懂说了什么，是学习说明类文本的第一境界；品读课文，读懂怎么说，理解有关说明的方法，在语境中感悟其作用，是学习说明类文本的第二境界；研读课文，读懂为什么要说，把握作者写作主旨，是学习说明类文本的最高境界。这三重境界，体现在"这一篇"课文的教学中，指向的则全在同"一类"文本的学习上。举一反三、以少胜多、以简驭繁，方是语文教学的制胜之道，也是薛老师语文教学艺术的表征之一。

后记

　　我一直以为，教师的生命价值体现在他的课堂里，体现在他和孩子们一起生活的课堂里。一个教师走进他的课堂，犹如鱼儿游入了大海，永远是那么活泼泼的。

　　今年春节刚过，《小学语文教师》杂志在上海市浦明师范附属小学举办"新体系作文进校园"活动。贾志敏老师刚刚做了微创手术，身体极其虚弱。然而一登上讲台，给孩子们一上课，他顿时精神矍铄、神采飞扬，丝毫看不出已是一个年过七旬、身患绝症的老人。贾老师给我们上了最生动的一课——语文课堂，给了我们第二次生命！

　　我珍惜自己的语文课堂，无论是做一线教师还是行政领导，从不离开我的语文课堂。即使再忙再累，只要一进课堂，我便有了精神，有了踏实感。天天上课，天天和孩子们在一起摸爬滚打，你才体会得到上课究竟有多么的快乐。或许很多一线老师会说，我对课堂已是身心疲惫，心生倦怠，哪有这么多的快乐可言？那么，你还处于困顿期，没有到达那个澄明的教学境界。犹如你登在半山腰，疲惫不堪而只看到满目的云雾，没有一点风景；一旦你登上山顶，看到无限的风光，所有的疲惫和抱怨就会烟消云散。关键在于你是否有足够的韧劲，坚持向上，向前，向善！

　　好课常常给人以艺术的享受，让人如沐春风，历久弥新。会听课的老师，能从艺术化的教学中参透技术的力量所在，从而学到有用的教学方法，领悟到方法背后的教学思想。我就是从贾志敏、于永正等名师的课堂里，"偷"到了很多教学的"秘诀"，化用到自己的课堂里，逐渐形成了自己"清简"的教学风格。所谓"清简"，就是"简单而有用"。我的语文教学往往采用板块式活动，一堂课就是几个板块的巧妙组合，如"听记字词、概括语段、朗读体验、模仿写话"等，每个板块目标集中、内容聚焦、活动充分、收效显著，看得到教学在学生身上所发生的变化，教和不教不一样。最重要的是，我的语文课方法简单实用，老师们可以借鉴模仿。如果我的语文课让人听了很激动，回去一动都不动，只能说那是看了一场表演。真正的好课一定是既好看又有用，或者次之，不好看却很有用。

这本书，汇集了我近十年来自以为是好课的 16 个课例。或许很多课例对你来说，已经耳熟能详，比如《爱如茉莉》《我和祖父的园子》等，其教学实录也散见于各种教育期刊。对于同一堂语文课，从不同的视角可以做不同的解读，公说公有理、婆说婆有理，究竟好在哪里？好坏如何衡量？以往的教学实录，少有专业的评析与批判。编辑这本书前，我约请了成尚荣、彭钢、张华、杨再隋、潘新和、吴忠豪、夏家发、林志芳等专家学者，从理论的视角对课例做了深度的透析，让我对语文教学有了更为深刻的理解；我还约请了高林生、管建刚、杨金林、李伟平、谈永康等名师、特级教师，从实践的视角对课例做了专业的评析，让我看到了教学实践的努力方向。是他们的智慧为这本书平添了精彩。在此，我深表谢意！

课堂教学是一门遗憾的艺术，正因为总有遗憾，才会有永不停歇的孜孜以求。这，就是课堂的魅力！

薛法根

2014 年 3 月写于舜湖

出版人　　所广一
项目统筹　代周阳
责任编辑　代周阳
装帧设计　许　扬
责任校对　贾静芳
责任印制　叶小峰

图书在版编目（CIP）数据

现在开始上语文课：薛法根课堂教学实录／薛法根著.—北京：教育科
学出版社，2014.6（2023.9重印）
（薛法根教育丛书）
ISBN 978 - 7 - 5041 - 8582 - 2

Ⅰ.①现…　Ⅱ.①薛…　Ⅲ.①小学语文课—课堂教学—教学研究
Ⅳ.①G623.202

中国版本图书馆CIP数据核字（2014）第 086684 号

薛法根教育丛书
现在开始上语文课——薛法根课堂教学实录
XIANZAI KAISHI SHANG YUWEN KE——XUE FAGEN KETANG JIAOXUE SHILU

出版发行	教育科学出版社			
社　　址	北京·朝阳区安慧北里安园甲 9 号		邮　　编	100101
总编室电话	010 - 64981290		编辑部电话	010 - 64989422
出版部电话	010 - 64989487		市场部电话	010 - 64989009
传　　真	010 - 64891796		网　　址	http://www.esph.com.cn
经　　销	各地新华书店			
印　　刷	运河（唐山）印务有限公司			
开　　本	720 毫米 × 1020 毫米　1/16		版　　次	2014 年 6 月第 1 版
印　　张	17		印　　次	2023 年 9 月第 13 次印刷
字　　数	260 千		定　　价	58.00 元

图书出现印装质量问题，本社负责调换。